子ども家庭支援論

子どもが子どもの生活をするために

阿部 和子
KAZUKO ABE

萌文書林
Houbunshorin

はしがき

　子育ち・子育てをめぐる施策が次々と打ち出され、その育ち・育ての環境の改善が図られてきているところですが、子どもの生活や育ちは、いまだに、深刻で静かなる危機の中にあるように思います。

　近年、少子化や核家族化、共働き家庭の増加や家族の生活の多様化、加えて地域のつながりの希薄化などからくる子どもの生活や育ちをめぐる課題が顕在化してきています。この状況への対応として、「今後の子育て支援のための施策の基本的方向について（エンゼルプラン）」が策定され、政府の子育て支援対策が本格的にスタートしたのが、1994（平成 6）年でした。その年の出生数が 1,238,000 人で合計特殊出生率が 1.50 でした。子育て施策が次々と策定される中で、2007（平成 19）年には死亡数が出生数を上回り、少子化が加速し続けています。そして、2016（平成 28）年の出生数が 100 万人を切り、2018（平成 30）年には 918,000 人、となり合計特殊出生率は 1.42 となりました。

　少子化は、子どもどうしで遊ぶ経験を減少させ、子どもどうしで遊ぶことで獲得される様々な力を脆弱にします。また、核家族化や地域のつながりの希薄化によって、子育てに対する不安や負担感、孤立感を抱く人は依然として少なくなく、保護者の子どもを育てる様々な力をも脆弱にしています。また、家庭のありようの多様化が、子どもの育ちにふさわしい生活（子どもの最善の利益の保障）になっているのか疑問もあります。

　以上のような子どもと家庭を取り巻く社会の変化の中で、保育所保育指針、幼保連携型認定こども園教育・保育要領が改定（訂）されたのが、2017（平成 29）年です。指針や教育・保育要領は、これまでに述べた社会の変化を背景にして、保育所、幼保連携型認定こども園等が、「子どもの福祉を積極的に増進することに最もふさわしい生活の場」（保育所保育指針、総則・保育所の役割から引用）となるよう、それぞれの施設の保育・教育の基本となる考え方や保育の内容等が示されました。

　本書に直接的に関連する部分として幼保連携型認定こども園は、地域の子どもと子育て家庭の保護者の支援、いわゆる子育て支援が義務付けられています（認定こども園法第 1 条）。保育所では、保育指針の第 4 章子育て支援で取り扱われています。ここでは、以下の子育てをめぐる状況に合

わせて、支援の考え方や内容が強化されています。

　子育てに対する支援は、前回、2008（平成20）年の改定で「保護者に対する支援」が、その重要性から新たに章として設けられ、保育所では子育て支援（子どもと家庭を視野に入れた保育）にも力を入れて取り組んできていました。今日ではますます多様化する保育ニーズに応じた保育や、特別なニーズを有する子どもと家庭への支援、児童虐待の発生予防及び発生時の迅速かつ的確な対応など、子育て支援はより重要性を増してきています。また、地域の家庭で育つ子どもとその保護者も支援を必要としている現状に照らして、子どもの育ちを保護者と共に喜び合うことを重視して支援を行うとともに、地域の子育てにかかわる社会資源との連携や協働して行うこともさらに重要になってきています。

　以上のような子どもと家族・家庭をめぐる状況に最前線で向き合うのは保育者です。保育者は、子どもの育つ環境を冷静に見つめ、その中で「子どもの最善の利益」[1] とは何かを根拠をもって考え、それを実践していくことになります。保育指針や教育・保育要領が改定（訂）されたことから、保育者になる学びの内容（保育士養成課程）も改定されることになります。2018（平成30）年に「指定保育士養成施設の指定及び運営の基準について」が見直されました。その中で、子どもの最善の利益を基本にして、子育てや保育をめぐる現状を考慮し、あるいは社会からの要請に応えた形で、これまでの教科目が再編、創設されました。

　カリキュラムの見直しの観点は以下の通りです。

---

①乳児保育（3歳未満児の保育を指す）の充実
②幼児教育を行う施設としての保育の実践
③養護の視点を踏まえた実践力の向上
④子どもの育ちや家庭への支援の充実
⑤社会的養護や障害児保育の充実
⑥保育者としての資質・専門性の向上

　以上のカリキュラム見直しの視点は、それぞれ独立してあるのではなく、お互いに絡まり合い、多少の重複をしながらカリキュラム全体を通して実現されるものですが、本書が直接に関連するのは、④子どもの育ちや家庭への支援の充実の部分です。そこでは、子育て家庭支援に対する基礎的な理解の促進が目指されています。**保護者と連携した「子どもの育ちの支援」を目指す**ためには、「子どもと家族・家庭」をより深く理解するこ

とが充実した支援の根幹をなすと考えられているからです。

　また、保護者と連携した「子どもの育ちの支援」と表現されながら、そこで展開されている支援の表れが同じように見えたとしても、そのよって立つところの子育て・子育ち観が異なれば、子どもと家族がその支援で経験していることの意味が全く異なってきます。本書の子育て子育ち観を第12章1．本書が依拠する子育て・子育て観に述べました。この考え方は本書の改訂前の家庭支援論と同じです。改訂版においてもこの考え方を下敷きにしながら、子どもと家族・家庭を支援することの意義やあり方、そして目指す方向を考えたつもりです。この先を、本書を手に取られたみなさんと一緒に考えていけるとしたら、そして、その考えを形にしていくことで、子どもと家族・家庭の最善の利益に少しでも近づいていけるとしたら、それは、筆者の大きな喜びです。

　最後になりましたが、無理を承知でお願いしたにもかかわらず、実践事例原稿を寄せてくださったり、園の実践を整理した原稿を快く読んでくださりアドバイスくださった先生方に、心よりお礼申し上げます。また、本書の改訂にあたり、時宜を得たアドバイスをいただきました萌文書林社長の服部直人氏に心より感謝申し上げます。

2020 年 3 月　阿部和子

厚生労働省が示す「子ども家庭支援論」の教授内容と本書目次の対照表

<table>
<tr><td rowspan="1">目標</td><td colspan="2">1. 子育て家庭に対する支援の意義・目的を理解する。
2. 保育の専門性を活かした子ども家庭支援の意義と基本について理解する。
3. 子育て家庭に対する支援の体制について理解する。
4. 子育て家庭のニーズに応じた多様な支援の展開と子ども家庭支援の現状、課題について理解する。</td></tr>
<tr><td rowspan="4">内容</td><td>厚生労働省の教授内容</td><td>対応する本書の内容</td></tr>
<tr><td>1. 子ども家庭支援の意義と役割
(1) 子ども家庭支援の意義と必要性
(2) 子ども家庭支援の目的と機能</td><td>第1章 あなたにとって家族・家庭とは？
　　　　―家族・家庭はどのように変化してきたか―
第2章 支援を必要とする家族の背景と子育て施策
第3章 子どもにとっての家族・家庭
　　　　―子どもの育つ場の条件―
第4章 子ども家庭支援の意義と役割</td></tr>
<tr><td>2. 保育士による子ども家庭支援の意義と基本
(1) 保育の専門性を活かした子ども家庭支援とその意義
(2) 子どもの育ちの喜びの共有
(3) 保護者及び地域が有する子育てを自ら実践する力の向上に資する支援
(4) 保育士に求められる基本的態度
　　（受容的関わり・自己決定の尊重・秘密保持等）
(5) 家庭の状況に応じた支援
(6) 地域の資源の活用と自治体・関係機関等との連携・協力</td><td>第1章 あなたにとって家族・家庭とは？
　　　　―家族・家庭はどのように変化してきたか―
第2章 支援を必要とする家族の背景と子育て施策
第3章 子どもにとっての家族・家庭
　　　　―子どもの育つ場の条件―
第4章 子ども家庭支援の意義と役割
第5章 地域の子育て家庭と子育て支援の実際
第10章 子どもと家庭を支援する自治体の取り組みの実際
第11章 子育て支援の今後の課題―支援する側から―</td></tr>
<tr><td>3. 子育て家庭に対する支援の体制
(1) 子育て家庭の福祉を図るための社会資源
(2) 子育て支援施策・次世代育成支援施策の推進</td><td>第2章 支援を必要とする家族の背景と子育て施策
第5章 地域の子育て家庭と子育て支援の実際
第10章 子どもと家庭を支援する自治体の取り組みの実際
第11章 子育て支援の今後の課題―支援する側から―</td></tr>
<tr><td>4. 多様な支援の展開と関係機関との連携
(1) 子ども家庭支援の内容と対象
(2) 保育所等を利用する子どもの家庭への支援
(3) 地域の子育て家庭への支援
(4) 要保護児童等及びその家庭に対する支援
(5) 子ども家庭支援に関する現状と課題</td><td>第3章 子どもにとっての家族・家庭
　　　　―子どもの育つ場の条件―
第4章 子ども家庭支援の意義と役割
第5章 地域の子育て家庭と子育て支援の実際
第6章 保育を必要とする家族・家庭とその支援の実際
第7章 障がいのある子どもとともにある家族・家庭とその支援の実際
第8章 子どもの貧困とその家族・家庭への支援の実際
第9章 養育困難家庭への支援の実際
第10章 子どもと家庭を支援する自治体の取り組みの実際
第11章 子育て支援の今後の課題―支援する側から―
第12章 これまでに展開した子ども家庭支援の整理と今後の課題</td></tr>
</table>

もくじ

第10章　子ども家庭支援における自治体の取り組みの実際 ･･････ 159

第3部　子ども家庭支援の今後の課題

第11章　子育て支援の今後の課題—支援する側から— ･･････････ 171

第1部

子ども家庭支援の
意義と役割

第1章

あなたにとって家族・家庭とは？
─家族・家庭はどのように変化してきたか─

　支援する人の素朴な「家族・家庭」像は、まさにその人が生きた（生きている）家族・家庭であり、確かなものです。その素朴な家族・家庭体験から類推できる範囲内での家族・家庭は共感しやすいですが、そこを超えるものについてはなかなか受け入れがたいものです。

　しかし、社会には多様な家族・家庭があります。支援する人が自らの家族・家庭像に捉われていると、相手の家族・家庭の現状に沿った子どもの育つ場所としての最善を模索し、支援することが難しくなると考えられます。

　ここでは、子どもと家庭を支援する人になろうとする人の家族・家庭観を意識することをねらいとします。自らの家族・家庭観を意識化し検証することは、時代の影響を受けながら子どもや家族が生活する場所である家庭が変化してきている部分と、変わらずにある部分を理解して、その時代の、その時を生きる、その家族の家庭の在りようを考えて、支援するための核になる部分を意識することです。

　したがって、「子どもと家庭」を切り離すことなく支援するという考えを意識することが本章の中心的テーマで、本書全体を通しても検証し続けることになります。さらには、その後の支援にかかわる経験や学びを通して、その考えはつねに更新されていくことになります。

1. それぞれの家族イメージ

　人はこの「わたしの身体」で具体的な時間や場を生きています。人が生を受けて生活を始めるのは、多くの場合、家庭と呼ばれる具体的な場所であり、家族と呼ばれる具体的な関係の中です。そして、気がついた時にはそこの場にいるわけですから、人の生活の中で家庭や家族はあまりにも自明過ぎて、「家族とは？」と問われても、イメージすることや実感することはできても言葉にすることに窮することがあります。

　そこで、これから保育者になろうとする人たちに「望ましい家族像」と「家族であるための最低条件」を自由に記述してもらいました（表1-1参照）。また、表1-1の家族を表すキーワードの関係を図示したのが図1-1です。

　学生たちの家族についての記述は、3つの層で整理することができます。1つは家族がいる物理的な空間の意味について言及したもの、2つにはその物理的な場（家庭）での営みの様式について言及したもの、そして3つには家庭での営みを通して形成される家族の特性、つまり家族とは何かについて言及したものです。

　これらを総合すると、以下のようになります。
① 学生は家族を「情緒的な強いきずな」で結ばれた人たちとしてイメージしています。
　　そして、
② そのような家族はお互いを尊重し合いながら、
③ 同じ場所で一緒に食べたり話したりする生活を通して「仲よし（許し合える）」になって
　　いくとイメージしています。

　以上にざっと整理された家族イメージは、これまでの自らの家族や家庭での経験群を意識するとかしないという次元を超えて、生活そのものの中から素朴につくり上げられてきたものと考えられます。ですから、それぞれの人にとっての家族や家庭に対するイメージは、自らのそこを生きる様々な感情を伴う日々の生活の営みから紡ぎだされてきたものだけに、「当たり前」のこととしてあります。

　この当たり前の家族イメージは、その人が生きて生活を営む場の影響を受けることはすでに述べました。ということは、その場の在り方が変わると、あるいは変えると、家族の在り方、つまりそこから紡ぎだされる家族のイメージも変わることが予想されます。

　では、この家族イメージ「情緒的な強いきずな」で結ばれている人の集まりを家族と捉えるようになったのは、時代的にいつ頃からでしょうか。

　ヒトはその昔から、厳しい自然条件の中で生き延びる上で必要な生活のかたちとして、その最初から「集団（みんな）」というスタイルを取っていたといわれています[1]。様々な試行錯誤を経て、その集団の最初の単位を「家族」としてつくり上げてきた歴史は、これまでの多くの研究結果から今や常識となっています。人が生き延びるための装置として

表 1-1　望ましい家族のイメージ

	望ましい家族像	家族の条件	家族を表すキーワード
1	・家族の出来事を自分のことと思ったり、感じたりできること ・言葉にしなくても、お互いに思い合っている ・お互いを思いやり、苦しい時こそ力を合わせる	・お互いにお互いのことを考えていること ・お互いの性格を受け入れ、足りないところを補い合う	・共感 ・思いやり ・受け入れ合う
2	・家族同士で助け合う ・強いきずなで結ばれており、なんでも話せる。悩みを共有できる	・血がつながっている ・一緒に暮らしている（暮らしたことがある）、又は戸籍が同じのどれかに当てはまり、なおかつお互いに気にかけ合う ・法的に認められていること	・強いきずな ・助け合う ・一緒に暮らす ・気兼ねがない ・悩みの共有 ・血がつながっている ・法的
3	・みんな仲がよい。ケンカというケンカをしない。言いたいことが言い合える。一緒にいて落ち着ける	・かけがえのない存在 ・ペットでも血がつながっていなくても、家族と思えば家族である	・仲がよい ・ありのまま ・血がつながっていなくてもよい ・家族と思えば家族（ペット）
4	・子どもが親を信頼する。子どもを案じ、適切な距離でかかわる	・すべてを認め合うこと。信じ合うこと	・信頼 ・思いやる ・関係の適切な距離
5	・話し合う（一緒に食事、なんでも相談する）。休日は家族みんなで過ごす（リビングによく集まる）。家族全員で旅行やイベントで楽しい思い出をつくる	・結婚、仕事 ・コミュニケーションをたくさん取る ・無条件でお互いのことを受け入れられる	・コミュニケーション ・一緒に食事をする・過ごす ・思い出（共通の記憶） ・無条件の受容
6	・両親がいる。子どもも親もお互いに尊敬している	・お互いがお互いを必要としている	・尊敬し合う
7	・両親が働いていて、家事は早く帰った人がやる。子どもは進んで手伝いをする	・会話がある	・助け合う（協力し合う）
8	・離婚していても子どものことで連絡を取り合ったり、一緒に出かけたりしている。子どもが楽しそうに両親と話す	・お互いを大切に思う気持ち	・子どもを中心に考える ・楽しい会話
9	・父母が協力し合っている。子どもの意見を聞く。仕事もがんばり、家族の時間も大切にする	・一緒に暮らすこと	・子どもの意見を聞く ・仕事も家庭生活も大切にする ・一緒に暮らす
10	・家が大好き。自分の帰りたい場所。一緒にいるだけで安心できる	・帰る場所は一つである	・帰る場所 ・安心

「家族」がつくりだされたといわれていますから、家族のもっとも重要な機能はその家族を構成する人々の生活の保障であることはいうまでもありません。

　集団（家族・家庭）をその生活様式とする生き方は、その集団をなす人と人との間の関係や集団間の関係からまったく自由になることができません。しかし、まったく自由になることができないにしても、その家族・家庭を包み込む自然環境や人がつくりだした社会環境などが変化することで、「家族・家庭の在りよう」も変化することは自明です。また、人はまったくの受け身的な存在ではありませんので、自らの都合（生きる上での不都合）に合わせて、その周囲の環境を変えようとします。それでは、これまで「家族」は生活の場としての家庭をどのように構成し、その生きる場所をどのように変えようとし、どのような家庭を営んできたのでしょうか。

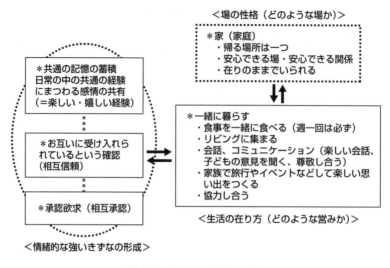

図 1-1　家族の層と層の関連

時代の中の家族—核家族の発達

　前節で挙げた学生たちが思い描く家族は、いつ頃に姿を現したのでしょうか。ここでは現在を生きる人々の意識を離れて、歴史的な時間の流れの中で、父・母・子どもという単位で構成される核家族を考えてみます。

（1）明治時代—核家族の出現

　明治時代までの家族は、離婚率が高く、夫婦・親子関係は不安定であったようです。一般的に家庭は貧しく、家族にとって労働こそが生きる上での中心的な関心事で、子どもの問題は優先順位が低かったようです。

　この頃の家族のおおかたは、川添登によって「家業共同体」[2]といわれています。家業共同体とは家父長を中核とし、代々、家名・家業を継承することを指しています。ですから、家族は核家族（家族の最小単位：両親と子ども）を中心に、その家業にかかわるすべての人（必ずしも血縁である必要はない。使用人も含めて）を指します。家名・家業を継承していくためには、血縁に固執していると、生活を保障するための家業も消失しかねません。つまり、家業共同体はそこでの暮らしをする人たちの気持ちではなく、家名・家業を存続させることを第一に重視します。

　そのため、この時代の子どもは家だけではなく、村や親族などの共同体において育てら

れていました。共同体には家や村を存続させるための掟（決まりごと）があり、その掟に従う限りにおいて、家族も子どももそこである程度の生活ができていました。

　日清・日露の戦争を経て、明治の中頃から軽工業分野で産業化が進みました。産業化は都市化を進行させます。こうして明治・大正を通じて都市型中産階級が出現し、つまり都市において、俸給で妻子を養う夫と直接の労働を離れて家庭で家事や育児に専念する専業主婦が誕生しました。

(2) 大正時代―新中間層の出現

　広田照幸によると、明治から昭和の初めにかけての都市の下層においては、家族という単位がはっきりしていなかった[4]といいます。たとえば、狭い長屋の一室に数家族が同居していたり、子どもを置き去りにして両親とも行方不明になったりということが日常的に行われていたようです。両親がそろっている場合でも、毎日の生活を支えることで精一杯で、子どもの行動には無関心な親が多かったといいます。

　一方、1886（明治19）年に小学校令（小学校が開設され、就学が義務づけられる。尋常科4年制）が公布されて以来、明治の終わり頃には形式上であれ、就学率がほぼ100％に達しました。また、大正の初めの第一次世界大戦が終わった頃、日本でも世界的な新教育運動の影響を受けて、「大正自由教育運動」が展開されました。

```
午前
・女中を相手に掃除をすませる。
・30分ほど読書をする。
・さかな屋が参りました。台所に出て見る。
・今日は珍しい五月晴れ、こんな日こそ張物をと庭に出る。
午後
・静かな昼過ぎ、花をいけている。
・隣の奥さん、坊ちゃんを連れて見える。
・もう4時、そろそろ晩の支度にかかる。
・夜は裁縫を少しする。
・家計簿と日記をつける。
```

大門正克ほか「若き主婦の一日〔1911（明治44）年『婦人の友6月号』〕」『近代社会を生きる』吉川弘文館，2003，pp.225-226より抜粋[3]

```
勤務時間は朝の6時から午後の6時まで
・午前4時起床
・6時出勤、少し寝坊をすれば、おむつの世話もそこそこに朝食もとらずに出勤（多くの人が寝坊して朝食を取らずに出勤）
・午前9時の休養に軽食
・昼食が進まず母乳の出が悪くなる
・帰宅後も食事・洗濯・風呂等家事労働をすませる。
・就寝が10時～11時
```

大門正克ほか「子どもを持つ紡績女工の一日〔1919（大正8）年〕」『近代社会を生きる』吉川弘文館，2003，pp.131-132より抜粋[5]

　この流れの中で、都市に住む裕福で教養のある専門職や官吏、俸給生活者などの新中間層が、子どもへのまなざしを変えていくことになります。家庭は学校と一体化して、子どもを教育する存在になっていきました。これらの家庭は、概して性別役割分業（父―労働、母―家事・育児）の上に成り立ち、共同体での子育てではなく、家族自ら（主に母親）が子育てをする新しい家族（核家族の形態、家庭生活は性別役割分業、子育ては母親の仕事）が姿を現しました。そして、これらと並行して、母性が注目されます。たとえば、E. ケイの母性主義を日本に積極的に紹介したのは平塚らいてうです。らいてうは婦人公論誌上で与謝野晶子と母性保護論争を展開し、女性の最大で崇高な責務は子を産み育

てることだと主張しました[6]。さらに、この頃には家庭での子育てに関する多くの育児書が出版され、このような時代背景のもとで「母性愛神話」が生まれました。

しかし、以上のような家庭（新中間層）はごく少数であり、一般的な家庭では経済的な貧しさも手伝って、子どもの問題は家族にとって優先順位が低く、子どもは不安定な生活を強いられていました。

さて、この時代の農村人口はおおよそ7割であり、そのうち農村に住む女性は農業労働だけではなく家事労働との二重の労働に追われながら、多産傾向にあり、老衰が激しく、子どもを産み育てる時期の女性の死亡率が高かったようです。もちろん嬰児・乳児も栄養不良から疾病に対する抵抗力が弱く、命さえ奪われることも多くありました[7]。一方、都市で子どもを育てながら働く女性も過酷な日々を過ごしていました（前ページかこみ参照）。

(3) 戦後・高度経済成長期以前―主婦化の下地の形成

第二次世界大戦直後の家族・家庭の生活を見てみましょう。

1945（昭和20）年8月15日の敗戦の日の世田谷区の主婦の家計簿には、「遂ニ最後ノ日来ル」と欄外に書きこみがあり、いつものように配給の野菜があったこと、疎開先にいる子どもに送る葉書きを2枚買ったことが記されています[8]。そして、敗戦後もその前と同じような日常が綴られています。また、山形県の出羽大山町で敗戦を迎えた宮下喜代の日記には、女性の国政参加が「婦人解放の具体的な実現」と平和への意思表示であり、「先の見えないその日暮らしが強いられる」[9]生活を代弁してくれる者を国会に送る必要があると記されています。

以上の日々の家計簿や日記に見るように、生活は相変わらず連続した中にありましたが、様々な制度は変化していきました。日本国憲法の公布や改正民法公布〔ともに1947（昭和22）年〕により家制度が廃止されました。これに先駆けて、1945（昭和20）年に婦人の参政権が認められ、先に引用したように、それに投票した山形県の宮下の日記に将来に対する希望が書き込まれることになります。

家族に関していうと、新憲法第24条において「家族生活における個人の尊厳と両性の平等」が謳われました。しかし、現実にはそれまでに内面化されていた価値観や規範は、とくに農村部においては伝統的な規範の枠内に留まろうとする社会の意識が強力であり、新憲法第24条はあまり影響を与えることがありませんでした。この社会の意識の変化に影響を及ぼしたのは、1950年代末からの高度経済成長でした。

(4) 高度経済成長期―核家族の一般化

経済的には、1960（昭和35）年の「国民所得倍増計画」のもと、産業は重化学工業化

を図り、高度経済成長を遂げていくことになります。農業から重化学工業への変換は、都市への労働力の流入（都市化）や核家族化、女性の社会進出と共働き化をもたらしました。

　核家族内では、その経済を効率よく発展させるために「男は公領域での仕事」に専念して、その働く男を支える私的領域である家庭は「主婦の仕事」というように、性別役割分業が取られました。この間、第二次世界大戦後に出生した団塊の世代が結婚適齢期を迎え、多くの女性たちが主婦となり、外で働く男性を支える「（核家族による）家庭」をつくり上げました（右かこみ参照）。

　高度経済成長という右肩上がりの未来が予測された比較的安定した社会の中で、核家族は家族形態の常識となりました。しかし、高度経済成長期は一方で労働力不足が深刻化し、主婦労働力の需要が高まった時期でもあります。1970（昭和45）年頃からは、外で働かずに家庭で家事・育児を分担する主婦に対して専業主婦という言葉が使われ始めました[10]。

> ・団地の主婦たちは一般の主婦に比べて余暇時間が5割以上も長く、テレビ・新聞、雑誌などのメディア接触、ショッピング、手芸や音楽鑑賞など趣味に多くの時間を費やしている。
> ・同じような家庭状況（核家族）の同世代だけの関係が快適であった。
> ・団地では煩わしい人間関係も、古臭いモノや考え方もカギ一つで周りをすべて遮断できた。多くの人は、カギ一つで隔離され、それぞれのプライバシーは守られていると感じ、他と交わらずに家族中心になっていることに喜びを感じ、進んで余暇の大半を家族中心で過ごそうとする（家族中心である、マイホーム主義）。

岩村暢子「高度経済成長期の家族の生活の代表例団地族〔1960（昭和35）年〕」『〈現代家族〉の誕生─幻想系家族論の死』勁草書房，2005，pp.73-74より抜粋[11]

（5）経済安定成長期─家族観の転換

　戦後1947（昭和22）年から1949（昭和24）年の間に生まれた人々（団塊の世代と呼ばれる）は、1984（昭和59）年の国勢調査の結果によると、他の年代より1,000万人を超し、総人口の約1割を占めています。彼らは高度経済成長とともに成長したことになります。1970年代から1980年代にかけては結婚ブームを巻き起こし、彼らはマスコミによって「三トモ結婚時代（共学で育ち、友だち同士で結婚し、共働きをする）」と呼ばれました[12]。

　家族に関しては、1970（昭和45）年頃から出現した専業主婦化がもっともピークを迎えたのが1975（昭和50）年であるといわれています。つまり、高度経済成長の終わり頃から不安定期に差しかかった頃に、もっとも多くの女性が進んで専業主婦（家事・育児を分担する）となりました。家族はどちらかというと、地域でも仕事でもなく「家庭を第一」に考えるようになり、近代家族（核家族）が一般的な家族形態になりました。

　では、核家族とはどのような家族をいうのでしょうか。落合恵美子の家族の社会史的研究の成果から、近代家族の特徴間の関連を表すと図1-2のようになります[13]。

　こうして、家族は豊かな経済状況を背景にして、公の領域から分離し、隔離された（あるいは守られた）私的な領域（家庭）において、子どもを中心に強い情緒的なきずなで結

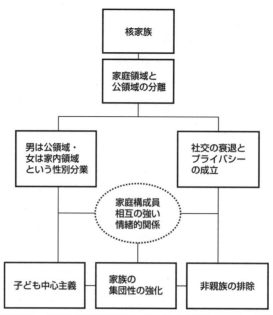

落合恵美子『21世紀家族へ―家族の戦後体制の見かた・超えかた』有斐閣，1994，p.103 をもとに筆者作成

図 1-2　核家族の特徴関連図

びついた生活を選択しました。このことは、かつて大切にされていた地縁や血縁を解体しましたが、これに代わって会社とのきずなが強力になりました。

一方、子どもの合計特殊出生率が 1975（昭和50）年を境に 2.0 を切りました。標準的に夫婦と2人の子どもという小さな集団になり、家電商品の普及により家事に費やされる時間が減少し、その時間は子どもの教育に向けられるようになりま

・幼稚園の入園募集の受付に徹夜で行列する母親
・子どもの担任の教師を非難する匿名の手紙を教育委員会に送りつける母親
・子どもの入社式についてくる母親
・小学校 3 年生の児童の母親が職員室からテスト用紙を盗み出した

本田由紀「『教育ママ』の存立事情」辻本雅史監修，小山静子編著『論集現代日本の教育史 4 子ども・家族と教育』日本図書センター，2013，p.464 より抜粋 [15]

した。それを代表する言葉として「教育ママ」が雑誌に登場したのが 1960（昭和35）年前後で、1970 年代にかけてマスコミに頻繁に取り上げられるなど、瞬く間に一般化していきました [14]。

教育熱心な母親は大正時代の「新中間層」においても見られ、この時の教育熱心さは建前的にでも人格の形成に重きをおいていたといわれます。しかし、昭和のこの時期の教育熱心さは、いわゆる「学校知」をめぐるもので、人としての育ちには無頓着だったところに違いがあるといえます。

（6）経済低成長期―核家族のゆらぎ

　石油危機後〔1973（昭和48）年、1979（昭和54）年〕、高度成長の時代から「省エネ」時代へと軌道修正されています。1980年代中頃から、企業や金融機関が保有する余分な資金が株や土地に投資される「バブル経済」と呼ばれる状態になり、やがてバブルがはじけて「平成不況」の時代になります。このバブルの崩壊により、終身雇用制の崩壊が始まり、家族と会社とのつながりも解体されました。家族にとって、人とのつながりにおいて残されたのは、親子・夫婦の関係になりました。

　これと並行して、家庭という閉鎖空間の中で、家族をめぐる、あるいは子育てをめぐる様々な問題が表面化してきました。家族の中で養育の問題が大きく浮かび上がってきました。高度経済成長期に、たとえば都市部において急激に都市化された見ず知らずの人たちの集まりは、かつての地域のように生活の履歴の上に形成される人と人のつながり（地域）を積極的に避けた家庭（近代家族）を築きました。そして、これらの近代家族の中で育てられた人たちが家族・家庭をもつに至り、地域の、あるいは他世代とのかかわりをもたずに家庭を築き、親になった人たちが、「子どもの育て方が分からない（育児不安）」と言いだしました。育児ノイローゼ・育児不安は厚生白書（昭和46年版）においてすでに使われ、2000年代には社会問題となりました。

　1975（昭和50）年に2.0を下回った合計特殊出生率は、それ以降も下がり続けて、平成に入った1989（平成元）年には1.57に至りました。これは「1.57ショック」と呼ばれ、低出生率が社会問題として受け止められ、これを期に少子化対策が国の重要な政策課題となりました。しかし、1995（平成7）年のエンゼルプラン策定以降、次々と少子化に歯止めをかける対策が打ちだされますが、2003（平成15）年には超少子化の水準とされる1.30を下回りました（第2章　図2-3参照）。

　このような状況の中で、核家族はどのように変化したのでしょうか。2018（平成30）年の国民生活基礎調査によると、家族の形態（世帯構造）は単独世帯と夫婦のみの世帯が増加傾向にあり、夫婦と未婚の子どものみからなる家族、いわゆる核家族世帯が一般的でなくなり、減少傾向にあるとしています。ただし、核家族世帯は減少傾向にありながらも全体の3割近く（29.1％）一番多い構成比で、ひとり親と未婚の子どもの世帯が増加傾向に、三世代世帯が減少傾向にあり、家族形態が多様化してきていることが理解できます。

第2章

支援を必要とする家族・家庭の背景と子育て施策

　子どもと家族は社会のつながりの中で生きています。子どもと家族の毎日の生活が「制度・規範」を変えていき、また「制度・規範」が子どもと家族の生活に影響を与えます。

　最初に高度経済成長とともに核家族化が進み、モノが豊かになっていく社会の中で、閉じられた家庭でモノのように扱われ死んでいく子どもたちがいたことを、厚生省や労働省（現在の厚生労働省）が児童相談所における児童虐待相談処理件数の統計を開始するまでの事件を通して概観します。このような出来事の背後で、合計特殊出生率も 2.0 を切り、1.57 ショックを迎えます。

　次に 1.57 ショック後の国の子育て施策（少子化対策）の動きをいくつかの時期に分けて概観します。

1. はじめに

　時代の変化とともに家族・家庭が変化してきていることは第1章で述べた通りです。一般的にイメージされる家族イメージ、つまり、核家族が一般的になったのが高度経済成長期でした。繰り返しになりますが、核家族に関して、もう一度、落合[1]を引用します。

①家庭領域と公領域の分離　　　　　　⑤家族の集団性の強化
②家族構成員相互の強い情緒的な関係　　⑥社交の衰退とプライバシーの成立
③子ども中心主義　　　　　　　　　　　⑦非親族の排除
④男は公領域、女は家内領域という性別分業　（⑧核家族）

　家族は、高度経済成長期以前の地域社会で生きることよりも、家庭内での生活を優先し（①）、家庭内では強い情緒的なきずなで結ばれ（②）、男は公領域、女は家内領域という性別による役割分業（④）を取り、子どもを中心に生活（③）を営むという生き方を選択しました。家庭内での生活を優先させる（⑥）ということは、非親族を排除（⑦）し、社交を衰退（⑥）させました。つまり、家族だけの小さな集団での生活を選択し、生きる場所が家族・家庭と会社ということになりますので、会社とのつながりや家族間のつながりを強化（⑤）させていくことになります。

　子どもは、家族・家庭という狭い空間での狭い関係（濃密な関係）の中で、その生をスタートさせることになります。そして、地域と切り離された家庭内領域を切り盛りする母親が、家事や育児に専念することになります。

　時代は高度経済成長期であり、旧総理府が実施した「国民生活に関する世論調査」[2]で、1960年代後半以降、自分の家庭の生活の程度を「中の中」とする回答がもっとも多く9割以上を占め、「一億総中流」といわれるようになりました。経済的に豊かになるとともに、家庭用品の電化〔1950年代後半の三種の神器（白黒テレビ・洗濯機・冷蔵庫）に代わり、1960年代半ばには3C（カラーテレビ・クーラー・カー）が新三種の神器として登場〕が進み、主婦は家事に時間を割くことが少なくなりました。そして、その新たにできた時間は子育て・教育に向けられましたが、それ以降、子育て・子育ちをめぐって、あるいは女性（母親）の生き方などをめぐって様々な課題が顕在化していきました。

　経済的に豊かになっていったこの時期の、公と隔離されプライバシーの守られた家庭での子育て・子育ちの問題を「虐待」を指標に見てみます。

　厚生労働省が虐待に関する調査を開始したのは、1990（平成2）年からです。1990年から2018（平成30）年までに児童相談所に寄せられた相談件数の推移は図2-1[3]の通りです。この間、児童虐待の防止等に関する法律（通称児童虐待防止法）が2000（平成12）

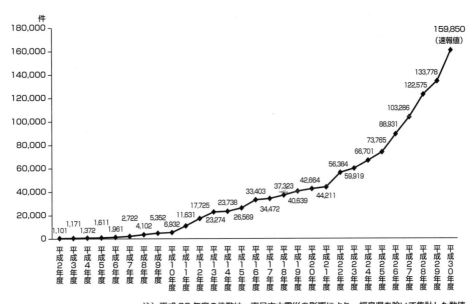

注）平成22年度の件数は、東日本大震災の影響により、福島県を除いて集計した数値

厚生労働省「子ども虐待による死亡事例等の検証結果等について（第15次報告）」2019

図2-1　児童虐待相談件数の推移

年に施行され、そこを境に急激に増加し、さらに相談件数が増え続けていることがわかります。

　次に、児童虐待の防止等に関する法律が施行される前の子育て・子育ちをめぐる事件を整理してみます。表2-1[4] に見るように、人々が中流意識をもち経済的に豊かになっていくその中で、閉じた家族・家庭の中でモノのように扱われたり、その人権を踏みにじられ死んでいく子どもたちがいました。また、家庭や学校という閉じられた空間で子どもへの暴力行動は多発しました。それらの子どもの生活をめぐる現象に対応して制度的な手立てが講じられていますが、虐待等の子育て・子育ちをめぐる問題は、図2-1で確認したように解消されるどころか増加の一途をたどっています。

　一方、長引く不況を経て、これまでの「終身雇用制」という一般的だった働き方が数ある中の一つとなり、それと並行して格差社会の進行が認識され、問題視されていきました。それを、「平成28年国民生活基礎調査の概況」における貧困率の年次推移（図2-2）[5] で見てみます。平均的な所得の半分を下回る世帯で暮らす18歳未満の子どもの割合を示す「子どもの相対的貧困率」が年々高くなり、2012（平成24）年でピークをむかえ2016（平成28）年で13.9％になりました。約7人に1人が貧困家庭に生活しているということになります。さらに詳しく見てみると、2人以上の大人のいる家庭の子どもの相対的貧困率が10.7％であるのに対して、ひとり親家庭で育つ子どもの貧困率が50.8％と半数を超えています。

表 2-1　子どもの危機的な状況に関する主な出来事（1970 年〜）

年	子どもの危機的な状況に関する主な出来事	法制度・施策
1970（昭和 45）	コインロッカーベビー事件 2 件 虐待死 32 件（うち無理心中 3 件）	里親数ピーク時の半数（4,729 人）へ
1971（昭和 46）	コインロッカーベビー事件 3 件 虐待死 40 件（うち無理心中 3 件） 第 2 次ベビーブーム（〜 1974）	児童手当法の公布
1972（昭和 47）	コインロッカーベビー事件 8 件，東京で捨て子ラッシュ（90 人） 虐待死 45 件（うち無理心中 13 件） ベビーホテル繁盛	
1973（昭和 48）	コインロッカーベビー事件 46 件 虐待死 47 件（うち無理心 16 件） 自殺の低年齢化が社会問題になる，全国乳児院で未婚の母の子どもが 1 割（316 人）	厚生省　養護施設入所時の高校進学を認める（1974：高校進学率 90.8%）
1975（昭和 50）	初の 0 歳児専門公立保育所の開設（東京） 乳幼児死亡数（1 年未満）20,000 人を割る	育児休業法公布
1978（昭和 53）	家庭内暴力顕在化 虐待死 56 件（うち無理心中 31 件）	
1979（昭和 54）		国際児童年
1980（昭和 55）	校内暴力 1,556 件，家庭内暴力 1,025 件（警察庁） 総理府「家庭内暴力に関する調査研究」を実施 虐待死 60 件（うち無理心中 28 件）	
1981（昭和 56）	校内暴力ピーク（〜 1983）	厚生省　ベビーホテル問題に対して全国一斉点検を行う。対策の一つとして乳児院に対して短期入所措置制度の実施
1988（昭和 63）	親から虐待された子ども半年間で 1,039 人（全国児童相談所長会「子どもの人権侵害調査」虐待死 31 件、うち無理心中 12 件）	
1989（平成 1）		国連『児童の権利条約』を採択
1990（平成 2）	バブル崩壊の始まり（〜 1992 バブル崩壊）	厚生省　児童相談所における児童虐待相談処理件数の統計を開始する

子どもの虹情報研修センター「児童虐待に関する報告書」2003 〜 2011 をもとに著者作成

✐memo

> **相対的貧困率**：経済協力開発機構（OECD）では「等価可処分所得（世帯全体の可処分所得を世帯人員の平方根で割って調整した数値）の中央値の半分（貧困ライン）に達しない世帯員の割合」と定義している。

　さらに、日本における貧困率は OECD 加盟国 34 か国中 10 番目と高く OECD 平均 13.3％を上回っています。また、ひとり親家庭の貧困率は加盟国中でもっとも高い水準（50.8％）にあります[6]。

　子どもの相対的貧困率は、1980 年代においても 10 人に 1 人の割合であったこと、さらに平成に入ってからも上昇傾向にあることが図 2-2 からわかります。貧困は経済的な問題だけではなく、そこから派生する文化的・社会的活動に参加できないなど、人としての最低限度の生活の可能性が損なわれる、安心して子どもを育てることができないなどの問題

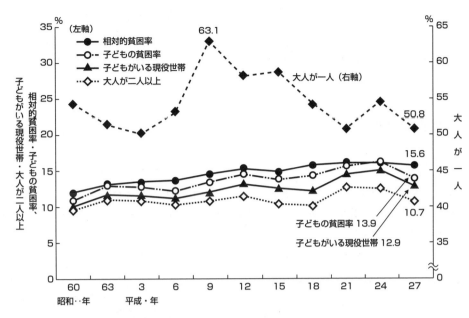

注：1）平成6年の数値は、兵庫県を除いたものである。
　　2）平成27年の数値は、熊本県を除いたものである。
　　3）貧困率は、OECDの作成基準に基づいて算出している。
　　4）大人とは18歳以上の者、子どもとは17歳以下の者をいい、現役世帯とは世帯主が18歳以上65歳未満の世帯をいう。
　　5）等価可処分所得金額不詳の世帯員は除く。

厚生労働省「平成28年国民生活基礎調査の概況」2017

図2-2　貧困率の年次推移

を発生させます。このような社会の状況を考慮し、国は「子どもの貧困対策の推進に関する法律」〔2013（平成25）年〕を成立させました。そして、その理念（要約）は「第2条2：子どもの貧困対策は、子ども等に対する教育の支援、生活の支援、就労の支援、経済的支援等の施策を、子どもの現在及び将来がその生まれ育った環境によって左右されることのない社会を実現することを旨として（中略）、推進されなければならない」としています。

　以上、高度経済成長期以降の社会の状況の変化を概観しました。さらに、この章では、この変化の激しい二極化している社会の中で、様々に支援を必要としている子どもを育てる家族・家庭に対しての国の取り組みを概観します。

2.　国の取り組み―法的枠組み

　これまでに見たように、子どもの育つ土壌である家族や家庭を取り巻く状況が厳しさを増しています。それと合わせて、その家族の保護を受けてその生活を成り立たせている子

どもの相対的貧困率が高くなってきています。「子どもの貧困対策の推進に関する法律」
〔2014（平成26）年1月〕が施行されたように、子育て・子育ちをめぐる施策が少子化が
いわれだした1990（平成2）年頃より打ちだされ、子どもの育ちをめぐる問題が国の重要
な施策となっていきます。

（1）1.57ショック

　子どもの育ちをめぐる課題「子育て支援」は、少子化対策として始められました。その
きっかけは、1989（平成元）年の合計特殊出生率が1.57となったことです。これを機に、
国（民）は1975（昭和50）年以降に減少に転じた出生数の傾向をはっきりと認識させら
れました（図2-3参照）[7],[8]。
　図2-3で再度確認をすると、1975年に前年の合計特殊出生率2.05から2.00を下回る
1.91になり、それ以降、概して減少し続けていることがわかります。国の注目すべき子育
てに関する計画「エンゼルプラン（今後の子育て支援のための施策の基本的方向につい
て）」が策定されたのが1994（平成6）年ですが、その時の合計特殊出生率はさらに減少
して1.50でした。そして、2012（平成24）年以降は1.40を超え、過去最低であった2005
（平成17）年の1.26を盛り返しているのが合計特殊出生率のおおかたの推移です。盛り返
しているといっても、人口減少を認識しショックを受けた1989年の1.57にも達していな
いのが現状です。総務省統計局は、2008（平成20）年が「人口が継続して減少する社会
の始まりの年〜人口減少社会『元年』と言えそう」[9]だ、としています。

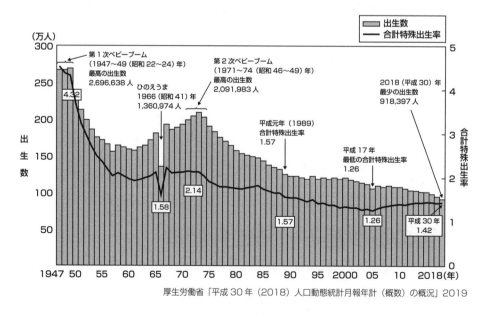

厚生労働省「平成30年（2018）人口動態統計月報年計（概数）の概況」2019

図2-3　出生数及び合計特殊出生率の年次推移

合計特殊出生率の低下、つまり、人口の減少は経済成長率の低下や財政破たん、社会保障制度の行き詰まりなど日本経済へ悪影響を及ぼす可能性が高いとして、子どもの問題が少子化対策として国の重要な政策の柱になりました。

(2) 子育て支援施策の計画の概要〔1995（平成 7）年～ 2015（平成 27）年〕

「エンゼルプラン」から「子ども・子育て関連 3 法」の成立までのおおよそ 20 年間の子育て施策の流れを表 2-2 に整理しました[10],[11],[12]。子育て施策は 5 年を単位として計画されていますので、それに従って何が計画されたのかを見ていきます。

① エンゼルプラン〔1995（平成 7）年～ 1999（平成 11）年〕

「エンゼルプラン」[13] は、「子育てをめぐる環境が厳しさを増しつつある中で、少子化傾向が今後とも続き、子ども自身に与える影響や将来の少子化による社会経済への影響が一層深刻化し、現実のものとなることを看過できない状況にある」という認識のもとに、子育て支援を企業や地域社会を含め、社会全体として取り組むべき課題と位置づけられ、基本的な視点として、以下の 3 点を挙げています。

・「子どもを持ちたい人が持てない状況」を解消し、安心して子どもを生み育てることができるような環境を整えること。
・家庭における子育てを支えるため、あらゆる社会の構成メンバーが協力していくシステムを構築すること。
・子育て支援施策は、子どもの利益が最大限尊重されるよう配慮すること。

そして、この課題を実行するための具体的な計画が、緊急保育対策等 5 か年事業〔1995（平成 7）年〕に示されました。この計画では、たとえば保育所の低年齢児入所受け入れの促進〔1994（平成 6）年では 45 万人、1999（平成 11）年までに 60 万人にする〕や、多様な保育サービスの提供体制の整備においては時間延長型保育、一時的保育、放課後児童クラブ、産後休暇、育児休業明け入所の促進を挙げて数値目標が示されました。この 5 年間の計画は、どちらかというと仕事と子育ての両立支援に力点がおかれていました。

② 新エンゼルプラン〔1999（平成 11）年～ 2004（平成 16）年〕

1999（平成 11）年に「少子化対策推進基本方針」[14] と、この方針にもとづく重点施策の具体的実施計画として「重点的に推進すべき少子化対策の具体的実施計画について（新エンゼルプラン）」[15] が策定されました。

「少子化対策推進基本方針」では、①結婚や出産は、当事者の自由な選択に委ねられるべきものであること。②男女共同参画社会の形成や、③次代を担う子どもが心身ともに健やかに育つことができる社会づくりを旨とすること、が示されました。「新エンゼルプラン」においては、緊急保育対策等 5 か年計画の見直し（保育関係）に加えて、雇用や母子

表 2-2　子育て施策の流れ

年度	施策	計画
1995	緊急保育対策等 5 か年事業（～ 1999）	今後の子育て支援のための施策の基本的方向について（エンゼルプラン）
1996		
1997		
1998		
1999	少子化対策推進基本方針	
2000		重点的に推進すべき少子化対策の具体的実施計画について（新エンゼルプラン）
2001	仕事と子育ての両立支援等の方針（待機児童ゼロ作戦等）	
2002	少子化対策プラスワン	
2003	少子化社会対策基本法 次世代育成支援対策推進法	
2004	少子化社会対策大綱	
2005		少子化社会対策大綱に基づく重点施策の具体的実施計画について（子ども・子育て応援プラン）
2006	新しい少子化対策について	
2007	「子どもと家族を応援する日本」重点戦略 仕事と生活の調和（ワーク・ライフ・バランス）憲章 仕事と生活の調和推進のための行動指針	
2008	「新待機児童ゼロ作戦」について 新しい少子化社会対策大綱の案の作成方針について	
2009	「子ども・子育てビジョン（仮称）検討ワーキングチーム」を立ち上げ	
2010	子ども・子育て新システム基本制度案要綱 待機児童解消「先取り」プロジェクト	子ども・子育てビジョン
2011	子ども・子育て新システムに関する中間とりまとめ	
2012	子ども・子育て新システムの基本制度について 子ども・子育て支援法 就学前の子どもに関する教育、保育等の総合的な提供の推進に関する法律の一部を改正する法律（3 党合意にもとづき総合こども園法案に代えて議員立法で提出） 子ども・子育て支援法及び就学前の子どもに関する教育、保育等を総合的な提供の推進に関する法律の施行に伴う関係法律の整備等に関する法律	
2013		
2014	就学前の子どもに関する教育、保育等の総合的な提供の推進に関する法律の一部を改正する法律の施行	
2015	子ども・子育て支援新制度の施行	

＊おもに内閣府「平成 25 年版少子化社会対策白書」2013、「平成 26 年版少子化社会対策白書」2014、「平成 27 年版少子化社会対策白書」2015 をもとに筆者作成

保健、相談、教育等も追加された内容になっています。

③ 子ども・子育て応援プラン〔2004（平成 16）年〜 2009（平成 21）年〕

　エンゼルプラン策定から 10 年が過ぎましたが、合計特殊出生率は人口を維持するのに必要な水準を下回ったまま、下がり続けました。少子化の急速な進行は、社会や経済、地域の持続可能性を基盤から揺るがす事態をもたらしているだけではなく、子どもたち自身の育ち合いの環境としても望ましくない状況になりつつありました。

　さらに、核家族化や都市化による家庭の養育力の低下、近隣からの支援や子育ての知恵が得られにくいという育児の孤立、育児の負担感が大きくなってきているともいわれました。また、家庭生活との両立が困難な職場の在り方や結婚や家族に関する意識の変化、若年失業の増大など若者の社会的自立を難しくしている社会経済状況等が問題として指摘されました。

　このような社会的な状況を背景に、2004（平成16）年に「少子化社会対策大綱」[16]が定められました。これまでに述べた少子化の流れを変えるために、この大綱の中では3つの視点を挙げています。

・　自立への希望と力（若者の自立が難しくなっている状況を変えていく）
・　不安と障壁の除去（子育ての不安や負担を軽減し、職場優先の風土を変えていく）
・　子育ての新たな支え合いと連帯—家族のきずなと地域のきずな—（生命を次代に伝えはぐくんでいくことや家庭を築くことの大切さの理解を深めていく。子育て・親育て支援社会をつくり、地域や社会全体で変えていく）

　そして、そのための重点課題として「若者の自立とたくましい子どもの育ち」「仕事と家庭の両立支援と働き方の見直し」「生命の大切さ、家庭の役割等についての理解」「子育ての新たな支え合いと連帯」の4つを挙げています。そして、「子ども・子育て応援プラン」[17]は以上の4つの重点課題に沿って、2009（平成21）年度までの5年間に講ずる具体的な施策内容と目標を提示しています。また、「子どもが健康に育つ社会」「子どもを生み、育てることに喜びを感じることのできる社会」を目指したおおよそ10年後を展望した「目指すべき社会の姿」を提示しています。

　一方、2005（平成17）年には、1899（明治32）年に人口動態の統計を取り始めて以来、過去最低となる合計特殊出生率1.26を記録し、2006（平成18）年6月、少子化社会対策会議において「新しい少子化対策について」が決定されました。この決定では、「家族の日」「家族の週間」の制定などにより、すべての子育て家庭を支援するという視点から、妊娠・出産から高校・大学生期に至るまでの年齢進行ごとの子育て支援策を掲げました。2007（平成19）年「子どもと家族を応援する日本」重点戦略では、「働き方の見直しによる仕事と生活の調和（ワーク・ライフ・バランス）の実現」とともに、その社会的基盤となる「包括的な次世代育成支援の枠組みの構築」（「親の就労と子どもの育成の両立」と「家庭における子育て」を包括的に支援する仕組み）を同時並行的に取り組んでいくことが必要不可欠であるとされました。「子ども・子育て応援プラン」は、これまでの保育政策に加えて、より包括的な「次世代育成支援対策」に拡大したところに特徴があります。「子どもと家族を応援する日本」重点戦略においては、就労支援一辺倒から家庭の生活も視野に入れ、地域の子育て支援や若者の就労支援を組み込んだ幅広い施策となりました。

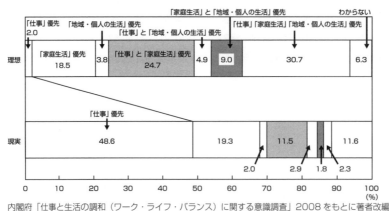

図2-4　生活の中での「仕事」「家庭生活」「地域・個人の生活」の優先度

　しかし、人々の「出生率についての我が国の将来への危機感」が高まっており、2004（平成16）年の76.7％に比べて2008（平成20）年には83％と危機感を抱く人の割合が上昇しています[18]。さらに、生活の中での「仕事」「家庭生活」「地域・個人の生活」の優先度[19]においては、図2-4に見るように、理想とする生活と現実の生活にはかなりのかい離が見られます。

④ 子ども・子育てビジョン（2009（平成21）年〜2015（平成27）年）

　「子ども・子育てビジョン」[20]は、「社会全体で子育てを支え、個々人の希望がかなう社会の実現」を基本理念とし、今後の子育て支援の方向性を示すものです。その目指す方向は「社会全体での子育て」であり、そのキーワードは、「子どもが主人公（チルドレン・ファースト）」「『少子化対策』から『子ども・子育て支援』へ」「生活と仕事と子育ての調和」で、これまでの少子化対策から子どもを主人公にした「生活と仕事と子育ての調和」へと方向を大きく変えたところに特徴があると思います。

　さらに、この「子ども・子育てビジョン」を起点にして、2012（平成24）年には「子ども・子育て関連3法」が公布されました。この関連3法は、「子ども・子育て家庭を社会全体で支援」することを目的とし、すべての子どもの良質な成育環境を保障するために、制度、財源を一元化した新しい仕組みを構築、子どもの幼児期の学校教育・保育の一体的な提供、保育の量的拡充、家庭における養育支援を総合的に推進していくとしています。

　表2-3が「子ども・子育て関連3法」の概要[21]です。

（3）子ども・子育て関連3法の実施─子ども・子育て新システム

　「子ども・子育て関連3法」のもと、子ども・子育て支援は①待機児の解消、②質の高

表2-3　子ども・子育て関連3法の概要

子ども・子育て支援法	認定こども園法の一部改正法	関係整備等法
趣旨：認定こども園、幼稚園、保育所を通じた共通の給付（「施設型給付」）及び小規模保育等への給付（「地域型保育給付」）の創設、地域の子ども・子育て支援の充実のための所要の措置を講ずる。 **概要**： **（1）総則** ◆子ども・子育て支援法の目的、基本理念、責務規定（市町村・都道府県・国・事業主・国民の責務）、定義規定 【第1条～第7条】 **（2）子ども・子育て支援給付** ◆子どものための現金給付（児童手当法の定めるところにより支給される旨を規定。） 【第8条～第10条】 ◆子どものための教育・保育給付（支給認定（要保育認定等）、施設型給付・地域型保育給付、所得に応じた利用者負担） 【第11条～第30条】 **（3）給付対象施設・事業者**（施設型給付：認定こども園・幼稚園・保育所、地域型保育給付：家庭的保育・小規模保育等） ◆施設・事業者の確認手続、基準、責務、確認の取消し、業務管理体制の整備、指導監督 【第31条～第41条、第43条～第53条、第55条～第57条】 ◆施設・事業者に対し、利用を希望する子どもの利用についての市町村のあっせん及び要請　【第42条、第54条】 ◆施設・事業者に係る教育・保育の内容や施設等の運営状況等の情報の報告義務、都道府県による当該情報の公表等 【第58条】 **（4）地域子ども・子育て支援事業** ◆利用者支援、地域子育て支援拠点事業、一時預かり事業、乳児家庭全戸訪問事業、延長保育事業、病児・病後児保育事業、放課後児童クラブ、妊婦健診等　【第59条】 **（5）子ども・子育て支援事業計画** ◆国の基本指針（子ども・子育て支援の意義、提供体制の確保のための参酌基準等）、市町村子ども・子育て支援事業計画の策定、都道府県子ども・子育て支援事業支援計画の策定　【第60条～第64条】 **（6）費用等** ◆給付・事業に応じた国・地方の費用負担、交付金の交付及び補助、事業主拠出の充当範囲、拠出金率の上限（1.5‰以内で政令で定める）　【第65条～第71条】 **（7）子ども・子育て会議等** ◆子ども・子育て会議の設置、組織、権限及び運営、市町村等の合議制機関の設置努力義務等　【第72条～第77条】 **（8）雑則**　【第78条～第82条】 **（9）罰則**　【第83条～第87条】 **（10）附則** ◆幼稚園教諭・保育士等の処遇改善・人材育成の検討、行政組織の在り方の検討、次世代育成支援対策推進法延長の検討、安定財源の確保、私立保育所への委託費の支払等 【附則第2条、第3条、第6条】 **施行日**：政令で定める日から施行（※）（恒久財源を得て早期に本格実施。具体的な期日については、税制抜本改革による消費税率の引き上げの時期を踏まえるとともに、地方公共団体での円滑な実施に向けた準備に一定期間を要することも考慮して検討） ※給付対象施設・事業者の確認の手続き等の準備行為は公布の日、子ども・子育て会議等は平成25年4月1日、待機児童解消のための先行的な事業は政令で定める日等から段階的に施行　　　　　　　　　　　　【附則第1条】	**趣旨**：幼児期の教育及び保育が生涯にわたる人格形成の基礎を培う重要なものであることから、認定こども園の充実を図るとともに、幼保連携型認定こども園について、単一の施設として認可・指導監督等を一本化した上で、学校及び児童福祉施設としての法的な位置づけを付与し、その設置及び運営その他必要な事項を定める。 **概要**： **（1）目的規定の修正** ◆幼児期の教育及び保育が、生涯にわたる人格形成の基礎を培う重要なものであることを明記。 **（2）幼保連携型認定こども園以外の認定こども園の充実** ◆認定の手続（認定基準に適合すれば、欠格事由に該当する場合や供給過剰による需給調整が必要な場合を除き、認定）、教育及び保育の内容 **（3）幼保連携型認定こども園の認可等** ◆幼保連携型認定こども園の定義（教育基本法第6条第1項に規定する法律に定める学校であり、児童福祉法第7条第1項に規定する児童福祉施設） ◆教育及び保育の目標及び内容（幼保連携型認定こども園保育要領（仮称）の策定等）、入園資格 ◆設置者（国、地方公共団体、学校法人又は社会福祉法人） ◆設備及び運営の基準（国の基準に基づき都道府県等が条例で基準を定める） ◆幼保連携型認定こども園に置く職員（園長、保育教諭等） ◆職員の資格（保育教諭は幼稚園教諭免許状と保育士資格の併有を原則とすること等） ◆設置廃止等の手続（認可基準に適合すれば、欠格事由に該当する場合や供給過剰による需給調整が必要な場合を除き、認可）、指導監督 ◆名称の使用制限、罰則等 **（4）その他** ◆主務大臣、検討規定（幼稚園の教諭の免許及び保育士の資格について、一本化含め、その在り方を検討等）、幼保連携型認定こども園に関する特例、保育教諭の資格の特例等 **施行日**：子ども・子育て支援法の施行の日から施行（※認可の手続き等の準備行為は公布の日から施行）	**趣旨**：子ども・子育て支援法及び就学前の子どもに関する教育、保育等の総合的な提供の推進に関する法律の一部を改正する法律の施行に伴い、児童福祉法など五十五の関係法律について規定を整備する。 **概要**： **（1）児童福祉法の一部改正** ①児童福祉法第24条の改正 ◆保育所での保育は、市町村が保育の実施義務を担う（現行どおり） ◆小規模保育等の提供体制の確保義務 ◆利用のあっせん、要請 ◆待機児童がいる市町村が利用調整※当分の間は全市町村が利用調整を実施 ◆虐待等の入所の措置（あっせん、要請等で入所ができない場合の措置を追加） ②保育所の認可制度の改正 ◆大都市部の保育需要の増大に機動的に対応できるよう改正 （ⅰ）社会福祉法人及び学校法人以外の者に対しては、客観的な認可基準への適合に加えて、経済的基礎、社会的信望、社会福祉事業の知識経験に関する要件を満たすことを求める。 （ⅱ）その上で、欠格事由に該当する場合や供給過剰による需給調整が必要な場合を除き、認可するものとする。 ③小規模保育等の認可を規定 ◆小規模保育等について、市町村が認可する仕組みを規定（規定内容は保育所の認可と同様） ④放課後児童健全育成事業の改正 ◆対象年齢の見直し（おおむね10歳未満の小学生→小学生） ◆基準の法定（具体的基準は条例制定、人的要件（従事する者・員数）は従うべき基準）等 **（2）内閣府設置法の一部改正** ①認定こども園法に関する事務、子ども・子育て支援法に関する事務を所掌事務に追加 ②子ども・子育て会議を設置、子ども・子育て本部を設置 **施行日**：子ども・子育て支援法の施行の日から施行（※認可の手続き等の準備行為は公布の日から施行）

内閣府・文部科学省・厚生労働省「子ども・子育て関連3法について」2013

い幼児期の学校教育・保育の提供（幼保一体化）、③地域の子育て支援の充実、を目指すこととなります。①については、幼保連携型認定こども園を中心に、小規模保育や保育ママなど多様な保育の充実により、質を保ちながら保育を量的に拡大していくとしています。②については、幼稚園と保育所の機能を併せもつ施設（幼保連携型認定こども園）の創設、幼稚園や保育所の幼保連携型認定こども園への移行の促進、就学前の子どもに対する学校教育や保育の給付をそれまでの二元から一つにするとしています。③については、子どもの数が減少傾向にある地域においても、こども園に加えて小規模保育の活用などにより子どもに必要な保育（地域型保育給付の創設）を提供するとしています。また、家庭での子育ての充実として、地域の声を聴きながら、子育て相談や親子が交流する場や一時預かり保育の場を増やすなどが挙げられています。

　法的な枠組みにおいては、これまでと異なる新しい考え方が導入されることになります。この制度が子どもの生活を守り、その質を上げていく上で重要な鍵を握るのは、子育ての最前線にいる保育者であるということができます。

（4）子ども子育て関連3法施行以降

　子ども子育て関連3法以降の施策の流れを整理したものが図2-5です。

　これまでの少子化対策は、たとえば、仕事と子育ての両立支援など子どもを生み育てやすい環境づくり（エンゼルプラン）として、待機児の解消のための保育所等の量の拡大に始まりました。それが、子ども子育てビジョンにおいて、子どもの命を大切にする、その生活を支えるというように、計画の中心に子どもの生活や発達を据えるというように、その方向に修正が加えられました。さらに、子育ては、家族や親が担うという考え方（個人に過重な負担）から、一義的には家庭が担うとしながらも、社会全体で子育てを担うという考え方（個人の希望の実現）へとシフトしました。この考え方を実現するものとして、2016（平成28）年に「ニッポン一億総活躍プラン」が策定されました。子育てに関しては「希望出生率1.8」を実現する（分配）ためには、強い経済（成長）が必要になるとしています（図2-6参照）。

　「希望出生率1.8」の実現に向け、若者の雇用安定・待遇改善、多様な保育サービスの充実、働き方改革の推進、希望する教育を受けることを阻む制約の克服等の対応策を掲げ、2016年度から2025（令和7）年度の10年間のロードマップが示されました。それは、2015（平成27）年に閣議決定された新たな少子化社会対策大綱における以下の基本的な考えをもとに策定されました。

新たな少子化社会対策大綱の＜基本的な考え方＞
(1) 結婚や子育てがしやすい環境となるよう、社会全体を見直し、これまで以上に対策を充実
(2) 個々人が結婚や子供についての希望を実現できる社会を作ることを基本的な目標

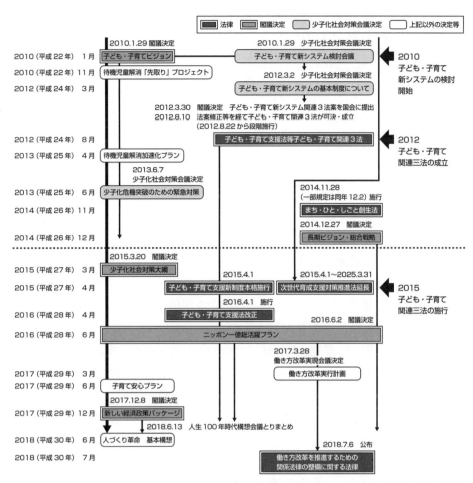

内閣府「令和元年版少子化社会対策白書」2019　筆者一部加筆

図 2-5　こども子育て関連 3 法成立後の少子化対策の取り組みの流れ

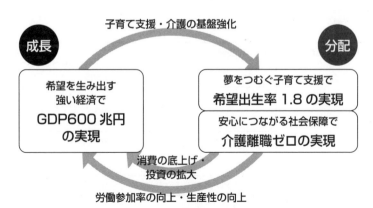

内閣府「平成 30 年版少子化社会対策白書」2018

図 2-6　成長と分配の好循環メカニズム

（3）『結婚、妊娠・出産、子育ての各段階に応じた切れ目のない取組』と「地域・企業など社会全体の取組」を両輪として、きめ細かく対応
（4）今後5年間を『集中取組期間』と位置づけ、5つの重点課題を設定し、政策を効果的かつ集中的に投入
（5）長期展望に立って、子供への資源配分を大胆に拡充し、継続的かつ総合的な対策を推進

内閣府「令和元年版少子化社会対策白書」2019

　これまでの支援策は、子どもと子育て家庭に対する支援が中心的でした。希望出生率1.8に向けた「夢をつむぐ子育て支援」〔2015（平成27）年〕においては、これまでの考え方に沿った施策を重視することを主にしながら、結婚や出産の希望の実現と出生からの切れ目のない支援の取り組みなど、子どもと家庭に対する、あるいはこれから家庭を持とうとする人にまでその範囲を広げた取り組みになりました。その施策が表2-4に示されました。なかでも「希望通りの人数を出産・子育てしたい」という課題に対応して、育児不安への対応や待機児解消、仕事と育児が両立できる環境整備、教育費負担の軽減や相談体制の充実などが挙げられています。

　自らが生き方を選択し、安定した生活のための子どもと子育て家庭に対しては、子どもの成長に沿った継続的な支援が必要になります。少子化社会対策大綱における基本的な考えを社会全体で、どのように実現していくのかが肝心になります。

表2-4　希望出生率1.8に向けた対策

		国民生活における課題	検討すべき方向	対応策
夢をつむぐ子育て支援	結婚	希望通りに結婚したい	若年の雇用安定化・所得向上	・若者の雇用安定・待遇改善 ・サービス産業の生産性向上
		希望通りの年齢での結婚をかなえたい	出会いの場の提供	・結婚支援の充実
	妊娠・出産・子育て　ひとり親家庭	希望通りの人数を出産・子育てしたい	保育・育児不安の改善	・妊娠・出産・育児に関する不安の解消 ・子育てを家族で支える三世代同居・近居しやすい環境づくり
			待機児童の解消	・多様な保育サービスの充実 ・保育サービスを支える多様な人材の確保、生産性の向上
			仕事と育児が両立できる環境整備	・働き方改革の推進 ・女性活躍の推進 ・地域の実情に即した支援
			教育費負担感の軽減、相談体制の充実	・希望する教育を受けることを阻む制約の克服
		ひとり親家庭の生活環境を改善し子どもの学習意欲を向上させたい	ひとり親家庭の所得向上	・子育てが困難な状況にある家族・子供等への配慮・対策等の強化

内閣府「平成30年版少子化社会対策白書　ニッポン一億総活躍プラン（「希望出生率1.8」の実現に向けた樹形図）」2019より筆者作成

（5）社会的養護関連

① 児童福祉から子ども家庭福祉へ

　子どもの育つ場の条件を考えると、そこでは、子どもの欲求がある程度満たされるやりとりを通して、子どもが「受け入れられているという確信」を持つことが、安定した生活や発達には必要であることがわかります（詳しくは第3章参照）。そのためには、ある程度同じ場所で、ある程度一定の大人たちによる1対1の持続したかかわりが重要になります。そのような場所を「家庭」と捉えて、その場所の在りようを考慮することになります。しかし、生まれてきた子どもたちが誰でもがそのような場所を持つとは限りません。どのような状況であろうとも、すべての子どもたちに、文化的で最低限度の生活（ここでいう「受け止められているという確信」が持てる）が保障されなければなりません。それは、これまでも児童福祉の分野で取り組まれてきましたが、十分とは言い切れません。概していうと、その取り組みは、一部の子どもと家族・家庭を対象とした「主として経済生活上の保障」の観点からの支援、または、大人数での施設養育などで、その育ちのための生活の質の在りようの充実という点においては課題を多く抱えていました。

　施設で育つ子どもの生活の質に対して、公の機関で最初に言及したのは、厚生省（当時）の児童家庭局長の私的諮問機関である「たくましい子供・明るい家庭・活力とやさしさに満ちた地域社会をめざす21プラン研究会」（子供の未来21プラン研究会）の報告書〔1993（平成5）年〕とされています。この研究会の委員でもある高橋重宏は、児童福祉と子どもと家庭福祉を整理する中で子どもと家庭福祉の理念について次のように整理しています。子どもと家庭福祉の理念においては、「人権の尊重、自己実現、最善の利益、意見表明権、自立支援のためのエンパワーメント、さらに、子どもの時期の発達特性（一人では生きられない）から、支援を受けることを当たり前とすることが重要である」と述べています。それは、国連の子どもの権利条約を踏まえた新たな制度を「子ども家庭福祉」として規定するものでした。

② 新たな子ども家庭福祉のありかた

　本章のはじめにでみたように、様々な子ども・子育て施策をもとにした取り組みも期待された成果をみることが少なく、子どもの育ち・子育ての環境は悪化の一途をたどっています。子ども家庭福祉の体系の再構築が迫られています。そこで、2016（平成28）年の「新たな子ども家庭福祉のあり方に関する専門員会報告」から、制度改革における理念を以下に、確認します。

・子どもを権利の主体とする
・すべての子どもは適切に養育され、発達する権利を有するとともに、自立を保障される
・子どもの最善の利益を優先する

・体罰など子どもの心身への侵害のある罰を禁止する。特に、しつけを理由として、必要な範囲を超えて子どもを懲戒してはならないことを明確にする
・子どもは安全で安定した家庭で養育を受けることができる。家庭において適切な養育を受けることができないときは、家庭における養育環境と同様の養育環境において継続的に養育を受けることができる
・子どもが意見を表明する権利を有する
・発達連続性を基本にした支援の連続性を保障する

社会保障審議会児童部会：新たな子ども家庭福祉のあり方に関する専門委員会報告（提言）2016

　そこでは、「保護中心」から「養育（子育ち・子育て）中心」に力点をおいた子ども家庭福祉の構築を目指すための今後の制度・施策の方向性が示されています。それは、子どもが育つ場所である子どもと家庭を一つの単位とした支援の必要性が明確に示されています。以上の理念をさらに進化させて2017（平成29）年に「新しい社会的養育ビジョン」が示されました。

③ 新しい社会的養育ビジョンの骨格

　「新しい社会的養育ビジョン」においては、変化する家庭や地域を踏まえて、社会による家庭への養育支援の構築が喫緊の課題としています。それは、身近な市町村が取り組むものとし、一刻の猶予もなく短期間に構築すべく工程を示しています。たとえば、保育所においては、その質の向上、子ども家庭支援の充実のために、対子ども保育士数の増加、ソーシャルワーカーや心理士の配置を挙げています。

　貧困の家族・家庭と子ども、障がいのある子どもと家族・家庭、医療的ケアを必要とする子どもと家庭・家族など、それぞれの状態に合わせた多様なケアの充実、虐待や貧困の世代間連鎖を断ち切れるライフサイクルを見据えた社会的養育システムの確立、特に自立支援や妊産婦への施策（産前・産後母子ホームなど）の充実がいわれています。

　いわゆる家庭が子どもの育つ場所として適切でない場合、一時保護を含めた代替養育のすべての段階で、子どものニーズに即した養育を実現するために、家庭での養育を原則とするとしています。施設における代替養育は一人ひとりの子どもへの個別の対応を基本とし、できる限り良好な家庭的な養育環境を構成し、入所期間は短期間を原則としています。また、家庭での養育を原則とするということは、里親養育の実現にも力を入れることになります。

　新しい社会的養育は、これまでの施設養育のあり方が大きく方向転換し、良好な家庭的な養育環境として考えられる小規模化の方向へ向かうことになります。なにより、家庭や里親家庭での生活、養子縁組など、少数の人との間の持続的な関係形成が可能な環境の整備を図ることで子どもとその育ちの場を形成していこうとしています。

第3章

子どもにとっての家族・家庭
─子どもの育つ場の条件─

　人の赤ちゃんは、人として生きていく上で必要な力をもち合わせていない状態で生まれてきます。

　本章では、その赤ちゃんが、その最初から「社会における能動的な行為者（主体的存在）」としての生活を保障されるための要件を考えていきます。

　社会における能動的な行為者（主体的な存在）として受け入れられ、人として生きていく上で必要な力を獲得するための生活を考えるために、具体的な事例の中でのぞみちゃん（4歳）が経験していることの意味を読み解きます。

　そして、この事例から子どもの育つ場の条件について考えていきます。

1. 子どもはひとりでは生きられない

　たいていの場合、人が生まれてその最初に生を営み始めるのは「家庭」という場所です。家族の在り方がどのように多様化したとしても、家族を家族たらしめるのは、そこでの具体的な生活の営み（「生活保持機能」）と、その生活を通しての「そこで暮らす人と人の情緒的な結びつき」であることを第1章において確認しました。

　その関係の在り方は、誰かの幸福のために誰かが犠牲になるというものではなく、そこで暮らす家族全員が「その人らしくある」「その人らしく生きる」ことを前提にしています。この考えを下敷きにすると、様々な欲求をもつ家族が営む生活は、快適と不快の間を行きつ戻りつしながら続けられます。したがって、家族というつながりは「持続させようとする意志」がなければ壊れてしまうものです。

　その家庭にいやおうなく、そして生活をするには無力な状態で生まれてくる子どもは、そこでの生活を通して、生きる主体である「私自身」の獲得、その「私」を生き抜く上で必要な力も獲得していくことになります。子どもの生活は、当たり前のようにともに暮らす大人の保護や配慮を必要とします。家族の生活が不快に振れ、快適な状態に戻ることが難しくなり、家族間の情緒的な結びつきを持続させようとする意志が萎えて壊れてしまった場合、子どもの生活はどうなるのでしょうか。

　子どもについては、第一義的に家族との生活が重視されますが、その家族・家庭を包み込む社会によっても保護されることになります（児童福祉法第1条、2条）。ですから、その家族・家庭も家族だけで存在しているわけではありません。家族は住んでいる地域や社会などの場や関係の網の目の中にあるということです（後述　図3-1参照）。家族集団が社会の基本単位といわれるわけがここにあります。

　たとえば、保育を必要とする子どもの保育を行う保育所を例に取り、考えてみましょう。保育所は、家庭が破綻しているわけではありませんが、家族の生活上の都合や家族メンバーの自己実現を考えた時の一つの生活の在り方を支えています。保育所が子どもと家族を支える役割を担うに至った経緯の概要を見てみましょう。

（1）権利主体としての子ども

　子どもの生活はその最初から安泰だったわけではありません。子どもが大人と違う存在として認識されたのは、Ph.アリエスによると、近代学校制度が現れた17世紀とされています。それ以降、人類が長い時間をかけてたどり着いたのが、「子どもの権利条約」［1989（平成元）年］です。この条約は54条からなっており、「生命・生存・発達の権利」「子どもの最善の利益」「差別のない処遇」「子どもの意見の尊重」という4つの基本

理念にもとづいています。これは、子どもたちを「権利を能動的に保有する社会的行為者」として認めることを、人類が子どもたちに約束した最初の法律文書です〔2009（平成21）年現在で 193 か国が批准。『世界子供白書』2010 より〕。日本においても、1994（平成6）年に批准されています。

　子どもはひとりで生きる力をいまだもち合わせていませんので、保護を当たり前に必要とします。人が生活することにおいて様々な制約があるとしても、上に述べた4つの基本理念を具現化する能動的な社会の行為者として「私自身」を獲得し、「私自身として」生き抜く存在（主体的な存在）として受け入れられることを約束された存在といえます。

(2) 社会的な存在としての子ども

　J. ボウルビィは、人は生まれた直後から不安や恐れ（空腹や極端な暑さ寒さなど）の情動が沸き起こった時には、他者への接近欲求（すべての生物個体に備わっている欲求）を抱くといいます。そして、発達初期の子どもの関係形成に関する代表的な理論「アタッチメント理論」[1] を提唱しました。しかし、アタッチメント理論において重要な接近欲求は、他者に受け止められて初めて機能することになります。出生後のこの欲求が受け止められて展開するやり取りの中で、他者との関係が形成されていくことになります。

　この関係形成の視点からのアタッチメント行動の発達を整理すると、表 3-1[2),3)] のようになります。

表 3-1　アタッチメント行動の発達過程

段階	おおよその時期	アタッチメント行動
第1段階	出生から 12 週頃まで	**誰に対しても同じように向かい働きかける。** 人を追視する。人の声を聴く（人の声を聴くと泣き止む）。人の方へ手を伸ばすなど。
第2段階	12 週頃から6か月頃	**ひとり又は数人の特定の対象に向かい働きかける。** 誰に対しても接近しようとするが、日常的によくかかわっている人に対してはとくに注意（顔や声に微笑んだり声を出したりする）を向けるようになる。
第3段階	6か月頃から2，3歳頃	**発信・移動による特定の人への接近を維持する。** ・とくに6〜12か月頃になると、普段から継続的に身体的・情緒的にかかわる養育者を他と区別して特別な存在として認識するようになる。 ・見知らぬ人に対しては警戒心をもったりかかわりを避けたりする（人見知り）。 ・特定の人が離れると後追いし、そばに来ると歓迎行動を取る。 ・特定の人を安全基地として探索活動を盛んに行う。
第4段階	3歳以降	**目的修正的な協調性を形成し始める。** ・特定の人（アタッチメント対象）の感情や思いなどがある程度推測可能になり、それにもとづいて、養育者の次の行動を予測して、自分自身の行動の目標を修正（相手に合わせた行動を）するようになる。 ・内的作業モデルを形成するとともに行動面での接近が減少する。 ・特定の人（アタッチメント対象）は、自分を保護し助けてくれる人であるという確信・イメージ（内的作業モデル）が子どもに内在化され、それが安心の拠り所として機能するようになる。 ・短時間なら、アタッチメント対象がいなくても社会的・情緒的に安定していることができる。

J. ボウルビィ／黒田実郎ほか訳『母子関係の理論─Ⅰ愛着行動』岩崎学術出版社，1976，pp.437-443、数井みゆき・遠藤利彦『アタッチメント─生涯にわたる絆』ミネルヴァ書房，2005，pp.80-89 をもとに著者作成

ちなみに本章3節以降に取り上げる事例ののぞみちゃんは4歳を過ぎていますから、第4段階以降に当たります。事例を補うために、3歳までの人との関係（第1〜3段階）を表3-1に沿って整理すると、以下のようになります。

① 子どもの欲求　→　周囲が受け入れる　→　欲求が満たされ満足する。

② 子どもは、接近欲求をも含めて、その欲求に応えて満足をもたらしてくれる人群を他から分化させる。

③ 満足をもたらす人（特定の人）への後追い、歓迎（席をはずしていた特定の人が戻ると喜ぶ）をするようになる。つまり、特定の人との間に快の情緒で結びついた関係が成立するとともに、見知らぬ人に対して不快から分化した恐れや不安の情緒と結びついた人を避けるという「人見知り」が起こる。

④ 特定の人とのやり取り、あるいは見守りがあれば　→　安心して探索活動を展開する　→　発達促進（安心感の環：不安になって振り返るとそこに特定の人が見ていてくれているので、また安心して探索活動・遊びに没頭する）

⑤ ④の経験を重ねることで、特定の人は困った時には保護してくれる・助けてくれるという確信をもつ　→　特定の人が内面化され、実際にそばにいなくてもそのイメージを頼りに安定して行動ができるようになる。

　以上のように、大人とのアタッチメント関係を深め、その関係を基本にしながら、子ども同士の関係へと人との関係を広げていくことになります。とくに早い時期から保育所など家庭外にも生活する場所がある場合は、家庭での親子関係や保育所での保育者との関係、それらの大人との関係をそれぞれの場所で形成しながら、それと並行するように子ども同士の関係も形成していくことになります。

2. 子どもと家族・家庭を捉える準拠枠 ─子どもと家族・家庭をどのように捉えるか

（1）家族を捉える視点

　高度経済成長期の家族は専業主婦が増加し、核家族が一般化されましたが、経済低成長期に入り、家族の形態は多様化したことはこれまでの章で見てきました。このように、時代の影響を受けて変化する家族をどのように捉えたらよいのでしょうか。

　ここでは藤田英典[4]に従って、家族を捉える視点を整理していきます。

　藤田は家族にかかわる項目を図3-1[5]のように整理しました。図の外側の惰円には大きく家族を枠づけする社会や文化の次元として、次の3つを挙げています。

① 家族について人々が描いているイメージ・幻想や、家族に寄せている意識的・無意識
　　的な期待の次元
② 個人の思いや行動や考えの枠づけ、制約している制度（装置）と規範の次元
③ 人として存在し生活するという次元（個人としての心性、情動、習慣行動の次元）

　3つの次元の関係は、実際には①と②によって③が規定される側面と、③によって①や
②に影響を与える側面があり、相互に影響し合っているといえます。これらをもとにして
人の生き方を考えると、人間はひとりでは生きられず、他者との関係性の中で生きること
を志向する存在であるといえます。そして、その関係性の核となる集団として「家族」が
あります。また、個別性に着目すると、人の集団は自律的な個人の集まりであり、家族は
その人の集まりのひとつの形態であるということになります。人の家族に対する考え方
は、この両極の考え方を結ぶ線上のいずれかに存在することになるといえます。

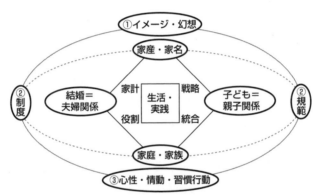

藤田英典「家族の現在—変貌する家族、〈家族〉への憧れ」蓮實重彦ほか
『東京大学公開講座66家族』東京大学出版会, 1998, p.39をもとに著者改編

図3-1　〈家族〉にかかわる諸項目の相互関係

（2）家族の構成要素

　家族を構成している要素は、図3-1のひし形の部分です。それをもとに整理すると、次
のようになります。
① 結婚＝夫婦という対の関係：特別のパートナーと特別に親密な関係を持続的に築こう
　　とする行為
② 子ども＝親子関係：子どもを産み育て・育てられることに関する行為（生物学的には
　　種の保存）
③ 家庭：家族を構成するメンバーの居場所（周囲から守られた安心できる場）であると
　　ともにプライバシーを保障する場

④ 家：家産や家名の基盤であると同時に家族メンバーのアイデンティティの基盤

　以上の４つの要素について、どのようなイメージを抱き、どのような形態をモデルにしようとするのかによって、現実の家族や家庭の在りようが多様になります。

（3）家族・家庭の生活

　具体的に家族・家庭の生活がどのように営まれているのかというと、図3-1の真ん中の四角の部分に規定されます。毎日の生活を成り立たせているのが、家計（経済的事情、家庭の収入など）の側面です。また、家族がおかれている社会や地域に対して、どのようにかかわるかというような行動を支える考え方やかかわり方（面倒だからあまりかかわらないようにしようとか、あるいはお隣の老夫婦が心配だから時々様子を見に行くとか）の側面もあります。さらに、家族にとっての子どもの存在（親子関係）は家族を結びつけるものとして、あるいは引き離すものとして作用します。夫婦にとって子どもは生きてきたことの履歴として、また未来への希望（又は絶望）として、親自身の、あるいは家族のアイデンティティを統合（又は拡散）するものと考えられます。最後に、家庭生活において家族メンバーがどのような役割を担うかという役割関係があります。夫婦の役割関係、たとえば性別役割分業を取るのか取らないのか、また、家庭生活の中での役割分担をどのようにするのか、子どもに家庭生活の営みの一部を担わせるのか否かなどにおいて、具体的に展開される家庭での生活実践は様々な姿を取ります。

　以上のように家族を見てくると、家族は「その構成員の生活を維持し、保障するという生活保持機能を基本とする」[6]ものと規定することが可能になります。現代は、生産・労働機能、養育・教育機能、および扶助機能からなる生活保持機能の弱体化が進んでいます（機能の代替、機能の外注化）。家族・家庭が変化しているように見えるのは、家族の生活を保持する機能、あるいは家族を構成する要素が変化しているというより、家族の形態や生活習慣・行動様式の変化であるように思います。

　この変化しているように見える具体的な家族の生活実践は、家族というものについて人々が描いているイメージや、家族というものに寄せている意識的・無意識的な期待の次元や個人の思いや行動や考えの枠づけ、制約している制度（装置）と規範（まなざし）の次元（図3-1の大きな楕円部分）にも影響し、変化させていくことになります。

　家族の生活機能が弱体化の傾向にある中で、家族という装置を前提に人の生活を考えるとしたら、家族を家族たらしめる「家族の生活保持機能」を保障することが重要になると考えられます。

3. 「子どもと家庭」 ―関係の網の目の中に居る子ども

　ここでは、最初に具体的なひとりの子どもが実際にどのような生活をしているのかを断片的ですがエピソードを通して概観します。そして、その保護される生活の中で、安全基地を核にした関係の網の目の中で、権利を能動的に保有する社会的行為者としての子どもの生活の基本的要件を具体的な事例を通して確認したいと思います。

　事例の家族は父母（共働き）、兄（小学校3年生）、のぞみちゃん（主人公：保育所4歳児クラス）の4人です[7]。

(1) のぞみちゃんの家庭の概略

　郊外に住むのぞみちゃん一家の父親は会社員で、子どもたちの朝食前には家を出て、夕飯までに帰ることがほとんどない状況で働いています。子どもとの触れ合いは主に土曜日と日曜日ということになります。兄は内気な性格ながらも学校に行くことが楽しみで、毎朝近所の子どもたちと誘い合わせて学校に通っています。母親が働いているので、放課後は学童保育に通っています。のぞみちゃんは生後3か月から保育所に通っていますが、だいたいの場合、喜んで行くというより躊躇しながらも母親に促されるようにして通っています。しかし、保育所に行ってしまえば元気に友だちと遊びます。夕方の延長保育を利用し、のぞみちゃんの一日の保育時間はおおよそ10時間です。母親はフルタイムで週に4日から5日、かなり不規則に働いています。保育所の迎えは母親ですが、時間に間に合わない時は父親か近所の（いつも決まっている）おばさんが迎えに行きます。概していうと、どこにでもある共働き家庭といったところです。

(2) 親子関係

事例 3-1

　母親の仕事の都合で帰りが遅くなることが続いたある朝、珍しくのぞみちゃんと母親だけの朝食になりました。のぞみちゃんはあれやこれや注文をつけてなかなか食卓につきません。母親は時間が気になり「早く食べよう」と言いますが、のぞみちゃんは「今日は食べない」と泣きだします。母親が「そうだ、赤ちゃんの時のように抱っこで食べてみる？」と提案すると、のぞみちゃんは戸惑ったように母親の顔をのぞき込んで、その膝の上におずおずと座ります。「はーい、大きなお口を開けて…」と言いながら母親が食べさせると、

□を開けて食べます。少しして母親が「だめだ。大きくなりすぎて重い」と言うと、のぞみちゃんは「重い？」と聞き返します。「そうだよ。赤ちゃんの時は、ほら、あの座布団の上で顔を拭くタオルをかけて寝るぐらい小さくてかわいい赤ちゃんだったよ。こんなに大きくなって…」と言うと、「ひとりで食べる」と言って母親の膝から降りました。

　4歳といっても、まだまだ安全基地（行動の拠りどころ、安心できるところ）が必要です。母親の帰宅が遅く少し不安定になっているのぞみちゃんの気持ちに気づいた母親は、帰りが遅いかもしれないけれど、いつもと同じようにのぞみちゃんを見守っていることを「赤ちゃんの時のように抱っこして食べてみよう」という行為で表現しています。のぞみちゃんは赤ちゃんではないことを自覚していますが、母親との関係を確認せずにはいられず、提案を受け入れます。母親は赤ちゃんの時のように食べさせてあげることで「安全基地」であることを伝えています。そして、赤ちゃんの時と今の違いを話題にすると、のぞみちゃんはずっと帰りが遅かったけれどもいつもの母親（安全基地）であることが確認できたことで、ひとりで食べ始めます。

　子どもの発達する場の条件として、安心できる人（安全基地）＝発達を見届けてくれる人が必要です。事例3-1ののぞみちゃんの場合は母親がその人になっていますが、必ずしも母親でなければならないということはありません。子どもの内面を気遣い、ともに生活をする人がいるということが重要になります。

事例 3-2

　朝、母親が連絡帳を書きながら、今日のお迎えは父親であることを伝えると、のぞみちゃんは「いやだ。お母さんがいい」と言い張ります。このところ保育所の夕方は運動会の続きのリレーをしていて、のぞみちゃんはそれが大好きで、「早くお迎えにきて応援して欲しい」と言っていたのを思い出した母親は、「お父さんにリレーの応援をしてもらえばいいよ」と言います。すると、のぞみちゃんはあっさりと引き下がり、「お父さん、早くお迎えに来てよ」と念を押し、父親が約束をすると上機嫌になりました。

　しかし、家庭の事情でなかなかのぞみちゃんの望み通りにはことが運びません。事例3-2では、夕方のお迎えはだいたいは母親ですが、今日はそれが難しいとのぞみちゃんに告げています。のぞみちゃんはそのことに納得がいかないと言っています。困った母親は、のぞみちゃんがいま夢中になっているリレーごっこを父親に見てもらえばいいと提案します。のぞみちゃんは母親のお迎えではリレーをしているところを見てもらえません（本当はお母さんにリレーを見てもらいたいのですが）。しかし、父親のお迎えでは見てもらえます。それで、リレーを見てもらうことを選んで、父親のお迎えに納得しました。

　親との関係は、安心感をもたらす関係です。しかし、いつも子どもの思うようにばかりはいきません。親は親でありながら社会の中での役割もあります。親子の生活は、親の生活と子どもの生活の折り合いをつけることの連続です。親は子どもの気持ちを汲みなが

ら、家族の生活を考えて対応します。子どもは親の気遣いを感じながら、生きていく上での問題の解決の仕方を身につけていきます。

（3）親子関係からの示唆

　安全・安心感は、人の生活の基底をなすものです。事例ののぞみちゃんは、母親を第一の「安全基地」としていました。この安心感をもたらす人を子どもは生まれた時からもち得ていません。では、どのようにして子どもは安全基地を獲得するのでしょうか。

　生まれて間もない子どもは「有能で能動的な存在」であることは多くの研究が証明しています。出生時の能動性は、子どもが周囲に向かって働きかけた時に「受け止めてもらう」ことで初めて意味をもちます。

　子どもの能動性を受け止めるために、周囲の大人は子どもの欲求を泣き声や表情、身振りなどから読み取ることになります。そのためには、子どもと日常をともにしながら試行錯誤することになります。生きる上で最低限必要な食欲を満たすことさえ、その欲求を読み取ってもらい、タイミングよく応答してもらうことが必要です。つまり、子どもが生きる場の条件の一つとして、「欲求（子どもからの呼びかけ）に応答する」ことが挙げられます。子どもの欲求にある程度的確に応答するためには、子どもと生活をともにすることが要求されます（図3-2の持続的な関係）。

　ヒト（生物学的）として生まれた子どもが人（社会的・文化的な存在）になるためには、食欲さえ満たされればそれでよいわけではありません。ヒトは生まれたその時から、その場の履歴（文化的思想や行動様式）を更新していく人として生活を始めます。生まれた場の文化（多くの場合は、家族や家庭の価値観や行動様式など）は、毎日の具体的なや

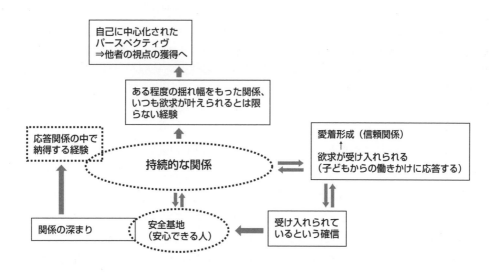

図3-2　安全基地（持続的な関係）の獲得

り取りの中で獲得されます。具体的にやり取りする人は子どもと生活をともにする人です。子どもの欲求に応答することを中心に子どもとの生活をすることで、その人との間に愛着が形成されます（子どもの側からすると、「欲求が満たされる＝受け入れられるという確信」をもつ）。

こうして、子どもは自分の足で自分の人生を歩く上で必要な安全基地を獲得し、そして安全基地を獲得した子どもはますます自ら学び、それらの経験が子どもを育てていきます。子どもは自らの力が発揮できたときに自分自身の有能さを実感します。しかし、この有能感に裏打ちされた子どもの行動は、大人にとって、あるいは人として望ましくないこともあります。そこで、大人は子どもの有能感（受け入れられるという確信）を損なうことなく、子どもの暮らす社会の、あるいは親の子どもへの願いに沿って穏やかにお互いの行動を修正していくことになります。この過程の中で、子どもは自己の中心性（世界へ向かう自分だけの視点）を獲得すると同時に、他者の視点も獲得することで共同性（＝個別性）を身につけていくことになります。

（4）きょうだい関係

きょうだい関係は複雑です。親子は縦の関係、友だちは横の関係、そしてきょうだいは斜めの関係といわれます。きょうだいは、年齢が少し離れていて、のぞみちゃんでいえば、少し先を生きている「ものしり」（自分の知らないことを知っている）であり、親しみやすい行動のモデルです。また、いつも一緒にいて遊んだり行動をともにしていることから、よく知り合った遊び仲間だったり、ライバルだったりします。

> **事例3-3**
> いつもはズボンを好んではいているのぞみちゃんは、昨日保育所で大好きなともえちゃんと「明日、スカートをはいてくる」と約束していました。のぞみちゃんは、登園前、ピンクのスカートをはいて、「おかあさん、パンツ見えない？」と聞きます。母親に「見えないよ。大丈夫だよ」と言われますが、少し心配そうにしています。そばにいたお兄ちゃんに「ブルマをはいていけばいいよ」と教えてもらい、ブルマをはいて登園しました。

のぞみちゃんはいつもはズボンをはいていますが、大好きなともえちゃんと「明日、スカートをはいてくる」と約束しました。女の子と男の子の違いを気にしだしているのぞみちゃんは、パンツが見えることが心配です。母親に「大丈夫」と言われても安心できません。小学校で女の子たちがスカートの下にブルマをはいていることを知っている兄に「ブルマをはく」ことを教えてもらい、ようやく決心しました。母親の「見えないよ。大丈夫だよ」はのぞみちゃんの安心にはつながらないようですが、兄の言葉は心に響いたようです。年齢の近い兄のほうがのぞみちゃんの切実さが伝わりやすく、その気持ちに応えることも、のぞみちゃんの心に寄り添った対応もできたのだと思います。

事例 3-4

　今日は保育所からの帰りが遅かったので、のぞみちゃんは母親が夕食の準備をしている間にお兄ちゃんと2人で風呂に入ることになりました。30分以上も大きな音をたてながら楽しそうに入っていました。夕食の支度ができ、母親に声をかけられて機嫌よく出てきました。次の日の夕食後、母親がいつものように3人で入ろうと声をかけると、のぞみちゃんが「お母さんは入らないで。お兄ちゃんと2人で入りたい」と言います。母親は了解して、ゆっくりと新聞を読んで30分ほど後にお風呂をのぞいてみると、洋服を着たまま2人でお風呂に入り楽しそうに遊んでいます。聞くと、昨日も洋服のまま入ったというので注意すると、「だって、服を着て入るとおもしろいんだもの」と言いながら、しぶしぶ服を脱いで入り直しました。

　事例3-4は、お風呂にはいつも母親と兄と3人で入っているのぞみちゃんが「お母さんは入らないで」と言い、この日はきょうだいだけで入っています。洋服を着たまま入るとおもしろいけれど、それを母親が許してくれないということを知っていますから、2人だけで入ると主張します。この時、兄とはお風呂に洋服を着たままドボーンと入る楽しさに2人で没頭する（喜びをリアルに体験するという、その時をもっとも充実して生きる）というまったくの横並びの関係です。兄においても、お風呂の入り方やマナー（母親が許さない）を守るより、この楽しみ（いつもはできない、洋服を着て風呂に入ること）を共有することを選び、横並びの関係での喜びを追求しているといえます。

事例 3-5

　お兄ちゃんが勉強しているそばで、のぞみちゃんもひらがなを書いています。絵を見ながら、その横に字を入れています。家の絵があり、その横に四角いマスがふたつ並んでいるところを指して、のぞみちゃんが「おかあさん、ここになんて書けばいいの？」と聞くと、同時にお兄ちゃんも質問をします。母親が兄の質問に答えている間、のぞみちゃんはじーっと下を向いて、そのうち泣きだします。兄の質問に答え終わって、「のぞみちゃん、なんだっけ？」と母親が聞きますが、下を向いて泣いています。何を言っても泣き続けています。母親は兄の勉強の続きに付き合い、宿題が終わって、兄は明日の準備をしています。母親はのぞみちゃんに「さっき、泣いていてわからなかったから、もう一度話してみて」と言うと、いつの間にか片づけたノートを持ってきて、さっきのページを探して「ここになんて書けばいいかって聞いたのに教えてくれなかった」とまた泣きます。母親に「ここはね、いえ（という字を）って入れるんだよ」と教えてもらい、「いえ」と丁寧に書き込んで、しばらく抱っこしてもらってからベッドへ行きました。

　事例3-5は、勉強の時間（寝る前の30分は宿題など兄を中心とした時間になっています）についてです。母親は兄につきっきりで、そのそばでのぞみちゃんもひらがなを書いています。わからないところを聞いても母親は兄の質問を優先し、母に相手をしてもらえ

ずにのぞみちゃんは泣きます。それでも母親が兄の勉強を優先すると、いったんはのぞみちゃんなりに区切りをつけて諦めます（学校の勉強の方が大事であることを薄々気づいています）。兄の勉強が終わって母親はのぞみちゃんを気遣い、「さっき、泣いていてわからなかったから…」と向き合いますが、聞いたのに教えてくれなかったといったんは区切りをつけたはずでしたが、また涙が出てきます。母親は丁寧に質問に答え、のぞみちゃんの抱っこの要求に応じます。

　きょうだいは、時に自分の欲求を阻止する相手でもあります。そのことを十分に理解して、親はそれぞれの要求によってはケアをします。子どもはこのような経験を通して、徐々に要求の表現の仕方や待ち方などを習得していきます。

（5）きょうだい関係からの示唆

　きょうだいの関係で経験することが発達経験となるためには、その最初に親との関係が安定していること（安全基地が獲得されていること）が前提になります。

　下のきょうだいにとっては、上のきょうだいは自分自身の少し先の未来像であり、先の見通しをもたせてくれる存在です。事例ののぞみちゃんの兄は、学校での学びやスカートをはくときにはブルマを着用するなど、のぞみちゃんの知らない世界を知っている存在です。毎日の勉強の時間をそばで一緒に経験（字を書く練習）するなど、時には行動のモデルになったり、時には張りあったりなど複雑な経験をします。しかし、日常をともにすることで共有される楽しみ（たとえば、お風呂に洋服を着て入るなど）もたくさんあります。その楽しみのために、安全基地である母親と一緒にお風呂に入ることも拒否します。一緒に楽しむ仲間として濃密な時間を過ごしたりします。そうかと思えば、寝る前に一緒に勉強している時には、母に質問しても兄を優先して応えてもらえないなど、兄は自分の欲求を阻止する存在でもあります。きょうだいにとって、他のきょうだいは一人何役もこなす人として現れます。この関係の中では、人の存在の複雑さを理解する（人を受容する）柔軟性を経験していることにもなります。

　一方、上のきょうだいにとっての下のきょうだいは、育ちの軌跡を見える形で示してくれます。ついこの間までのできなかった自分を重ね合わせて（できるようになった自分の確認）、そのできなさに共感して手を差し伸べるなどします。また、上のきょうだいにとっても下のきょうだいは自らの欲求を阻止する者として現れます。しかし、生活をともにするということは、年齢を超えて共通の楽しみをもつことでもあります。

　生活をともにしながら共通の楽しみをたくさんもつことが、子どもたちの生活を豊かにします。その楽しみのために創意工夫することで、それまでに身につけた力を存分に使います。対等な関係で時にもめたりしながら遊ぶこと、つまり、こと・そのものに没頭する経験は、子どもがもっとも充実して今を生きている状態（実感の世界を生きる）と考えられます。その充実感は生きる意欲をかき立てます。この経験において、親がきょうだいの代

わりをすることは不可能です。

　しかし、この項の最初に述べたように、きょうだいがお互いを認め合う関係になるために
は、親がきょうだい間を調整することが前提になります。

(6) 夫婦関係

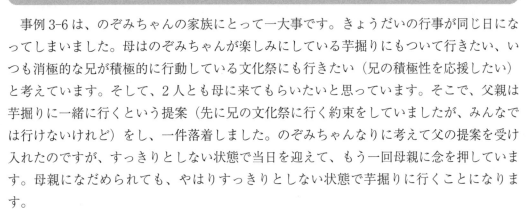

> **事例3-6**
> 　保育所の保護者会の芋掘りの日がお兄ちゃんの文化祭と重なっていることがわかった日、母親
> はのぞみちゃんに芋掘りには行けないことを話します。のぞみちゃんは「いやだ、行きたい」と
> 頑張ります。いつも消極的な兄が文化祭の出し物で自分から立候補した役をするということで張
> り切って練習していたので、家族で応援に行くことを約束していたのです。事の成り行きを兄は
> 心配そうに見ています。そこに父親が帰って来たので、母親が困っているわけを話すと、「のぞ
> みちゃん、お父さんとお芋掘り行こう」と父親が言います。それ
> でも少しもめましたが、「お父さんと行く」ということで落ち着き
> ました。
> 　当日の朝、のぞみちゃんが母親が朝食の準備をしているところ
> に起きてきて、「やっぱり、お兄ちゃんはお母さんでないとだめな
> の？のぞみもお母さんがいいな」と言います。母親に「お父さんは、
> のぞみちゃんと芋掘りに行くのを楽しみにしているよ」と言われ、
> 「うん」と返事をします。

　事例3-6は、のぞみちゃんの家族にとって一大事です。きょうだいの行事が同じ日になって
しまいました。母はのぞみちゃんが楽しみにしている芋掘りにもついて行きたい、い
つも消極的な兄が積極的に行動している文化祭にも行きたい（兄の積極性を応援したい）
と考えています。そして、2人とも母に来てもらいたいと思っています。そこで、父親は
芋掘りに一緒に行くという提案（先に兄の文化祭に行く約束をしていましたが、みんなで
は行けないけれど）をし、一件落着しました。のぞみちゃんなりに考えて父の提案を受け
入れたのですが、すっきりとしない状態で当日を迎えて、もう一回母親に念を押していま
す。母親になだめられても、やはりすっきりとしない状態で芋掘りに行くことになりま
す。

　家庭生活の日常は、いつも子どもの思いが叶えられるとは限りません。むしろ、叶えら
れないことの方が多くあるかもしれません。その場においては、家族で知恵をだし合い、
何を優先させるか、何をコントロールするかをその時々で考えて対応することになりま
す。

　この時に親である夫婦は、子どもへの願いがある程度一致していることが重要になりま
す。父は、芋掘りが楽しいものになるように知恵を絞ることが重要になります。こうし
て、すっきりしなかった気持ちが芋掘りの楽しさの中で解消されていく経験をします。

　いつも満足いく経験となるように対応するのは難しいことですが、親は誠実に対応する

ことで状況を乗り切っていくことになります。子どもはこのような日常のやりとり（生活）の中で、人への向かい方や人との関係の中で欲求をコントロールする仕方などを経験しているといえます。

事例 3-7

　暮れの大掃除。兄はのぞみちゃんが昨年作った凧を見つけます。それを見て、のぞみちゃんが「凧を作ろう」と言って作りだします。デパートの袋を使って何やら作って、できたらしく見せに来て、糸がほしいと言うので母親は凧糸をあげます。のぞみちゃんはさっそく糸をつけて「飛ばしてくる」と言って外へ行きますが、すぐに戻り、あまりよく飛ばないと言います。父親に「尻尾をもっと柔らかい紙で作って、もっと長くしてごらん」と教えてもらい、あっちこっち材料を探して作り上げて、「今度はよく飛んだ」と戻ってきます。それを見て、兄も凧を作りだします。2人で作って飛ばし、試しては飛ばし、よく飛ぶかっこいい凧作りに精をだします。昼過ぎから作りだし、夕方には2人で凧に絵を描いてかっこいい凧ができたと満足しました。

　事例 3-7 は、のぞみちゃんの家族の暮れの行事である大掃除についてです。朝から家中を掃除し、子どもたちも自分の上履きを洗ったり机の周りを片づけたりします。その中で、昨年の正月に遊んだ凧を見つけました。それで思いだしたように凧を作り始めます。母親は凧を作るためのモノを用意してあげます。また、父親は高く飛ぶ作り方を教えたりします。のぞみちゃんの楽しそうな様子に兄も作りたくなり、より高く飛ぶ凧作りに熱中します。のぞみちゃんたちにとっては、大掃除も遊びの延長のようです。父母は掃除をしながら、2人をとがめることもなく、その遊びが続くようにサポートします。

　のぞみちゃんの親たちは、譲れない時（親がその時に大切にしたいこと）はわけを話し、できるだけみんなにとってよいやり方を子どもと一緒に考えています。父親の仕事の時間が長く、子どもとあまり一緒に何かをする機会もないのですが、困っている時に助け船をだしたり、遊びをおもしろくする知識（子どもたちは父親はなんでも知っていると思っているようです）をもっていて、適度にアドバイスするので頼りにされてます。

　それは、日頃子どもと一緒に過ごす母親が父親を頼もしく感じているからだと思います。夫婦がお互いをある程度認め合い安定していることが、子どもの生活を安定させるといえます。

（7）夫婦関係からの示唆

　のぞみちゃんの家庭は、父親が朝早く出勤し比較的遅く帰宅をするので、母親が仕事も家庭もという、どちらかというと性役割分業的な家庭生活といえそうです。その家庭の在り方に母親は不満をもっているというより、当たり前の家庭生活と受け止めているようです。しかし、母親ひとりでは子どもたちとの満足のいく生活が成り立たず、時に応じて様々な課題がわき起こります。たとえば、保育所の父母会行事の芋掘りと兄の学校の文化

祭が同じ日になったりして、子どもたちをハラハラさせています。このような時に母親は困っていることを話し、父親は2人の願いがある程度叶えられるような提案をして問題を解決しています。また、暮れの大掃除を家族で行っていますが、夫婦は子どもたちに役割を遂行するように強制せず、子どもたちの興味を受け入れて、その遊びが持続するように道具をだしたり、知恵を授けたりしています。このように見てくると、父親は決して家庭を顧みないで母親任せにしているわけではなさそうです。お互いにできる範囲で協力し合っているようです。

　家庭の生活は、誰かが誰かの犠牲になっているという気持ちをもつことなく、お互いにお互いができることをし合うことが重要といえそうです。それは時間的にどれだけ家事をこなしたかとか、具体的にどれだけ子どもとかかわったかという時間の量ではなく、かかわりの質が問題になるのではないかという示唆が得られます。

　さらに、子どもにとっての父親と母親は、もう一方で夫婦の関係にあります。この2人がどのような親子関係や夫婦関係を願っているのかによって、その家庭生活は大きく規定されていきます。

4. 子どもが育つ場の条件

　これまでに見てきたのぞみちゃん一家の生活のスタイルは、子どもが生まれる前からあったわけではなく、夫婦2人の生活から親子3人、そして親子4人の生活へと、子どもたちとの生活を営みながらその生活の在り方を修正してきた結果だと思います。そして、今後も生活の在り方は子どもの成長や家庭の事情に合わせて変化していくと考えられます。

　では、家族はどのようにして、その家族なりの生活のスタイル（家庭）を獲得するのでしょうか。そして、子どもはその生活を通して、人として生きていく上で必要な力や生き方をどのようにして身につけていくのでしょうか。

(1) 条件を考える上での基本的な考え方

　子どもの発達は、家庭や地域社会、より広い社会の社会的文化的状況に影響を受けます。また、子どもの発達はこれらの多様な状況が相互に関連し合いながら方向づけられます。しかし、発達上の法則は、どのような状況の中を生きようとも同じであると考えることができます。異なるのは、それぞれの環境に適応する形で、その発達の輪郭が異なる様相を表すことと考えられます。

　ここでは、発達の姿を自己の獲得とその自己を生きていく上で必要な力を獲得すると同時に、その獲得した力を使ってどのように生きていくのかという態度の形成に焦点を絞っ

て、子どもの育つ場の条件を考えていきます。

　生まれたばかりの子どもは、生まれながらにもち合わせている力を使って生活を始めますが、その生活の大半は生理的な欲求を充足することに費やされています。このように発達初期の子どもの様子を考えると、子どもの行動を成り立たせているのは、おおよそ「生きようとする欲求（主体性の核となると考えられます）」であると考えることができます。

　この欲求について、A. H. マズローは欲求の階層説を唱えました。この欲求は一様ではなく、図3-3の左側の図のようにおおよそ5つの欲求に分けられるといいます。三角形の下に行くほどに生きていく上での基本的な欲求と位置づけられ、三角形の下から4つの層までを基本的な欲求としました。この基本的な欲求がある程度満たされることで、自己実現の欲求（自分がなりたいものになること）がかき立てられる[8]としています。

　ちなみに、生理的欲求は食物や水、空気などに対するもの、安全と安心への欲求は保護や安定などに対するもの、所属と愛情への欲求は他者との愛着関係や集団の一員であることに対するもの、承認欲求は他者からの承認や有能さ、自尊心に対するものとされています。そして、これらの欲求は必ずしも下から上に発達するというものではなく、欠乏した時の優先順位であるとしています。

　ここでは子どもが育つ場の条件を考えるために、マズローの欲求階層理論を参考に発達の視点を入れて考えてみたいと思います。子どもの育ちのステージのどの段階にも、図3-3の左側の三角形を適用します。たとえば、生まれたばかりの子どもの欲求は、目に見える形としては、生理的欲求（図3-3の左側の三角形の一番下の部分）と考えられます。しかし、この欲求を満たすことを手伝う大人との関係でいうと、大人は子どもの生理的欲求を受け入れ（承認し）安心できるように、そして愛情をもって対応します。子どもはこの関係に一体化した中で、生理的な欲求（子ども自身の）を満たします。それはこの時期の自己（世話をしてくれる人と渾然一体となっている原初的な自己）実現の姿と考えます。

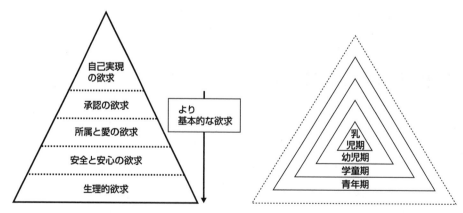

廣瀬清人ほか「マズローの基本的欲求の階層図への原典からの新解釈」『聖路加看護大学紀要（35）』
聖路加看護大学, 2009, pp.28-36をもとに右図は筆者作成

図3-3　マズローに依拠した欲求の階層図

このように考えると、子どもの欲求の質は発達するとも考えられます。それを表したのが図3-3の右側の図です。三角形の重なりは発達過程を表しています。小さな三角形はたとえば乳児期、そして三角形が大きくなるに従って発達した時期の子どもの世界（幼児期、学童期…というように）を表していると本書では考えます。そして、どの時期においても生理的な欲求から自己実現の欲求へと欲求が連なり、それぞれの時期において生理的欲求、安心・安全への欲求、所属と愛情への欲求、承認欲求、自己実現の欲求がその時期なりのものとしてあると考えます。ちなみに、マズローはおおかたの人の欲求発達において、自己実現の欲求に至ることはごくまれであるとしていますので、「どの時期においても、その時期なりの5つの欲求がある」とする点が本書の独自の考え方となります。

(2) 親になるということ―育てられる人から育てる人へ

当たり前のことですが、「親」はその最初から親ではありません。子どもが生まれて初めて親になります。子どもを育てるということは、それまでの育てられる人から育てる人へと、その立ち位置に180度の転換を迫ります。

たとえば、大人の日常生活はそれなりに生活が構造化されていて（朝、何時ごろに起きて、会社に行く準備をして…というように）、ある程度の予定が立ちます。その予定の上である程度の自由時間があり、その時間は役割としてではない自分自身になる大切な時間だったりします。働いていると、会社の拘束時間外にもその自由時間を使って仕事に専念することもできます。そして、それなりの達成感も味わうことができます。

先の事例ののぞみちゃんの母親は、母親になる覚悟をきめたエピソードを2つ話してくれました。1つはのぞみちゃんの兄が3か月頃の出来事だといいます。

「いつもは機嫌がよく、あまり手がかからない子だと思っていたのですが、ある日、何で泣いているのかわからず、あれやこれや手を尽くしてもどうしても泣きやまず、不安に駆られて何とか泣きやまそうとしているうちに、子どもの口に手を当てて声を止めようとしていた自分自身に気づき、我に返りました。この子の命は私の手にかかっているということを実感して怖くなりました。なすすべもなく、子どもの泣く姿を少しぼーっと見ていて考えたことは、この子の命に対する責任でした。私がしっかりしなければこの子は生きられない。泣くことしかできない子が、こんなに私を当てにして泣いているのだから、他に誰がそれを叶えるというのかと、この子を育てる（この子の親になる）決心をした」といいます。幸い、住んでいるアパートの隣家に5歳と3歳の子どもをもつ母親がいて、その人にさまざまな子育ての知恵を教えてもらえたことも重要だったといいます。

もう1つのエピソードは、やはりのぞみちゃんの兄が2歳の時、保育所から職場に「熱が高いから、すぐに迎えに来るように」と電話が入った時だといいます。兄は保育所に通うようになってからよく熱を出し、そのたびに保育所から電話が入りました。その日は仕事が忙しく、職場内にはあわただしい空気が漂っていました。その中での保育所からの呼

び出しの電話に腹が立ったといいます。こんなにたびたび
呼び出されていたら、仕事にならないではないか。もう少
し何とかならないかと思いながら、迎えに行く電車に揺ら
れながら少し冷静になって考えました。保育所には病気の
子どもは預からないという決まりがあり、保育者はその決
まりに従っての電話をかけたこと、つまり保育所では預か
れないといい、母親も呼び出されたことに腹を立てていた
ら、たった2歳になったばかりの子どもはどこへ行けばい
いのか。ひとりでは生きられない、ましてや熱が出ていて誰かに手厚く看てもらいたい状
態の子どもは、早い話が保育所からも母親からも見捨てられた状態になるのではないか。
最終的に子どもの育ちに責任をもつのは親である自分ではないかと気づいたといいます。
そして、体がひとつしかない以上、今、何を優先するのかと考えた時に、職場での自分自
身の役割ではなく、病気の子どもを気遣い一刻も早く側に行くことではないかと、呼び出
されたことに腹を立てていた自分が恥ずかしかったといいます。こうして、子どもの生活
に責任をもつこと、子どもが育つことを見届ける人としての自覚が生まれたといいます。
もちろん、職場での責任も考えた上で、今（子どもが小さいうち）は子どもの一大事の時
はそれを優先させ、子どもが大きくなったら今の何倍も職場の責任を果たそうと決心した
といいます。もし、そのために批判を浴びることがあるようなら、その批判に甘んじよう
と決心をしたといいます。

　こうして、のぞみちゃんの母親は自らの生活の在り方を子どもの生活を守るという視点
から組み立て直すと同時に、育てる者としての自覚（何が起こるか分からない、自分の思
い通りにいかない生活を受け入れる）をし、ことが起こったらそのことを解決するための
最善を考えて対応するという生活になっていったのではないかと考えられます。

　これまで、のぞみちゃんの母親のインタビューから親になるということを考えてきまし
たが、父親も同様だと思います。それまでの生活をやはりある程度変えなければ父親にな
ることはできず、ある程度の不自由さは避けられません。それより、これから始まる3
人、4人の生活をどのようにしていくのか、生活の仕方だけではなく、その意識も少なく
とも「家事を手伝う」とか「育児を手伝う」というものから脱却しなければならないと考
えられます。

　こうして、先に紹介したのぞみちゃんの一家の生活の仕方が徐々にでき上がっていった
のだと考えられます。

（3）子どもが育つ場の条件

　これまでに考えたことをマズローの欲求階層説に依拠して考えると、子どもが育つ上で
必要なことは、子どもの発達過程のどの時期にあっても、子どもの欲求がある程度満たさ

れることが重要になります。

発達初期の子どもを例に取って考えてみます。

のぞみちゃんの母親が何で泣いているのかわからないと不安に陥ったように、子どもの欲求は年齢が低ければ低いほど読み取りにくいものです。それでも子どもの側からすると、その欲求をある程度的確に読み取って、欲求が充足するように対応してもらうことが必要です。そのためには、そばにいること、そして子どもに相当に好意を抱いていることが欲求を読み取りやすくします（親がこのように子どもの傍らにいるためには、ある程度のゆとりが必要）。また、読み取りのためにあれやこれや試行錯誤することが必要になります。そして、子どもの欲求に応答するためには、ある程度持続したかかわりも必要です。

このある程度持続して欲求を読みとって対応してくれる人とのかかわりを重ねることを通して、子どもはその人に愛着をもつようになります（信頼関係の成立）。

以上で、マズローの生理的欲求、安全・安心、愛情への欲求がある程度持続的に満たされることになります。子どもが人として育っていく上での基本的な欲求は、だいたいの場合、大人によって満たされることになります。このような関係の中で、子どもは周囲に受け入れられているという確信（承認欲求）をもつことで、生活の基点となる安全基地を獲得します。

以上の生活の基盤の上に、様々な経験（＝食事をしたり遊んだりというような）をきょうだいがいることでより複雑に経験することを通して、人として生きていく上で必要とされる力を獲得していくことになります。それはのぞみちゃん一家の事例からも理解できます（図3-4参照）。

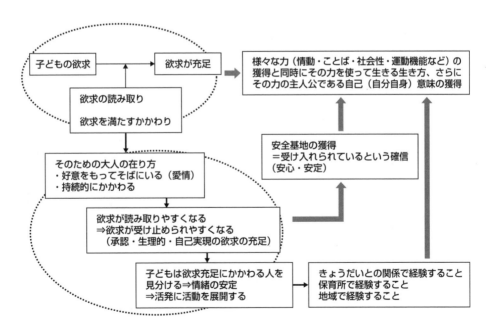

図3-4　大人のかかわりと子どもの発達の関連図

（4）家庭を外にひらくこと

　親はその最初から親ではなく、その生活において、子どもの欲求を理解し充足すること
を支援するためには相当の試行錯誤が必要であることが理解できました。

　現在、家族・家庭が孤立化する傾向にあります（p.10、図1-2参照）。また、少子化の
中で成長した親たちが大半を占める昨今、育ちの過程で子どもと触れ合う機会をほとんど
経験せずに大人になっている可能性が大です。家庭は閉じて外から守られてこそ、安心で
きるところとなるのですが、閉じた中で子育てをすることで、わからなさの中で不安にか
られることもあると考えられます。のぞみちゃんの母親がアパートの隣に住む先輩お母さ
んにアドバイスを受けたように、他者の手が必要です。家庭は閉じつつ開くという力動性
が必要になります。

　家庭が子どもの育つ場所となるためには、これまでに述べた子どもとの繊細なやり取り
が必須条件になります。そして、そのやり取りはかかわる人のゆとりが大きく影響してき
ます。かかわる親のゆとりの確保のための外部からの支援が必要にもなります。

第4章

子ども家庭支援の意義と役割

　第2章では、第3章の図3-1における大外側の楕円部分の子どもと家族の生活を規定する子どもと家族・保育に関する法的枠組みについて概観しました。

　第3章で、子どもの生活は大人の保護や配慮を当たり前とするとして、子どもの育つ場の条件を整理しました。それによると、①子どもの欲求が受け止められること、②ある程度持続した安心できる関係、③子ども自身が重要な他者に受け入れられているという確信をもち、④発達に必要な経験をある程度保障されていること、が条件でした。

　本章では図3-1の楕円のひし形部分の家庭を営む家族・家庭の「生活保持機能－生産・労働機能、養育・教育機能及び扶助機能」に焦点を当てます。その機能の弱体化が子どもの生活に不安を与えています。家庭における生活機能－養育・教育機能の弱体化は、子どもが育つ上での様々なリスクをもたらします。ここでは、子育ての当事者（現状においては多くの場合、母親）の視点から、支援を必要としている家族・家庭を具体的に理解します。

1. 現代の子どもと家庭を取り巻く状況 ―深刻で静かなる危機

第2章においては、子どもの育ちの環境改善を図る国の取り組み（子育て施策の流れ）を概観しました。第3章においては、子どもの育ちの環境としての家族・家庭という場の変化が悪化してきていることを事例を通して概観しました。この章では、現実の家族・家庭の中での子育てをめぐる問題として、「育児不安・困難」について見ていくことにします。

現在、子育てをしている人たちは、高度経済成長が都市化をもたらし地域が崩壊し始めると同時に一般化した核家族や、その家族の在りようが揺らぎだした家庭の中で子ども時代を過ごしています。また、少子化〔1975（昭和50）年に合計特殊出生率が2.0を割る〕も進行していました。それまでの子どもたちが生活の中で様々に経験してきたであろう生活に必要な経験（それに伴う気持ちの揺れも含めて）をしなくても、快適に生活できる社会を生きてきました。その人たちが親になって、「子どもの育て方がわからない、どうしたらいいのかわからない（育児不安）」と言いだしました。

育児不安は、その最初に「育児ノイローゼ」として、厚生白書（昭和46年版）で「…児童の養育について自信の持てない両親もふえている。一部の母親は、育児ノイローゼがこうじて心中に走る場合すらある。児童を私物視して、…児童の問題は親の問題と言われるが、現在の家庭環境における問題点は問題児ならぬ問題親がふえている状況にあると言つても過言ではあるまい」[1] と述べられ、子育ての問題を親自身の問題として捉えています。次に、厚生白書（昭和55年版）では「妊娠や育児に関する正しい知識の欠如や育児不安をもつ母親の増加」を指摘し、その背景・要因としては「核家族化」「都市化」「少子化」という社会的な要因を挙げ、育児ノイローゼではなく「育児不安」という言葉を使っています。そして、この時代の子育てにおいて、どの家庭や家族にもその危機に陥る可能性があるとしました。さらに、2000（平成12）年の児童虐待の防止等に関する法律が制定された前後から、虐待に至る要因として「育児不安」が注目されるようになりました。

では、育児不安とはどのようなことを指すのでしょうか。育児不安を最初に研究として取り上げた牧野カツコは、「子どもの現状や将来、あるいは育児のやり方や結果に対する漠然とした恐れを含む情緒の状態、または無力感や疲労感、あるいは育児意欲の低下などの生理現象を伴ってある期間継続している情緒の状態、あるいは態度を意味する」[2],[3] と定義しています。その後も育児不安・育児困難などに関する研究 [4],[5],[6],[7] が進められ、それらを概観すると、「育児において子どもの現在や将来、自分自身の育児の仕方等について過度に恐れや葛藤を含む情緒の状態」が定義の中心をなし、その状態はいくつかに分けられるとしています。ここでは、2002（平成14）年に岩手県が作成した『児童虐待防止ハンドブック』の資料[8] を参考にしながら、(1) 母親自身の問題、(2) 子どもの成長・

発達についての不安や葛藤、の２つに大きく分けて考えていきます。

　（1）は、さらに以下の３つに分けられます。

① 育児についての不快感情（イライラ、思い通りにならない）

② 育児の負担感（一人で子育てしている、我慢ばかりしている）

③ 自分自身の育児能力に対する不安（自分の育児に自信がもてない）

　また、（2）は育児書や雑誌を読んで心配になる、子どもの健康や発育が気になる、他の子と比べて心配になる、などに分けられます。

　以下では、それぞれについての具体的な事例を通して、育児不安の実態とその実態に即した支援の方向を考えていきます。取り上げる事例は、著者のフィールドワークをもとに、話の主旨を損なわない程度に改編したものです。

（1）母親自身の問題

① イライラ、思うように子育てができない

事例 4-1

　３歳と２歳になる娘がいる母親です。子どもたちの些細なことでイライラが止まりません。上の子がお漏らしをした時、それに腹が立ち、怒ってはいけないとわかっているのに「いい加減にして！」と大声で叫んでしまいました。それでも気持ちが収まらず、下の子にも当たり、「どうせ、お昼ご飯も全然食べないんでしょ！」と言って、持っていた雑巾を娘に投げつけてしまいました。下の子はお気に入りの毛布をかぶり布団で泣いています。上の子はご飯を食べさせずにいたら、ひとりでソファに横になり寝てしまいました。

　涙が止まりません。おしりを叩いたり、暴言を吐いたり、文句を言ったりした時の娘たちの悲しい顔が浮かんできます。夫に相談しても、「しつけはちゃんとしなければならないから」と気にしすぎだと言います。

事例 4-2

　子どもは５歳と３歳で、まだまだいたずらや失敗をします。頭では仕方ないとわかっていますが、何度言っても繰り返す失敗を受け止めることができずに悩んでいます。とくに味噌汁や牛乳など、掃除が大変なものをこぼされるとカッとなって手が出てしまいます。昨夜はポタージュをこぼされて、ティッシュの箱を投げつけてしまいました。イライラを最小限に減らそうと、入れる量を少なくする、子どもに自分で入れさせないなど、いろいろと工夫しているつもりですが、完全に防ぐことはできません。また、家族４人分の食料をせっかく重たい思いをして買ってきたのにという思いやお金や食材がもったいなくてイライラしてしまいます。

第2章で子どもの育つ場所の条件を考えました。子どもが子どもの生活をし、そこで発達経験を積み重ねるためには、基本的には子ども自身を肯定的に受け止めてくれる大人がいることが重要でした。

　しかし、事例4-1、4-2では、一緒に生活する母親が子どもが生活する上で当たり前におこすトラブルを受け入れられずにイライラを募らせている親子関係の中で、あるいは夫の存在がまったく見えないか、相談しても正面から受け止めてくれない夫との関係の中で、子どもたちは日々の生活をしています。このような生活において、子どもたちは「自分は受け入れられている」という安心感や確信をもてるでしょうか。また、自立のために必要な基本的な力が獲得できるでしょうか。

　親子がある程度穏やかに生活（子どもが受け入れられているという実感がもてる、母親がイライラしないでゆとりをもてる）をするためには、とりあえず、母親の気持ちや子どもの気持ちを受け止める冷静な第三者の存在が必要になります。

②　私の自由時間がない

> **事例 4-3**
> 　子どもは2歳。産まれるまでは自分の時間が取れない（ひとりになれない）ことが、こんなにつらいとは思っていませんでした。誰かに相談しても、ひとりになれるわけではないので根本的には解決しません（月に数回、夫に子どもを見てもらって外出しますが、家に帰ればいつもの生活に戻ってしまうので結局は同じです）。自分の悩みを解消する手段として、もう離婚して子どもの親権を夫に譲るしか方法はないのでしょうか。子どもは可愛いけれど、自分の時間が取れないのはつらい。そして子どもの相手をするのもしんどいです。

> **事例 4-4**
> 　夫に子どもを預けて外出しても、食事の時間や就寝の時間が気になり、なかなか外出を楽しむことができません。子どもを中心に私の24時間も決められていて、私の自由な時間などありません。子どもが病気をしたら心配ですし、遊んでいてもケガなどしないかと目を離すことはできません。時々、子どもに対してどう接していいのかわからなくなることあります。私が自由な時間を求めるのは愛情がないからでしょうか。

　事例4-3と4-4の母親は子どものことをまったく思わないわけではないし、夫が子どもの面倒を見てくれないわけでもないのですが、それでも「私が母親役割をするのではなく、私自身になる時間（私の好きなことに時間を割く）」がないことを嘆いています。

　子どもが生まれるということは、その子を育てる親になる（子どもの生に責任をもつ）ということです。しかし、親は親だけを生きているわけではなく、親役割を超えて「私自身」も生きています。事例4-3の母親は、親役割と私の間の激しい葛藤の中にいます。子どもは可愛いけれど、自由がないのはつらく、このつらさは誰に相談しても解決はしない

のだと、「あれかこれか」の二分法の中で思考が堂々めぐりしています。そして、まったく私を生きたい（自由になりたい）と思うことが母親として間違っているという認識をしているので、葛藤がいよいよ激しくなっていきます。

　事例 4-4 は、子どもから物理的には離れることができたとしても、子どものことが心配で自由な時間（私自身を十分に楽しむ）がないといっています。子どもと一緒にいても心配で目が離せないし、時々どうしていいのかわからなくなるといいます。心配ごとは次から次へと起きてきて、ますます自由がないように感じてしまっています。

　親になるということはどれだけ難しいことでしょうか。身近に親としてのモデルがいた時、つまり、隣近所に結婚をして親になっていく人を観察できていた時は、親になる過程においてどれだけの試行錯誤が必要であるのかを見聞きすることができていたように思います。そして、親になることを支えてくれる人たちが周囲にいて（地域が地域として機能）、時にそれが煩わしかったりしながらも、親の在り方を日々の暮らしの中で身につけていたと考えられます。

　しかし、隣近所との付き合いが希薄になり、というより、付き合いを避けて家族・家庭と会社との間で生活をしてきた人たちが家庭という狭い空間の中で子どもと向き合うことになると、それまでの生き方（自分の 24 時間を、会社で働く時間は別にしても、それ以外の時間は自由にコントロールしていた生活）の延長で子どもに向かい合うことなっても不思議ではありません。また、理想の母親像を描いて、そのように行動しようとしても、生身の私（母親になる前の私の生活）の感情が今のこの親子の生活に納得できず、このふたつの感情に引き裂かれながら、それでも母親の意識に留まって、「自由な時間がない」ということになるのだと思います。

　結婚をして家庭をもって子どもを産み育てるということは、それまでの自らの生活の在り方の変換を迫られることになります。それは当たり前といえば当たり前ですが、今までの生活にもうひとり、それも生きるだけでも何から何まで他者の世話を必要とする子どもが加わるのです。そして、子どもはその世話をどのように経験するのかで大きく育ちが方向づけられます。その育ちの方向までを含めての子どもに対する責任が、親になるということです。

　地域が機能しなくなり、それまでの生活の延長線上の中で親になることが難しいとしたら、そこに親になることを支援し見届けてくれる人が必要になります。

③ 子育てに自信がもてない

🖊 **事例 4-5**

　5 歳 2 か月（女児）は、昨年 4 月から幼稚園に通っています。平日、私は主人が夜に仕事から帰ってくると交代で仕事に出て、朝の 4 〜 5 時に就寝します。その後、園バスが来る 30 分前に子どもを起こし、簡単な朝食を与え、ギリギリでバスに乗せます。子どもが園に行っている間に 1 〜 2 時間仮眠して、市バスで 30 分以上かけて子どもを迎えに行きます。平日は子どもは主人と夜

9時半頃に寝ますが、休日は私に合わせるので寝るのが遅くなりがちで、仕事の疲れから子どもを自由に遊ばせてしまうことが多くなります。

先日、ある塾の一日体験をさせたところ、「しつけをきちんとしてから来てください」と言われ、とても恥ずかしい思いをしました。私は子どもの頃、親にかなり厳しくされ、よい思い出がないので、子どもを叱ったりするのは抵抗があるのですが、一日体験以来、子どもがワガママを言うたびに言い聞かせ、時には叱り、その嫌悪感から精神的に疲れています。そして、再び子どものしつけがなっていないと言われるのが嫌で、子連れで友達と会うこともできなくなりました。子どもには社会の一員としてルールを守って行動するようになってもらいたい。今、どうしたらいいのかわからなくなっています。

事例4-5は、家庭の厳しい生活のスタイル（昼夜交代で父母が働く）の中で子どもが過ごし、子どもが幼稚園に通いだし、さらに厳しい生活時間のやりくりが強いられています。母親自身の成育歴からくる厳しいしつけ（叱る）に抵抗があること、さらに生活時間の厳しさから子どもの自由にさせていたこと（放任）などから、「しつけをきちんとしてから来るように」と言われ恥ずかしい思いをしました。それからはしつけを心掛けるようにしていますが、「しつけがなっていない」と言われるのが嫌で友達とも会うことができず、子どもにルールを守って行動してもらうにはどうしたらいいかわからないといっています。家庭の中で生活している時にはあまり問題を感じていなかったのですが、外部からの一言に傷つき、母親は自身の子どもへの対応に自信をなくしています。

事例4-6

夫は祖父母のもとで育ち、毎日のように殴られていたそうです。私は小さい時、顔も洗わず、歯は虫歯だらけ、朝ごはんの記憶はあまりなく、喉が乾いたというと病気だと罵られるので怖くて言えませんでした。高校を出てから逃げるように実家を出ました。私たち夫婦には子どもの頃のよい記憶はありません。子どもの育て方がわからないのに親になってしまいました。

衣食住は、まわりのお子さんと同じくらいは用意できていると思います。顔も拭いてやり、虫歯をつくらないよう歯ブラシで毎晩仕上げ磨きをして、朝ごはんもだすし、水分もとらせています。それから長女が本を読むのが大好きなので、絵本もよく買います。読み聞かせは夫が担当です。おもちゃの買い与えすぎはあまりよくないと育児本にあるので、お誕生日とクリスマスを一緒に楽しみに待って選んでいます。公園に行ったり、散歩したり、習いたいというお稽古は2つしています。

してあげられているのは、これくらい…。

事例4-6も自分たち夫婦がよい子ども時代を過ごしていないという経験から、子どもへの接し方がわからないといっています。しかし、実際には、両親自身が子ども時代に経験した不快な体験を繰り返さないように子どもへの対応を心がけて、子どもが好きだからと育児書を参考に絵本を一緒に買いに行ったり、子どもが習いたいというお稽古ごとをさせてあげたり、公園に散歩に行ったりしています。ところが、自分が経験したことのない

「望ましい、あるいは子どもにとってよい生活」とはどのような生活なのかわからないといっています。

　親自身の子ども時代の生活の記憶、それが事実だったかどうかは別にしても、親自身の「今の親としての生活」にどれだけ影響を与えているかは「世代間連鎖」という言葉をもちだすまでもなく、これらのエピソードが教えてくれます。

　何か決まっている望ましい子どもの生活や望ましい子どもの姿があって、それ以外の生活や子どもの姿は否定されるのではないかという「子どもの生活・イメージ幻想」から自由になり、問題や課題をたくさん抱えているこの生活からどのようにそれらを解決していくのか、あるいは生き方の修正をしていくのかを考えなければ、いつまでも子育ての仕方がわからず、不安な状態から抜けだすことができないのではないかと思います。

　お互いに生身の身体や欲求をさらけだして生きる場所が家庭であるとしたら、何も問題や課題がない家庭はあり得ないのではないでしょうか。さらに、そのような家庭だからこそ、お互いがぶつかり合いながらもどうしたら居心地のよい場（家庭）になるのか、どのような関係だったらある程度安心できるのかを模索していけるのではないかと思います。自らの育った家庭や家族、それらの集積がつくりだす社会の家族・家庭のイメージから、ある程度自由（まったく自由になることはできませんが、縛られることなく）になって、今・ここでの自分たちにとってのこの家族、この子どもとの生活を子どもの最善の利益（発達する存在、生きる上での最低限必要な力を獲得する）から考えていけるよう、外部からの支援が必要になります。加えて、家庭生活には多少の困難さがつねにつきまとうこと、それを引き受ける生き方を模索する過程に添うという支援であることが必要になります。

（2）子どもの育て方がわからない

　育児不安が最初にいわれだした頃、筆頭に挙げられる言葉が「子どもの育て方がわからない」ということでした。具体的には「子どもの泣く理由がわからない」とか「ミルクの飲ませ方がわからない」というような子どもの発達や気持ちがわからないというものが大半でした。しかし、事例4-7も事例4-8も、子どもの発達に対する知識やそれに合わせて、どのようにかかわるかの知識はもち合わせています。そして、その知識をもとに子どもへの対応を試みるのですが、うまくいかずに心配が募ったり、楽しく思えなかったりしています。

事例4-7
　33週1200gで産まれ、修正月齢で1歳5か月過ぎの男児です。物真似はよくします。機嫌よく遊んでいる時は、目を見て笑ってくれます。おもちゃでも遊びますが、飽きが早く、どちらかというと体を使った遊びが好きです。気になることは、共感や応答の指さしをしないことです。「お

風呂」「お外」と言っても、そちらへ行きません。耳は聞こえますが、聞いていないような感じがします。私が指さす方を見るのは五分五分です。

先日、心理の先生に相談しましたが、「確かに指さし等できていないこともあるが、出生状況を考慮しても手先は器用だし、きちんと段階を踏んで成長している。すぐに療育を勧めたいほどではないので、たくさんお喋りして下さい」と言われました。「わんわんだよ、ブーブーだよ」と毎日毎日呼びかけても反応が薄い息子に、疲れ泣きながら「何か応えて」と怒鳴ってしまいました。

追いかけっこしたり、TV番組の体操で踊ったり、それだけでも十分素晴らしいのに、今の息子を認めてやれない自分が情けないです。意思疎通の反応が薄い息子に、私はどう向き合えばよいかわかりません。

事例4-7の母親はリスクを抱えて生まれた子どもの姿をよく観察していて、発達に対する知識も豊富です。また、自分だけで抱え込むというのではなく専門家にも相談しています。しかし、専門家に段階を踏んで成長しているといわれても「共感や応答の指さし」が半々、意思の疎通の反応が薄いなどが気になり、どう向き合えばいいのかわからないといっています。そして望ましい子ども像、あるいは親子像を求めて、今のありのままの子どもの姿からどのようなかかわりをしたら楽しい生活になるのかに思いを至らせることができなくて混乱しているようです。

事例4-8

6歳の息子（幼稚園年長）と3歳（年少）の娘がいます。息子は工作やブロック遊びが好きで、空き箱や紙コップなどを使ってロボットを作ったりするのが最近のお気に入りです。それでこの前、自分のイメージした通りにできなくて、イライラし始めました。「手伝おうか？」と言っても、「自分でする!!」とゆずりません。

最初のうちは穏やかに「そんなに怒ることじゃないよ」と説明してやるのですが、息子は大声で怒鳴りだして、作りかけの工作を踏み潰し、「こうしてやる！」とものすごい形相で叫ぶんです…。それからしばらくして、妹がそのぐちゃぐちゃになった工作につまずくと、息子は激怒して「○○が壊した！あやまれ！」と突き飛ばして、妹のオモチャを壊し始めました。どうしても子育てが楽しいとは思えません。「うとましい」という気持ちのほうが強いのです。

事例4-8の母親も子どもの様子をよく見ていて、子どもの気持ちも理解できて、手伝おうとしたりなだめたりするのですが、一向に思うようにことが収まりません。子どもは子どもでその場の気持ちを収めなければならず、母親にとっては許しがたい行為に出てしまい、母親は子育てが楽しくないと思ってしまいます。たぶん、子どもの気持ちを理解することと気持ちを受け止めることは異なるのだと思います。子どもは理解されることより受け止めてもらうことを求めているのだと思いますが、そこに気づくのは子育てが楽しくな

いと思っている母親には難しいことだと思います。一緒に子育てをしながら、子どもの気持ちを受け止める経験をする他者の支援が必要になります。

　これまでに育児不安・困難の４つのタイプを具体的に見てきましたが、共通しているのは、理想の生き方や子ども、母親、親子があって、そこからずれていることに不安や不満、そうできない（思い通りにいかない）ことの困難さを感じての子育てであるということです。それは、今、現に営んでいる家庭で、今、目の前にいる子どもとどのように生活を営むかということではなく、どこかにいるかもしれない理想の子ども像・母親像・親子像（幻想）を思い描いていて、そこから現実の我が家庭・子どもを見ることで混乱を招いているのではないかと思います。

　一方で、その場限りの子育てすることにも問題があります。ある程度、子どもや家族の在り方に対する願いをもつことも必要です。この現実の両義性にどのように折り合いをつけて生きていくのかということが、母親だけでは、または家庭だけでは、そして短時間では難しい社会になってきています。家庭が家族にとって安らぎの場となりゆとりがもてるように、家庭での生活の一つひとつが子どもの発達経験となるような安心できる場になるように、時間をかけて支援をする他者が必要になります。

2.　家族・家庭の抱える普遍的なリスク

（1）社会の中の家族・家庭

　家庭は家族が生活する場であるとともに、その生活をともにすることを通して子どもが育つ場であり、親が親として育つ場でもあることを見てきました（第3章参照）。そこでは、ボウルビィのアタッチメント理論やマズローの欲求階層説にヒントを得て、具体的な（のぞみちゃんの）事例の分析を通して、子どもが育つ場の条件も整理しました。

　しかし、地域が地域として機能しなくなってきているとはいえ、家族は家庭だけではなく広く社会の中に位置し、社会の制度・規範、さらには長い時間の流れの中で日々の生活の積み重ねを通して形成された文化（行動様式、家族や家庭に対するイメージなど）の中にあります。

　そして、第3章では、現在の文化・社会の中での家族・家庭を子どもの育つ場という視点から見た時に、子どもの育つ場の条件（欲求がある程度充足され、安定した持続的なかかわりを通して受け入れられているという確信がもてる。さらに未来を生きていく力の基礎を培うための豊かな経験ができる）が脅かされかねず、家族・家庭だけでは立ち行かなくなる可能性が大きく、他者の支援を必要としている家族・家庭の現状を見ました。

そこで確認できたことは、家庭の在り方（生活）が社会の変化（制度や心性など）に伴って多かれ少なかれ影響を受けるということです。このように考えると、子どもが育つ場所として絶対的な家族・家庭はなく、どの家庭も社会の情勢で支援を必要とする家族・家庭になりうる可能性を秘めていることが理解できます。

（2）家族の日常─問題発生

　家庭における子どもの問題が発生する生活を層構造化してみたのが、図4-1[9),10)] です。
　通常は多少の困難を抱えながらも日常生活層③（安定群）にあると考えられます。それが、3章や本章1節で見たように、家庭を取りまく社会の変化を家族が直接間接に影響を受けたり、家族を構成している人たちの不満足や不全感から、日常生活の層②（不安定群：問題の発生・グレーゾーン）に移行していきます。それは、これまでに何度も繰り返してきたように、家族でありさえすれば安定した日常生活がいつまでもあるのではなく、つねに解体の危機をはらんでいることを意味しています。
　複雑な、そして急な社会の動きの中において、子どもの育つ場所である家庭がその育ち

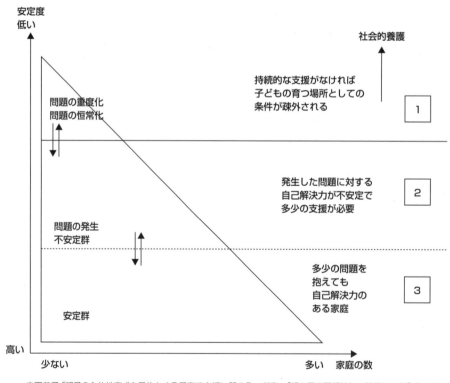

寺田恭子「親子の主体性育成を目的とする子育て支援に関する一考察─『親と子の関係性』に着目して」『プール学院大学研究紀要 52』プール学院大学, 2012, p.163、阿部和子『保育者のための家族援助論』萌文書林, 2003, p.115 をもとに著者作成

図4-1　家庭における日常生活の安定度

に必要な条件を保ち続けるためには、家族間のある程度の意識的な努力と家族以外の社会的な支えを必要としているということです。家族が必要とする社会的な支えを、本章では保育者の視点から検討していきます。

　ここで検討していくのは、図4-1を参照すると、主には③と②の部分に当たります。①の層は高度に専門的な対応が求められ、保育者はそこに積極的にかかわる訓練を受けていないと考えるからです。ただ、③や②の専門機関として、①にかかわる上での様々な連携が重要になります。どのような困難な対応が予想されようと、子どもが育つのは配慮されながらの日常的なやり取りの中においてですから、保育者は日常生活を支援する専門家として問題解決をともにすることになります。そして、①にかかわる専門機関と連携しながら、日常的にその子どもの、その家族の問題への取り組みを見守り、支援し続けることになります。

　③は、子どもとの日常において発生する問題は家族間で解決する力（他者に相談することも含めて）をもった安定した家族です。まったく問題が起きない家族はあり得ませんので、この家族を健康な家族と呼んでもいいと思います。②の不安定群は、家庭に発生した問題を家族間で解決するのは時に難しく、他者の支援が必要になる家庭群です。たとえば、本章で取り上げた家族などはここに入ります。③での問題の重度化は、②の段階で支援を得ることができない場合に①へと移行する可能性が大きくなります。さらに、支援が得られない場合は問題が恒常化し、子どもの育ちの環境としては不適切で、虐待死などの最悪の事態が起きかねない大きなリスクをもった家庭の状態ということになります。

　ただし、家庭の安定度はある程度の揺れ幅をもって①と②の間を行ったり来たり、また③と②の間を行ったり来たりと流動的なものと考えると、それぞれの段階に応じた支援の在り方が重要になります。

（3）子ども家庭支援の意義と役割

① 社会の変化と地域での関わりの希薄化

　これまで、本書で確認してきたことの一つは、生物学的にも、社会学的にも子どもは「関係の中で育つ」ことが大前提であるということです。その育つ場の最初の、そして最小の場が、家庭・家族であることも見てきました。また、第1章の2「時代の中の家族」の節で確認したように、その家庭や家族の在りようが時代の変化とともに変容してきました（家庭の在りようが変化したので社会の在りようが変わった部分もあると思いますが）。おおよそ、高度経済成長期前において、家庭・家族は、その文化や行動様式の基本的な部分を同じくする地域と共にあり、地域に開かれていました。それは、良くも悪くもその地域の人との関係や生活の網の目の中で家族の生活がなりたつということでした。

　高度経済成長期頃を境に、家族は地域との間に、壁を作り家族・家庭の人間関係や生活を大切にするようになりました。たとえば、高度経済成長時に姿を現した団地では、鍵一

つで、煩わしい人間関係やつながりを絶ち、小さな家族だけの空間を作り、その中で濃密な家族関係を築くことを望みました。それでも、過去に良くも悪くも地域での生活を経験してきた人にとっては、近所づきあいにわずらわしさを感じていた部分から解放され、自由を謳歌できる快適な生活だったと思います。それは、複雑な文化の履歴を持つ地域社会の人間関係に不便を感じていた人たちにとっての願いでもあったと思います。このような家族・家庭（近代家族）を中心とした生活の追求は、家族・家庭の生活を豊かにしていきましたが、地域のつながりを希薄にしていきました。

　一方で、1970年代の後半から少子化が静かに進行し始めると共に、幼児期からの教育に拍車がかかりました。少子化の進む中では、それまでに当たり前であった成長する過程の中で、無意識の内に身につけていた生きる上で必要な知恵や力、小さな子どもとかかわることなどを経験することなく成長することになります。

　閉じられた狭い空間である家族・家庭を中心とした生活の延長線上で親になった人たちの子育ては、何もかも始めてのことばかりで、戸惑い、不安を抱える人が多くなりました。

　家族・家庭が外に向かって開かれて生活していた時代は、家族・家庭の生活を自分の目から、あるいは人の目を通してみることを通してその在り方の均衡を保っていたといえます。閉じてしまった家族・家庭においては、自らの家族や家庭の在り方を客観的にみる視点を欠き、また、子どもの育ちにとっての重要な経験という点から、多くの課題を抱えることになったと考えられます。

② 親になるための経験の欠如（不足）

　第一に、第3章の3「『子どもと家庭』－関係の網の目の中に居る子ども」においてみてきたように、子どもには、大人に守られながら、子ども自身の欲求をほどよく満たす生活が必要になります。家族・家庭では、子どもを守る人は親（保護者）です。子どもを守り育てるためには、親でなかった時代の考え方や生活の様式のままでは難しいことが多くあります。つまり、子どもが生まれたら即、その子の親になれるというものではありません。親になるための課題は、子どもの生命を守り育てるという自覚をどのように持つかということです（概していうと、育てられる側から育てる側への立ち位置の変換を図るということです）。子どもの命を守り育てるということは、親になる前とは異なり、圧倒的に多くの時間を子どもとの生活にそそぐことになります。その生活は、ことの損得を超えて、子どもの生きることを尊重する気持ちから繰り広げられるものです。ですから、親自身の生活を犠牲にすることではありません。親子のお互いの生きることの尊厳を保ちながらの家族・家庭の在りようを、子どもとの生活の中で試行錯誤することになります。家族・家庭の生活を家族で作り上げていくことを通して、親が親として育ち、子どもも子どもとして育つことになります。

　他方、高度経済成長期においては私的な空間を作り上げることで、地域の干渉をのがれて自由を得ました。しかし、子どもを育てるとか家族・家庭の在りように関しては、そのモデルを失いました。

③ 親も親としての経験を通して親になっていくことを支える

　親が親になっていくのは、その親にとっては初めてのことですから、一人ではできません。もともと多くの人たちの助けを必要としていました。現在の子育て・子育ちにおける大きな課題は、近くにそのような人たちを見つけることが困難なことです。

　長きにわたり、子育ては、地域や近隣の様々な人の手を借りながら、それぞれの家族・家庭の子どもとして育てるというように、家族・家庭のいわば、私的なこととして営まれてきました。

　高度経済成長期以降の急激な社会の変化は、子どもの育つ環境を悪化させています。閉じられた私的な空間は、育児不安、子育てに関する経済的な不安や貧困、虐待やＤＶといった問題が発生しやすい環境と化しました。また、社会の無理解から、障がいに対する偏見なども、子どもが健やかに育つことを阻害しています。

　以上のような子どもの育ちの環境の変化は、他者の手を必要とし、その他者との関係の構築が必要になります。子どもが安心して育つためには、子どもが育つ家庭・家族を支えることが必須となります。その支え手の最先端に保育者がいるといえるのです。

第2部

支援を必要とする
子どもと家族・家庭

第 **5** 章

地域の子育て家庭と
子育て支援の実際

　本章では、地域の家庭で子育てしている親とその子どもの生活
を支援する取り組みの実際を、事例を通して理解することをねら
いとします。最初に家庭で子育てしている親とその子どもに対す
る支援の法的枠組みを理解します。その次に、そのもとで展開さ
れている子育て・子育ち支援の実際を事例に沿って理解していき
ます。子育てを支援するスタッフは、支援の場で、支援をどのよ
うに考え、支援の内容を展開しているのか。何を大切に支援して
いるのか。事例を通して、「支援とは何か」「支援の方向」につい
て考えていきます。

家庭での育児を支える（地域で子育てしている親子）

　平成26年版少子化社会対策白書[1]では、地域の子育て支援を次のようにいっています。

　身近な場所に子育て中の親子が気軽に集まって相談や交流ができるよう、「地域子育て支援拠点事業」を促進しており、①子育て中の親子の交流の場の提供と交流の促進、②子育て等に関する相談・援助の実施、③地域の子育て関連情報の提供、④子育て及び子育て支援に関する講習等の実施（月1回以上）を基本事業として取り組んでいる。

　ここでは、保育所における地域子育て支援拠点事業（ひろば型）について、具体的な事例を通して見ていきます（図5-1[2]の点線楕円部分）。
　地域子育て支援拠点事業の「子育てひろば」は、子どもの日常生活の安定への支援、または日常の中で問題が発生した時に多少の支援があれば、元の日常の安定を取り戻すことが可能であるような家庭への支援ということができます。それは4章の第1節で取り上げた、いわば現代であればどこの家庭でも比較的陥りやすい「育児不安」を抱える家庭への支援ということになります。

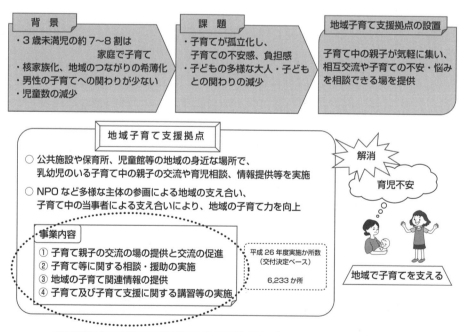

厚生労働省「地域子育て支援拠点事業とは（概要）」2014をもとに図中の点線楕円とイラストは筆者作成

図5-1　地域子育て支援拠点事業

（1）保育所での支援

　保育所における子育て支援の事例として、賀川豊彦によって1951（昭和26）年に創立した社会福祉法人雲柱社 神愛保育園における子育て支援[3),4),5),6)]を取り上げます。

　本園の子育て支援の特徴は、保育室（4，5歳児異年齢保育）とドア一枚で一緒の空間になったり、別の空間になったりする「子育てひろば」にあります（図5-2参照）。

memo

賀川豊彦：戦前日本労働組合運動、農民運動、協同組合運動、無産政党樹立運動などに献身し、関東大震災が発生するや、東京本所にて、罹災者救済やセルツメント事業に力を尽くした。日本農民組合創設者。「イエス団」創始者。キリスト教における博愛の精神を実践した「貧民街の聖者」として日本以上に世界的な知名度が高い。茅ヶ崎の平和学園の創始者でもある[7)]。

① 活動内容

　子育てひろば「ひだまり」（以下、「ひだまり」）の基底となる活動は、基本的には月曜日から金曜日の10時から15時までの出入り自由な園舎の一部スペースの開放です（表

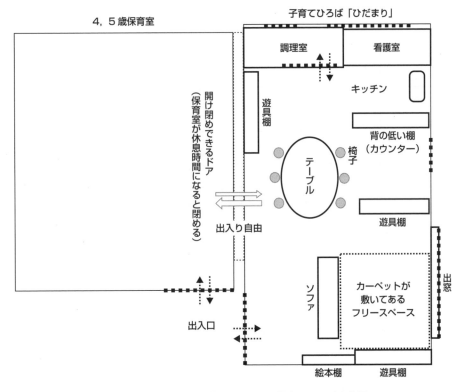

図5-2　子育てひろば「ひだまり」の保育園における位置

表 5-1　ひだまりの活動内容

活 動 名	開 催 日	内　　容
子育てひろば「ひだまり」	月〜金 10 時〜15 時（祝日除く）夏・冬・春期準備期間休みあり	出会いの場、母子で遊ぶ。母親同士、園児、保育者らとつながり合う子育てひろばとして、地域の母子に園舎スペースを開放し、お母さん方の集いの場、憩いの場として、また子どもたちにはおもちゃを用意し、自由に遊べる場、楽しい場として活動を行っている。
子育て相談	月〜金 9 時〜17 時（祝日除く）	電話相談　面接相談
母親講座	年間 6 回　実施	会員の関心や園側の意図を盛り込んだ講演を講師に依頼し、開催している。
体験保育	申込み制（日程応相談）	1 クラスに 1 組の地域の母子が保育園の同年齢の子どもたちのクラスに入り半日を過ごす。この体験により、同年齢の子どもたちが生活する姿から、我が子へのかかわりのヒント、気づきを得てもらえるようにしている。
青空保育	毎月 1 回（第 2 金曜日、雨天順延）11 時〜11 時 40 分	近隣の公園に保育者が出かけ、不特定多数の母子に遊びを紹介したり、「ひだまり」の存在を知らせていく。保育園で行っているひろばの活動をいまだにひろばに足を運んでいない方、地域に発信していく手段として大切な活動の一つとしている。
誕生日会	毎月 1 回（第 4 火曜日）	「ひだまり」を訪れる子どもたちの誕生日を祝う会。カードと小さな花束を園児からプレゼントする。ひろばに来てくださるお母さんたちにも花束づくりを依頼し、時には園児たちも一緒にともに祝うという雰囲気を大切にする。
食事会	毎月 2 回（第 1 金曜日・第 3 水曜日）	保育園の給食を数組の親子とスタッフで一緒に食べる。育児の中で、母親たちの大きな悩みの一つが食事についてである。栄養士も一緒に入って食事をしながら様々な思いに耳を傾け、またアドバイスをしている。
子育ておしゃべりカフェ	毎月 1 回（第 3 水曜日）	スタッフの手作りスイーツを食べながら、とくにテーマを設けず、ざっくばらんにおしゃべりを楽しむ会にしている。園から保育士、看護師、栄養士のうちから 1 名が参加。職員にとっても地域の親子との出会いの場であり、また子育て家庭への実際への理解を深める場としている。参加者にほっと一息をつける時間を提供するために、子どもはスタッフとボランティアで保育している。また希望者には、その日のレシピも持ち帰ってもらえるようにしている。
すこやか測定日	毎月 1 回（第 1 木曜日）	身長・体重を測定する他、子どもの姿などについて母親と話し合う。内容によっては、看護師、園長につなげ、地域のネットワークにつなげるようにしていく。
出産を迎える方の体験保育	申し込み制　随時	0 歳児クラスに入り、在園の乳児と触れ合う体験をすることで、子どもとのかかわり方を体験していく。
プレママ	毎月 1 回（第 3 月曜日）13 時〜	出産前の妊婦さんのためのプログラム。手作りのおもちゃや離乳食講習会を行う。そしてこのプログラムから、ひろばが子育てのよきパートナーとしてつながっていくことを目指している。
〈その他〉園行事への参加／子育て通信／育児メール		

社会福祉法人雲柱社　神愛保育園

5-1 参照）。そこは親子で遊べる、子育て仲間をつくる場所として機能します。さらに、「ひだまり」は図 5-2 からも理解できるように、保育園の 4、5 歳児室の隣にあり、つねに保育（子どもの活動や保育者と子どものやり取りなど）を感じたり見たりしながら、そこにいることになります。時に、保育室の子どもが「ひだまり」にやってきて、一緒に遊んだり、けんかしたりと、子ども同士のふれあいが自然に起きます。「ひだまり」には専従のスタッフが 1 名いて、母親の話し相手になったり、母親同士がおしゃべりをしている時

には子どもたちの相手をしたりします。昼食をはさんでの開放ですから、弁当を持参してそこで他の親子と一緒に食べたりします。気が向けば食事会（保育園の給食を数組の親子とスタッフで一緒に食べる）に参加し、子どもの食事についての悩みなどを話したり、食事についての情報交換をしたり、相談し合ったりします。

「ひだまり」の中で、母親たちの共通の悩みなどについては「母親講座」を開催し、みんなで子育てについて学び合うこともします。また、実際に保育室（自分の子どもと同じ年齢の保育室）に入って、保育者と一緒に半日、保育をしながら、我が子の保育についてのヒントを得るという「体験保育」もあります。それから、園児たちの行事に参加することも保育所ならではとして挙げることができます。

② 保育者が意識していること（大切にしていること）

保育所・保育者ならではの支援として大切にしていることは、「遊びの経験を支える」ということ、「人や物とじっくりと関わり合う中で、子ども自身が心と体で感じる経験を積み重ねていけるように」ということです。保育の中でも大切にしている「四季の豊かさが子どもの感性を育てる」ということを、親子の子育ての中にも、そしてその中で一歩ずつ成長していく子どもの小さな変化を、肯定的なまなざしを通して母たちにも伝えます（事例5-1参照）。そして、「一緒に過ごし、共に喜びあっていくことの中で、子育ての感動や喜びを大きくしていけるように」という点を大切にしています。これは、子育てひろばだからだけではなく、保育園の子どもの保育の基本でもあります。

🖊 事例5-1

今年のひろばは慎重な子どもが多い一方、母親はやらせたい思い（大人の既成の楽しみ方を押しつけてしまう）が先行してしまい、待てないことが多くありました。プールが始まり、今年初めて取り組んでみたのが寒天による感触遊びです。食紅で3色に色づけした寒天を用意し、温水遊びを楽しんだ後、水着のまま行いました。その中で、積極的になりきれないMちゃんと「M、ほらやってごらんよ、おもしろいよ〜」と声をかけている母親の姿が目に留まりました。

スタッフは「Mちゃん、こういう初めてのこととかってちょっと苦手なんだよね〜。でもお母さん、Mちゃんさっきから興味津々で私のやること見ててくれてるよ〜」と、母親が気づいていないMちゃんの表情の変化を伝え、母親の焦る気持ちのクッションになればと声をかけました。そして「Mちゃんおてての包丁でチョッキンしてみる？」と、子どもに選択の余地を残しながら子どもの興味に触れるような言葉かけで、Mちゃんを遊びへと誘ってみました。

母親はそんなスタッフの言葉をヒントに「M、おてての包丁でチョキンできる？」と、さっきよりも少し穏やかにMちゃんの反応を確かめながら声をかけ、Mちゃんもちょっと心が動いたようで、「ママと」と寒天に触れ始めました。

保育者と子どもたちとのかかわりを見たり一緒にかかわったりすることで、母親の子ど

もを見る目が変わっていきます。

③ 母親の子どもを見る目の変化

事例5-2は、「ひだまり」の体験保育に参加したF君の母親の感想です。

✎ 事例5-2

回	参加理由	活動	感想（母親）
1	Fは正義感が強く、思ったことを他の子に押しつけてしまうことが心配。 2007.2（F：3歳2か月）	2歳児クラスの室内遊び	保育者は子どもを叱る時に、子どもに考えさせる時間をつくっていることに気がついた。今回、息子は泣いたり保育室を出してしまうことが多かった。半年前は煙たがられてもどこへでも入っていけた息子が、園児たちに「だめ」「くるな」「使っちゃダメ」と言われると、「いけない」「受け入れられていない」と感じ取っていた。そんな時は息子は私のそばに来てしまい、母親の居場所がないというか、これでいいのかと思いながら接していた。（保育士記録：F君は2歳児クラスでの給食を嫌がり、クラスのT君が追いかけてきてくれたが戻れず、「ひだまり」で食事をした。）
2	普段遊んでいる友だち以外に一緒に遊べるか。 2007.6（F：3歳6か月）	3歳児クラスの散歩	3歳児クラスの保育者の子どもへの対応は、私が家で子どもに対応するのとまったく異なっていた。私は家では手をだしすぎというより、危ないことに口をだしすぎていた。 前回は、食事をみんなで食べることができなかったが、今回は最後まで保育室にいることができてよかった。私は子どもの甘えたい気持ちを押さえつけていたように思う。

F君親子は「ひだまり」に参加しながら、「体験保育」にも参加し、母親は保育園の子どもたちと一緒にいる我が子を見たり、保育者と子どものやり取りを見たりして、様々な気づきをしています（事例5-2の下線部分）。このような経験の積み重ねを通して、育児力を高めていきます。また、「ひだまり」に集う母親同士の情報交換を通して、相互に育ちあう関係を築いていくことになります。

(2) 子育て支援センターの実践

合計特殊出生率が1.57を切ったことを受けて、国は少子化対策に乗りだしました。その最初の施策が「今後の子育て支援のための施策の基本的方向について（エンゼルプラ

ン）」〔1994（平成6）年12月、文部・厚生・労働・建設4大臣合意〕です。その計画の5つの柱の4番目に子育て支援のための施策の基本的方向が挙げられ、「家庭における子育て支援」が盛り込まれました（第2章参照）。

　ここで取り上げる実践例の地域子育て支援センター「ゆりかもめ」（以下、「ゆりかもめ」）は、エンゼルプランが発表された翌年の1995（平成7）年にセンターを立ち上げ、社会福祉法人木更津大正会 木更津社会館保育園[8),9),10)]を母体にしながら、約20年間、地域の子育て支援を実践してきました。センターの最初の場所は、保育園の園庭の端にありました。様々な取り組みとともに、特記すべき事項は、センターから地域に出向いて行って町中の公園で保育をする青空保育（のちに青空クラブ）の活動です。「ゆりかもめ」はその最初から、地域を視野に入れた活動を開始しました。現在では、図5-3に表した通りに、さらに町の中に分館を2か所つくりました。そして、そこで繰り広げられる支援活動は表5-2[11)]の通りです。

① 大切にしていること

　「ゆりかもめ」では、約20年の実践の中で、「何を大切に支援するのか」について試行錯誤しながら今日に至っています。現在は、子育て支援に取り組んだ最初の頃の量の問題から、質、つまり利用者の満足を考えて実践をするようになりました[12)]。

　利用者から見た支援の在り方の質の問題は、以下の4点といいます。

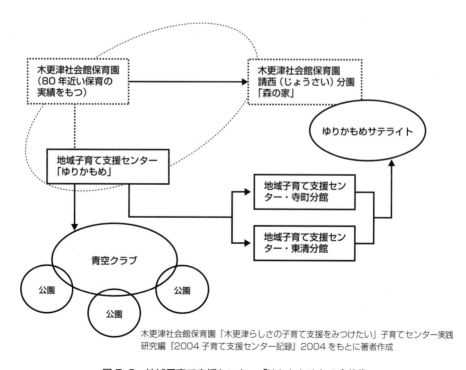

木更津社会館保育園「木更津らしさの子育て支援をみつけたい」子育てセンター実践
研究編『2004 子育て支援センター記録』2004 をもとに著者作成

図5-3　地域子育て支援センター「ゆりかもめ」の全体像

表 5-2 「ゆりかもめ」の活動内容

活動名	開催日	内容
育児相談	月～金 9：00～17：00	電話相談。必要により、面接・訪問相談を行う。
育児講座	随時実施 10：00～11：30	手遊び・わらべうた／離乳食／幼児食／絵本などがテーマ。離乳食講座は「ミニオフ*」の中で実施。寺町分館・東清分館・青空クラブで小さな講座を開講。
子育て支援サークルの運営／支援	毎週指定の曜日 10：00～11：30	ミニオフ：初産0歳の母子7組ほどが2チームずつ集まります。年間7期まで。気の合った友達をつくる。自主保育支援：自主サークルの取持ちをする。サークル活動の拠点として東清分館を提供する。
子育て支援ネット	随時。サポーターと相談の上	ゆりかもめ主催の研修を受けた育児経験のある先輩母サポーターを紹介する。夜間保育・病後児保育・送迎等、1対1の保育を実施。
ゆりかもめ寺町分館広場「この指とまれ」	月～木 9：00～14：00	子育て中の親子が、気晴らしをする「広場」。桜材の遊具。2階は、赤ちゃん専用の空間。寺町、東清とも「広場」利用者には登録料は1年間で1,000円徴収。
ゆりかもめ東清分館「子育て広場」	水～土 10：00～14：00	東清団地の中。旧市立東清保育園。園庭300坪。田中茂子記念文庫は完全に母達の管理。40台の駐車が可能。土曜日の父親参加を特に歓迎。登録は寺町分館へ。
木更津こどもまつり	年に1回 11月第3土曜日 10：00～14：00	木更津駅前を舞台に「街を親子で溢れさせよう！」というわけで、0から10歳位の子どもとその親達が「祭りの広場」を用意。
広場「かくれんぼの森」	毎週水 10：00～12：30	3歳以上の子どもと母達（赤ちゃんおんぶも可能）が森の中で野外活動。焚き火でドングリを焼き・ナンを焼き、持ち寄ったものを料理。焚き火を育てるのも森林療法の一種。1年間1,000円の登録料が必要。
青空クラブ（3か所）	隔週に1回の実施 10：00～11：30	ゆりかもめ職員が出張保育実施。清見台中央公園・北方町公園・畑沢くじらクラブ所庭（07年5月から）。参加費無料。晴天の「広場」に20～70組の親子が集まる。ゆりかもめの幟（のぼり）あり。雨の日の木曜日は、ゆりかもめ東清分館が無料の「雨の日クラブ」になる。雨でも、清見台・畑沢の代わりに、東清分館へ。
木更津こども人形劇場	毎月1回　土曜日午前中不定期 10：00～12：00 年間10回公演	幼児・小学生達が人形劇等を楽しめる専用劇場。劇場はゆりかもめ寺町分館の近く。大人も見たくなる中身が3回以上提供される予定。1人住まいのご老人方が、若い親子達に混ざって、腹を抱えて笑ってほしい。子ども達が「老人」を知ることは人生を予感すること。問い合わせ：寺町分館白石まで

*ミニオフ：初産で1歳未満の母子対象，育児不安・ストレス解消・離乳食の様子の見学など1コース5回，年に6回実施（時間は10：00～12：00）

木更津社会館保育園「木更津らしさの子育て支援をみつけたい」子育てセンター実践研究編
『2004子育て支援センター実践記録』2004をもとに著者作成

・利用者である親たちは、地域子育て支援センターで、その場限りの薄っぺらな安心ではない「深い満足」を求めている。
・利用者である親たちは、地域子育て支援センターで、家族の一員として子育てを楽しむ自分に「自信と見通しと余裕」を持つことを望んでいる。
・利用者である親たちは、家族の一員として、その地域の住民として、自己の人生に対する「明るい予感」を持ちたいと願っている。
・自分に預けられた子どもたちの未来に、どのような運命が待ち受けていようと「たとえ、自分たちがいなくても子どもたちは敢然としてその運命を生き抜くだろう」と期待できるようになりたいと思っている。

　さらに続けて、センター指導者から見た支援の質の在り方の問題として、以下の5つを

挙げています。

・ 指導者たちは一人ひとりの母たちが抱える課題と自己発揮の才能に注目してきた。
・ イベント（親たちはお客様）は次のステージ（親たちは主役）の入り口だ。
・ イベントが自己目的にならないように、初めから「次のステージ」を考えていること。
・ 「次のステージ」で主役になれる親たちとその才能を見出していること。
・ 親たちの自己発揮が支援センターの柱であること。

　これらは、1995（平成7）年からの手探りの子育て支援実践を重ねてたどり着いた子育て支援に対する考え方です。この考え方にたどり着くまでの取り組みが、事例5-3[13] のような支援でした。スタッフは支援とは何か、どうすることが子どもの最善なのかを考える中で、スタッフの立ち位置（支援の前面に立つ）が違うのではないか、前面に立つのは親子であり、保育者は黒子（環境づくり）に徹するべきではないか、と話し合っています。

✎ 事例5-3
　「保育」経験のあるスタッフたちは、何も考えることなく目の前にいる子どもと遊んでしまいます。ここに落とし穴があると気づいたのは5年前〔1999（平成11）年〕。青空クラブの活動中に、お母さんが「先生と遊んでおいで」と言うのです。気がつけば、スタッフと子どもたちの周りにお母さんたちの立ち話の輪ができ、すっかりお客さんになっているお母さんたちの姿がありました。

② 実践
　「かくれんぼの森」は、3歳以上の子と親を対象に、森の中で自然体験する活動で毎週水曜日に行われます。事例5-4[14] は、そこでの活動内容です。

✎ 事例5-4
　「かくれんぼの森」はお母さんスタッフ3名が活動の中心になっています。「森」はお母さんたちの癒しの場になっていますが、「子どもたちにとってはどうだろうか」という問題がありました。お母さんスタッフの思い入れが強く、参加する他のお母さんと活動するというより、彼女らをお客さまにしてしまっていて、これでいいのだろうかという意識をスタッフは強くもちました。そのことを問題にすることが頑張ってしてくれているお母さんスタッフのやる気を損ねるのではないかという不安もあり、話題にすることにためらいを感じていました。しかし、話し合ってみることは大事と思い、話題にだしたところ、思いは同じでした。参加した親子が自主的に活動できるように、スタッフはやりすぎることのないように意識して活動することを確かめ合いました。

　この事例は、一緒に活動していてもお互いに話し合わないと、お互いが大切にしている

ことまでどこかに忘れてそれぞれの活動に対する思い入れで行動してしまうという傾向を人は特性としてもっている、ということに気づかせてくれます。支援のスタッフは思い悩みながらも、活動に対して感じている問題を提起したところ、お母さんスタッフも同じことを感じていたということで、再度確認し合い、活動に参加した人が自主的に行動できる環境づくりをすることになっていきます。支援スタッフもお母さんスタッフも、そこに参加する他の母親たちも一緒に活動をつくり上げていける関係を大切にした取り組みになってきていることが理解できます。

　事例5-3と5-4の広場に参加する母親たちの姿を一言でいうと、「してもらう（受動）」立場から「する（能動）」立場への変換が見られます。しかも、「すること」をやみくもに「する」のではなく、スタッフの考えと自らの考えとを調整しながら、よりよい在り方をつくりだしていくという「主体的な存在（お互いを尊重しながら一緒に行動する）」としての姿を読み取ることができます。

　先に見た子育てひろば「ひだまり」の実践は、親としての育ち（育児力）を獲得するという視点から見てみました。一方、「ゆりかもめ」の実践は、母親同士のつながりや地域とのつながり（表5-2 木更津こどもまつり参照）、ひいては母親たちによる地域で子育てに困っている家庭への支援（子育て支援ネット）を実施するなど、人と人がつながりや子育て環境をつくりだそうとしていることが見えます。

第6章

保育を必要とする家族・家庭と
その支援の実際

　第1章において子どもと家族・家庭は社会の動きと連動していることを具体的に見てきました。そして、第2章においては、高度経済成長とともに家族・家庭は豊かになっていきましたが、その豊かになったはずの家族・家庭の中で起きている子育て・子育ちの問題について虐待を指標に確認しました。さらに、これらの問題に国がどのように対応してきているのかという子育て支援施策について概観しました。

　本章では、共働き（保育を必要とする）の家族・家庭に対して、実際にはどのような支援が行われているのかについて具体的に理解し、保育所での保育の内容がそのまま子育て支援であることを理解します。

1. 共働き—保育を必要とする

　人の生き方や家庭の在り方が多様化しています。両親が共働きを選択した場合、他者の世話を必要とする子どもの生活は保育を必要とする状態になります。親が子どもと一緒にいることができない場合、それに代わって保育をする場所や人が必要になります。1970年代後半に専業主婦という言葉が一般的になりました（第1章参照）が、その言葉の背後には働く母親もいたということです。子どもを育てながら働くという生き方を選択した母親や家庭が、今や一般的になりました。この生き方はそもそも他者の支援を必要としています。

　ここで取り上げる事例6-1と6-2は、「働きたい」「保育所に子どもを入れたい」をキーワードに行った著者のフィールドワークをもとに、話の主旨を損なわない程度に改編したものです。事例6-3は著者が保育所でのインタビューから得たものです。

（1）働きたいのに働けない—待機児問題

　そもそも保育を必要とする状況はいつから発生するかというと、子どもが生まれてからです。一方、市区町村ごとに保育所の入所基準があります。ここでは、具体的な基準として子ども・子育て支援法施行規則の規定を挙げます。

第1条の5　第19条第1項第2号の内閣府令で定める事由は、小学校就学前子どもの保護者のいずれもが次の各号のいずれかに該当することとする。
一　1月において、48時間から64時間までの範囲内で月を単位に市町村が定める時間以上労働することを常態とすること。
二　妊娠中であるか又は出産後間がないこと。
三　疾病にかかり、若しくは負傷し、又は精神若しくは身体に障害を有していること。
四　同居の親族（長期間入院等をしている親族を含む。）を常時介護又は看護していること。
五　震災、風水害、火災その他の災害の復旧に当たっていること。
六　求職活動（起業の準備を含む。）を継続的に行っていること。
七　次のいずれかに該当すること。
　イ　学校教育法（昭和22年法律第26号）第1条に規定する学校、同法第124条に規定する専修学校、同法第134条第1項に規定する各種学校その他これらに準ずる教育施設に在学していること。
　ロ　職業能力開発促進法（昭和44年法律第64号）第15条の7第3項に規定する公共職業能力開発施設において行う職業訓練若しくは同法第27条第1項に規定する職業能力開発総合大学校において行う同項に規定する指導員訓練若しくは職業訓練又は職業訓練の実施等による特定求職者の

就職の支援に関する法律（平成23年法律第47号）第4条第2項に規定する認定職業訓練その他の職業訓練を受けていること。

八　次のいずれかに該当すること。

　イ　児童虐待の防止等に関する法律（平成12年法律第82号）第2条に規定する児童虐待を行っている又は再び行われるおそれがあると認められること。

　ロ　配偶者からの暴力の防止及び被害者の保護等に関する法律（平成13年法律第31号）第1条に規定する配偶者からの暴力により小学校就学前子どもの保育を行うことが困難であると認められること（イに該当する場合を除く。）

九　育児休業をする場合であって、当該保護者の当該育児休業に係る子ども以外の小学校就学前子どもが特定教育・保育施設、特定地域型保育事業又は特定子ども・子育て支援施設等（以下この号において「特定教育・保育施設等」という。）を利用しており、当該育児休業の間に当該特定教育・保育施設等を引き続き利用することが必要であると認められること。

十　前各号に掲げるもののほか、前各号に類するものとして市町村が認める事由に該当すること。

　以上の基準を満たさなければ、つまり、保育を必要とする状況がなければ、保育所に入所することはできないことになっています。たとえ、保育を必要とする状況にあっても、とくに保育所入所希望者が多い都市部においては、3歳未満児の入所は難しい状況にあります。

> **事例6-1**
> 　現在23歳の主婦です。8か月と今月で3歳になる子どもがいます。経済的に苦しい状況なので働こうと思い保育所に申し込みをしたのですが、どこも定員いっぱいで入れないといわれてしまいました。5月に調整して数名入れるかもしれないが、現在働いている人優先で、子どもを保育所に預けてから働くところを探そうと思っている自分は後回しになるので無理だろうとのことでした。子どもを預かってくれる人もいません。それで仕事を決めることができません。

> **事例6-2**
> 　子どもが1歳になった時に経済的に苦しくなり、就活をしながら保育所申し込みをしたら、求職中では保育所に入れないということでした。何とか探しだした無認可保育所に預け、パートで時間いっぱい働き、高い保育料を払い続けながら認可保育所の空き待ちをしましたが、また外れてしまいました。フルタイム正社員が安い認可保育所に入れ、無職で生活が苦しい人が認可保育所に入所できず、保育料の高い無認可保育所にしか入れないことに理不尽を強く感じています。

　事例6-1と6-2では、経済的に苦しい状況にありながら脱出することができない状態が改善されていません。保育所の入所基準を柔軟にするとか、保育所の数を増やすとか、保育所に代わる施設を創設するとか、あるいは望めば子どもが小さいうちは働かなくても安心して子育てができる仕組みづくりなどの対策を講ずることが、子どもの育つ場所として

の家庭の支援、子育て・子育ち支援につながっていきます。

memo

認可保育所：国が定めた「児童福祉施設の設置及び運営に関する基準」（施設の広さ、保育士等の職員数、給食設備、防災管理、衛生管理等）を満たし、都道府県知事に認可された施設。

認証保育所：国基準に準じる、または都市の条件に合わせて多少緩和された基準を用いるなどして東京都がはじめた独自の保育所。

無認可保育所：認可外保育所のこと。国の認可を受けていない保育施設（認証保育所も認可外施設の一部になる）。保育士の人数・保育面積・設備等で一定の基準を満たしている必要があるが、ベビーホテルなど深夜に開かれている保育施設なども含まれる。

（2）子どもの生活の質─保育所と家庭の連携

　保育者が、日頃の保育の中でとくに重要と考えていることは、信頼関係です。子どもとの信頼関係、親との信頼関係、保育者間の信頼関係などです。他の人と協働していくためには、お互いの信頼関係が重要です。

　親との信頼関係を土台にして連携を取り合いながら「子どもにとっての最善」を考えることは、保育者のもっとも大切な役割です。しかし、保育者や親の悩みに耳を傾けると、その連携がうまく取れていないのが現状のようです。つまり、人と人との関係において重要な信頼関係がなかなかできにくいようです。お互いにわかろうとして、具体的なかかわりの積み重ねをすることを通してしか、信頼関係は成立しません。

事例 6-3

・保護者懇談会や手紙などで、「お泊り保育」のねらいや実施に向けての準備などを知らせる。日々の保育の中で子どもたちと一緒に準備を進めながら、お泊り保育当日の出欠を取る。

・出欠表が出ていないリサちゃんの母親に確認すると、「出席する人だけ持ってくればいいんですよね。うちは欠席です」との答えが返ってくる。保育者が、子どもたちと準備を進めていて、みんなお泊り保育を楽しみにしていることを伝えると、「考えてみる」との返事が返ってきた。

・数日後、「夕食だけなら参加できる」という返事があり、保育者は「無理にとは言えないが、その後すぐ宝探しやキャンプファイヤーがあるので、そこまで参加できないか」と話すと、「それなら泊まらせる」と言い、翌日はピアノのレッスンがあるというのでそれに間に合うように早めに迎えに来てもらうことで落着する。

・保育者は、参加できないかもしれないと心配しているリサちゃんに、みんなより少し早めのお迎えだが参加できることを話すと、安心して張り切って準備を進める。

・お泊り保育の前日、母親が「明日は夕食を食べてすぐ帰りたい」という。保育者はリサちゃんがお泊り保育を楽しみに準備に参

加してきたことを再度告げると、しばらく考えてから「参加する。次の日のお迎えは朝食を食べる前に来る」というのでそこで折り合いがつく。
・お泊り保育が終わって、週明けに母親から「お疲れ様でした」と挨拶される。

　事例6-3では、お泊り保育の出欠の確認が、保育者と母親の関係をぎくしゃくさせたようです。保育者からすれば当たり前のことですが、母親からすれば何か自身の欠点を指摘されたと捉えたのかもしれません。それ以降、母親の気持ちを受け入れながらも子どもが楽しみにしていることを伝え、家庭の事情（ピアノのレッスンに遅れないように）も考慮した対応で、リサちゃんはクラスみんなで楽しみにしながら準備してきたお泊り保育に参加できました。母親の二転三転する要望に、子どもの気持ちを代弁することも忘れずに丁寧に応じた保育者の対応と、また子どものお泊り保育での経験が十分に満足のいく楽しいものだったことが子どもの様子から母親に伝わったのだと思います。母親からねぎらいの言葉をかけられることになりました。日々の保育の実践が充実していることはもちろんですが、このような保護者との日々のかかわりの中で、お互いの信頼関係が深められていくのだと思います。
　保育所における子育て・子育ち支援は、保育所での生活が子どもの発達経験となるように努力すること、その実践を通して保護者に子どもの育ちの姿を伝え、お互いに協力しあうことです。その実践そのものが支援ということになります。日常的に保育の質を高めることが重要になります。

(3) 子どもの生活の質─保育時間

　親の働き方の多様化に伴い、保育時間が長時間化してきています。保育時間について、親はどのように思っているのでしょうか。「長時間・延長保育」について、著者がフィールドワークの中で出合った親の意見を参考に、子どもの生活の質について保育時間を参考に考えていきます。
　事例6-4から6-6は、実際に保育所を利用している、利用したことがある、またはかつて保育所を経験して現在親になっている人の保育所の長時間・延長保育に対する気持ちや考えです。事例6-4、6-5に代表されるように、躊躇しながら利用しているということが理解できます。

事例 6-4
　保育所は基本的には楽しいところだと思います。でも、自我が出てくると、自分は今これをしたいのに他の遊びをしなくてはならなかったり、ゴロゴロ転って自由にしたいけどできなかったりしてストレスになると思います。0～1歳は基本的には好きなように過ごしているから、長時間保育所に預けられてもあまり負担にならない気がします。それ以降の年齢では、たまの延長

ならいいと思うのですが、毎日 19 時までとなると、ちょっとかわいそうかなと思います。子どもたちも「今日早迎えなんだー」って嬉しそうに言ったりしますしね。やっぱり、もし毎日の延長保育を避ける手段があるなら、どうしても都合がつかない時に使うというのが一般論なんじゃないかと思います。

事例 6-5

　延長保育を利用している子どもがかわいそうといわれると複雑です。でも、仕事をしないと生活できないし、延長も仕方ない時もありますよね。私自身は保育所が嫌だったのですが、だいぶ後になって親の事情も理解できました。
　でも、暗くなってもお迎えに来なくて、お迎えが遅い子たちで 1 か所に集められてテレビの前で親を待っていたときは、すごく寂しかったし心細かったです。今でもしっかり記憶にあります。友人の子も保育所児ですが、たまにいつもより早くお迎えに行くとすごく喜ぶそうです。そういうのを聞くと、延長保育は極力使わない方向でいます。

　事例 6-4、6-5 の記述内容は、保育所で一日の大部分を過ごす子どもの生活支援としては、つまり保育所ならではの楽しみのある生活という視点からは大きな課題といえます。

事例 6-6

　私の場合、27 年前の話ですが、長男と長女を延長保育で最長まで預かってもらい、保育所にはお世話になりました。その当時の仕事はコンサルティングで、時短勤務など考えられませんでした。自分の仕事を優先したといわれればそうかもしれませんが、子どもたちは至って普通に育ったように思います。今でもあの時の判断は間違っていなかったと思います。今も当時と変わらずフルタイムで働いていますが、今でもあの頃の保育所の皆さんには大変感謝しています。

　保育所が、「子どもの福祉を積極的に増進することにもっともふさわしい生活の場（保育所保育指針，保育所の役割）」の視点からも、そこでの生活経験が発達経験になるように、一日 24 時間での保育時間に合わせた保育内容の検討が必要になります。いわゆる通常の保育時間（原則 8 時間）だけの問題ではなく、子どもが保育所にいる間のすべての保育時間を視野に入れた保育内容や方法を検討することが、保育を必要とする子どものいる家庭の支援になります。そして、事例 6-6 の保育所に関する感想や考えを広く社会に認知してもらうことも必要になります。

memo

児童福祉施設の設備及び運営に関する基準（保育時間）
第三十四条：保育所における保育時間は、一日につき八時間を原則とし、その地方における乳幼児の保護者の労働時間その他家庭の状況等を考慮して、保育所の長がこれを定める。

2. 保育所における子育て支援の実際

　ここでは、保育所を利用して子育てをしている家庭の子育て支援について見ていくことにします。これまでもしばしば触れてきましたが、1989（平成元）年の「1.57 ショック」を受けて、国は少子化対策（その後、子ども・子育て支援施策もプラスされていきますが）に着手しました。その最初の法律がエンゼルプラン（正式名称「今後の子育て支援のための施策の基本的方向について」）〔1994（平成 6）年〕です。

　エンゼルプランにおいて、「子どもを持ちたい人が持てない状況」を解消し、「安心して子どもを生み育てることができるような環境を整える」ために「多様な保育サービスの充実」を打ちだしました。保育所における多様な保育サービスの充実は、「緊急保育対策等 5 か年事業」〔1994（平成 6）年〕では、時間延長型保育、一時的保育、放課後児童クラブ、産後休暇・育児休業明け入所の促進としています。また、保育所に新たな機能をもたせる多機能化においては、乳児保育、地域の子育てサークル支援等を推進するため、施設・設備を計画的に改善・整備するとしました。

　その後の子育て施策はめまぐるしく打ちだされ（第 2 章参照）、保育所の保育サービスには、障がい児保育、病児病後児保育、休日保育などが創設または強化されていきます。

　以下、保育所保育における子育て支援の様子を、「家庭との連携」の視点からいくつかの具体的な実践を通して見ていくことにします。

（1）いわゆる通常保育

① 園の概要
　社会福祉法人徹信会　後藤保育所の保育方針や目標[1] は、以下の通りです。

〈保育理念〉
・ 児童福祉の理念を基盤として、子どもの最善の利益を考慮し、乳幼児の養護と教育を一体的に行う。また豊かに伸びゆく可能性を持つ子どもたちが、現在を最もよく生き、望ましい未来をつくり出す力の基礎を培えるよう努める。
・ 子どもも大人も共に学び・つながり・育ち合う場として人が大切にされる保育所を目指し、子どもを真ん中にした協同の中で「共に育ち合う保育」を行う。

〈保育方針〉
・ 安全な環境のもとで安心して過ごすことができるようにする。
・ 愛情と信頼のまなざしの中で、育ちゆく基本的信頼感を土台とし、自己肯定感や他者への信頼感、そして生命と人権を大切にする心豊かな人間性の保育に努める。

- 生活や遊びを通して総合的に保育を行い、一人ひとりを大切にし、一人ひとりの発達に応じた保育を行う。
- 体験を通し、子どもが主体的に活動し、みつけつくりだす力や、人とのかかわりの中で育つ力を大切にし、「生きる力」につながる保育の実践に努める。

〈保育目標〉
- 心・体の育ち：楽しく遊び、自分で生活する元気な体を育む。
- 心情・意欲の育ち：愛情と信頼のまなざしの中で育つ「豊かな自我」と「人が好きと思える心」を育む。
- 感性の育ち：豊かな体験を通して感動する心・伝えたい気持ち・表現する喜びを育む。

② 園の日課

　後藤保育所は、朝7時から夕方7時まで12時間保育をしています。12時間のうち朝の7時から8時までを早朝保育、夕方の6時から7時までを延長保育としています。0歳児から5歳児までの一日の流れのおおよそを表6-1に示しました。

③ 家庭への支援としてとくに大切にしている事柄

　後藤保育所において、在園児の家庭への支援において大切にしていることは、以下の通りです。

- 保育所は子どもたちが一日の大半を過ごす場である。健康面はもちろんのこと、情緒面においても家庭との連携は欠かせない。送迎時の挨拶や何気ない会話が、子どもだけでなく家庭の心配な状況をも察知できる機会ともなる。こうした日々のコミュニケーションの積み重ねの上に家庭支援は機能していくと考える。
- 保育所は日々子どもと向き合い過ごしている。保護者と子どもの話をすることが支援につながる第一歩。子どもの成長や発達等を具体的に伝え大切に思うことを発信したり、気軽に相談できる関係を築いていくことを大切にしている。
- 送迎の時間がまちまちで保護者同士話す機会が少ない保育所では、かかわりの場を作り、保護者間をつないでいく役割が必要と考え大切にしている。保育サロン・クラス懇談、子育て広場、座談会など直接子育てに関する話し合いの場のほか、ふれあい会、親睦会、保護者会活動や実行委員会活動なども企画している。互いに支え、認め共感し合う仲間の中で、自身の考え方や生き方を見つめ素敵に輝いていく保護者に出会うたびに、かかわりの中で人は育ち合うことを実感するばかりである。保護者が元気になり、笑顔が生まれていくことは何よりも子育て支援につながるものではないかと考える。
- それぞれの家庭にはそれぞれの営みがある。保護者の主体性を尊重しながら子どもを中心としたより良い子育てに向けて歩むことができるよう、「共に」考え「共に」学び合う仲間になれるよう心がけている。
- 支援の結果はすぐに現れてくるものでなく、焦らず、支援の在り方を振り返りなが

表6-1　日課

時間・保育室	活動	活動のねらい・配慮事項
7:00～ 早朝担当保育士2名 （専属）で受け入れ	早朝保育 0歳～5歳児までの合同保育	温かく迎え入れながら視診を行い子どもの様子を尋ね、生活の連続性に配慮する
7:30～ 乳児と幼児	乳児クラス（0・1・2歳児）、幼児クラス（3・4・5歳児）に分かれ合同保育	一人ひとりの姿に合わせ、一日のスタートが気持ちよく過ごせるように留意する
8:00 自分のクラスへ	好きな遊びを楽しむ（出席カードのシール貼りやお便り帳を出すなど、朝の仕事や身支度を行う）	好きな遊びや興味関心に合わせて自由に楽しめる居心地の良い環境を準備する
8:30	5歳児はグループで飼育栽培活動。飼育（ウサギ等）や栽培物の世話をする	子どものつぶやきを大切に受け止め、不思議・発見・感動に共感しながら「いのち」に触れる実感を大切にする
9:30 各クラス	各クラス朝の集まり ・友だちと集い、楽しい雰囲気の中で歌を歌ったり、お話を聞いたりする ・当番活動 乳児クラスはおやつ	見通しをもって生活できるよう、認識の支えに子どもの姿に応じて絵カードや具体物を用いて話すこともある
9:50 各クラス	遊び・設定保育 0歳児は一人ひとりの姿や月齢に応じ睡眠の時間をとる	子どもの姿やねらいに応じた活動内容・あそびを楽しむ
11:00	昼食（乳児クラス）	愛情のこもった手作り給食 楽しくおいしく頂けることを大切にする
11:30	昼食（幼児クラス）	
12:30	午睡（乳児クラス）	子守歌を歌ったり、マッサージで体をほぐしながら穏やかな環境の中で安心して休息がとれるようにする
13:00	午睡（3歳児クラス）	
	戸外遊び・自由遊び（4・5歳児クラス）	たっぷりと遊びながら様々なかかわりや体験を通し育つ力を大切にする
14:00	設定保育（4・5歳児クラス）	子どもの姿やねらいに応じた活動内容・遊びを楽しむ
15:00	午睡から目覚め、身支度（0～3歳児）	心地よい目覚めを大切にし、ゆったりと身支度を整えていく
15:30	おやつ 身支度・掃除	ひとりでできることを少しずつ増やしながら整えていく
15:45	帰りの会 順次お迎えがあり、降所し始める	一日を振り返って楽しかったことを共有する
16:00～18:00 当番保育士による保育	0・1歳児—合同保育 2・3歳児—合同保育 4・5歳児—合同保育	職員間の引き継ぎや保護者への連絡を行いながら保育していく時間帯となる。安全面に留意し、異年齢での自然なかかわりや遊びを大切にしていく
18:00	おやつ	ほっとする時間になるように配慮する
18:00～19:00 当番保育士による保育	延長保育（0歳～5歳児までの合同保育） 順次降所し、保育終了	ゆったりと家庭的な雰囲気を大切にしながら過ごせるように配慮する

社会福祉法人徹信会　後藤保育所

　ら、継続していくことが大切である。また場合によっては園全体で支援体制を組んだり、地域の関係機関との連携の中で支援を考えていくこともある。

④ 個別に配慮のいる子どもについての対応と家庭支援

 事例 6-7

　母親は朝４時半起床、６時前にAちゃんが寝ている状態のまま車に乗せ、保育所の駐車場に到着してから起こし、車中で着替え、保育所で洗顔、朝食をとる毎日を送っている。母親は仕事と子育ての両立に努力しているが、時間的に子どものペースで生活することが困難を極める。

　まずは母親が安定した気持ちで子どもとかかわることができることを優先し、朝の身支度についてはそっと見守り、母親の頑張りをねぎらいながら、親子の時間を大切にもてるよう配慮している。母親と一緒に朝食がとれる時には場の提供をする。難しい時には朝食を預かり、他の朝食をとっていない子どもと一緒に朝食の時間を設けている。

（母親の過酷な勤務状況が背景にあり、こうした家庭は増加の傾向にある）

 事例 6-8

　保護者に朝食を食べる習慣がなく子どもも食べずに登園する家庭や、保護者に時間的余裕がなく、また体調面から作れなかったりする家庭もある。子どもの様子から食べていないことがわかった時には、保育所で準備し食べさせている。頻繁に続く家庭については保護者に直接アプローチし、子どもの姿を伝えながらできることを一緒に考えていく。まずは簡単に準備できるもの（例：パンやバナナ等）を持参してもらうことからの出発を働きかけ、徐々に食事内容が変わっていくよう長い目で見た支援を心がける。働きかけには保育士間で連携を図り、同じことを何度も伝えないようにする。保護者が責められていると感じる場合もあるため、伝える場所・時期・伝える人・その方法などにも留意している。

　事例6-7と6-8は、朝食を食べないで登園してくる子どもの家庭のものですが、その背後の事情がまったく異なるので、異なる対応をすることになります。事例6-7の場合は「子どもが食事をする」ために母親と園でできることを考えた結果、「園において一緒に食事をとることができるように場の提供をする」「難しい時は、園で預かって他の食べてきていない子たちと一緒に食べる」というような対応をしています。

　一方、事例6-8は、どちらかというと保護者がその気になれば家庭で食事をとってから登園できる家庭の子どもたちの例です。その保護者への対応は、以下のようにしています。

・　保育サロン等を利用し給食担当の職員を交え、簡単にできる朝食メニューのクッキングやデモンストレーションを行ったり、簡単な三色栄養の取り方を伝えたりする。朝食の大切さを子どもの心身や脳の働きなどの側面からも話し、様々な角度から働きかける。

- ・ 保護者自身がその大切さを認識・実感し行動に移せるよう、また継続可能な長期的支援が必要になる。改善されたよりよい姿は積極的に伝えていく。頑張ったことが喜びにつながっていくよう、言葉かけにも留意する。
- ・ 保育所の中で、朝食についての課題が多くの家庭に見られるときには、全体の問題として取り上げアンケートを実施する。アンケート結果を伝え、朝食についての悩みを共有しながら、実現できることを中心に、忙しい朝の朝食作りのヒントやレシピを公開したりする。

　以上のような対応を取るのは、日々の生活そのものが、子どもたちの心身の発達に大きく影響していくと考えるからです。また何気ない日常の暮らしの中で身についていく生活習慣は生涯の暮らし方にもつながっていく可能性があると考え、その意味に気づいてほしいという願いからです。現在の子育て環境の厳しさを思うとき、朝食の問題に限らず、余裕のない忙しさの中で揺れ動く保護者の姿を間近で見ながら、暮らしの場として保育所が丁寧に家庭的機能を果たしていく必要を強く感じています。

　保育所における子育て支援については、日々の保育の充実はいうまでもないことはすでに第2、4章の支援を必要とする家族で述べましたが、これらの事例でも教えてくれるのは、日々の実践そのものが子育て支援であるということです。そして、この日々の実践の確かさが保育所が展開する地域の子育て支援をも支え、より確かな支援になっていくと考えられます。

(2) 延長保育・夜間保育

　一般的に、延長保育をしているといえば「子どもにとってはどうなのか」、ましてや休日保育となると「みんなが休んでいるときに休めないの？」、さらに夜間保育というと「いつ親子の生活があるの？」という否定的な意見が飛びだすことも少なくありません。その否定的な意見は、家族・親子で過ごす時間の重要性を考えてのことだと思います。本書でも、子どもの生活や発達に関して第一義的な責任は保護者にあるという考え方で、その家族や家庭を支えるという家庭支援を考えています。子どもの生活や発達に対する責任は時間量の問題でしょうか。ここでは、子どもの最善の利益という視点から保育時間について考えます。

① 園の概要 [2),3),4)]
　社会福祉法人四季の会　どろんこ保育園は、労働基準法で守られていない母親たちと児童福祉法で守られていない子どもたちのために、1973（昭和48）年に無認可の夜間保育所から出発しました。そして、1981（昭和56）年にどろんこ保育園を開園し、翌1982（昭和57）年には第2どろんこ夜間保育園を開園しました。この園は、設立の最初から保育時間が先にあるのではなく、困っている家庭の親子がいました。その親子の家庭支援を

する実践において、保育時間が長時間・夜間保育になったということです。開園当時の子どもをめぐる社会情勢として「ベビーホテル問題」があり、認可保育所でカバーしきれない不規則な時間帯や夜に働いて生計を立てている、あるいはそうせざるを得ない親子がいて、ベビーホテルでの乳児の死亡事故が相次いでいると報道されていました。第2どろんこ夜間保育園は、家族のウエルビーイングを支えるといいます。まさに、園の開園そのものが親子の生活の場である家庭を支援することを目的としていたということになります。

〈運営理念〉
・ 子どもとその家族が、身体的、精神的、経済的、社会的、文化的に、自立するよう支援する。

〈保育理念〉
・ 子どもが、精神的、身体的、社会的、文化的に自立することをめざし、自己肯定感や自己構築力を培う。

〈保育目標〉
・ 自分で考え、判断し、行動し、最後までやり遂げることのできる子ども（自立）
・ 自分の周りの人や物を大事にし、相手の立場に立って考えることのできる子ども（自律）

〈保育の基本方針〉
・ 子どもが健康、安全で、情緒の安定した生活ができる環境を用意し、自己を十分に発揮しながら活動できるようにする。
・ 子どもが、ありのままを受け入れられ、違いが認められ、一人ひとりが大切にされる保育を行う。
・ 家庭や地域社会と連携を図り、保護者の協力のもとに家庭養育の補完を行う。

② 園の日課

　昼間保育と同じ施設で夜間保育をしているので、図6-1や表6-2のように複雑な日課表になっています。子どもたちの生活のリズムに合わせて、たとえば2歳児の昼食は正午から14時までの間に4回準備します。また、子どもの成長・発達を考えると、「親は夜型であっても、子どもは昼型に育てる」ことが事例園の基本的な考え方です。「深夜のお迎え

社会福祉法人四季の会 どろんこ保育園・第2どろんこ夜間保育園 HP をもとに著者作成

図6-1　昼間の保育時間と夜間の保育時間の比較（一例）

時には子どもはできるだけ起こさずそのまま連れて帰り、朝起きる子どもに合わせて親も起きる」ことが、子どもの昼型の生活リズムを守ってやれる親の生活の仕方と考えて支援しています。日々の保育・行事は、併設のどろんこ保育園と同じにしているといいます。

　この長時間の日課は、保育者の複雑な勤務時間の組み合わせを生みます。子どもたちができるだけ同じ保育者とともに生活できるようにするために、各クラスに10時間勤務をする職員を配置しています。また、夜間保育の18時以降の担当者は、年間を通して同じ保育者になります。このようにして、保育者の勤務時間より長く園にいる子どもへの配慮をしています。保育者は一日10時間、週4日間の勤務になります。

表6-2　園の日課

時間	いちご 0歳	ばなな 1，2歳	ぶどう 1，2歳	そら 3，4，5歳児	にじ 3，4，5歳児	つき 3，4，5歳児
7：00	順次登園	順次登園	9：30 登園時間 モンテッソーリ活動	順次登園 モンテッソーリ活動	8：30～10：00 順次登園 モンテッソーリ活動	10：00～ 順次登園 モンテッソーリ活動
8：00	モンテッソーリ活動	モンテッソーリ活動				
9：00	テラス遊び・園庭遊び・散歩	外遊び・散歩・さくらんぼリズム・絵本・食事準備 昼食				
10：00	離乳食		外遊び	体操教室 さくらんぼリズム・散歩・絵本・食事準備 昼食	体操教室 さくらんぼリズム・散歩・絵本・食事準備 昼食 片付け・掃除	
11：00	昼食		絵本・食事準備・昼食 午睡			
12：00	午睡	午睡				食事準備 昼食
13：00	0歳児は1対1で絵本を読んだりする			片付け・掃除		
14：00				絵本・午睡	絵本・午睡	絵本・午睡
15：00	おやつ	おやつ	おやつ さくらんぼリズム	おやつ 外遊び	おやつ 外遊び	おやつ 外遊び
16：00	モンテッソーリ活動・テラス遊び・園庭遊び・散歩	外遊び				
17：00	離乳食 夕食・居残り夕食	室内遊び 順次降園	外遊び・散歩 居残り夕食 モンテッソーリ活動	室内遊び 順次降園	室内遊び 順次降園	体操教室・さくらんぼリズム・散歩
18：00	モンテッソーリ活動・室内遊び	居残り夕食 絵本		居残り夕食	居残り夕食	夕食 掃除・片付け
19：00	順次降園 寝る準備		順次降園 寝る準備	室内遊び・絵本	室内遊び・絵本	
20：00		↓	19：00～モンテッソーリ活動、室内遊び・絵本 20：00～寝る準備（寝る子は着替えて就寝）、順次降園 21：00～22：00 起きて待つ子は掃除の手伝い。自由遊び 22：00～順次降園 ↓			
21：00						
22：00						
23：00						
24：00						
1：00						
2：00						

社会福祉法人四季の会　どろんこ保育園・第2どろんこ夜間保育園HPをもとに著者作成

③ 家庭との連携において大切にしていること

　保育時間を拡大するということは、保護者の育児放棄を助長するためでも、また保護者が望んでいることに何でも対応するという意味でもありません。「保護者にできるだけ選択肢を増やすということで、児童にとってより望ましい保育環境を準備することである」と、第2どろんこ夜間保育園はいいます。

　子育ての主役はあくまでも父親・母親であり、親として子どもの保育をすべて保育所に任せてしまうのではなく、また逆に独りよがりにならないように注意して、保育者と協力し合って子どもがバランスよく成長するよう努力することが重要です。事例園も「子どもにとってはどうか（子どもの最善の利益）」という視点から子育てを手伝うというスタンスを取ります。

④ 保育実践の結果

事例6-9[5]

> 　夜間保育とはいえ、昼間保育の子たちと同じように、友だちとたくさん遊び、たくさんのことを経験しながら保育園での生活を楽しんだ4年間でした。…お母さんごっこでは、月齢も高く仕切りたがりで、いつもお母さん役をしようとする私に友だちが不満を持ち、それを聞いた先生にお母さん役を順番にするようにと叱られたこともありました。夕食後、先生と1対1で折り紙やあや取りをして遊ぶ時間が大好きでした。その日あったことをお喋りしながら、作ったものをほめてもらえるその時間が、寂しさなどを紛らわせてくれました。先生にほめてもらいたくて、手裏剣やたくさんのパーツを組み合わせて作る立体など難しいものにもどんどん挑戦していきました。午睡時や夜寝る時、自分より小さい子どもにトントンして寝かしつけることも好きでした。先生の姿を真似して子どもの隣で横向きに寝転がり、自分の頭を手で支えながらトントンしていました。トントンしていた子どもが寝入ってくれると、とてもうれしかったことを覚えています。このように年下の子どもの面倒を見る経験が今の私に繋がっているのではないかと思っています。

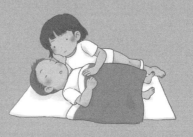

　事例6-9は第2どろんこ夜間保育園を卒園して、現在、児童学系の学びをしている大学生の記録です。保育園時代を振り返っての記録ですが、園での経験が鮮明な記憶として残っており、「その経験が今の私に繋がっている」といいます。保育所での生活が子どもの育ちにどのように影響するのかを考えた時に、保育を受けた当事者が保育所の経験が意味のあるものだったといえることがもっとも重要なことだと思います。というより、それをおいて保育の効果をいうことはできないのではないかと思います。

　その保育所の実践を、当時子どもだった大学生が保育を専門に学ぶことを通して評価しています。園で何が好きだったか（夕食後の1対1の時間での保育者とのやり取りで積極的に挑戦できたこと）、保育者がどのように接してくれたのか、自分から何を経験（小さい子の寝かしつけをし、子どもが寝てくれたこと）し、どのような達成感を味わったのか

の記述は、そのまま事例園の保育内容であり、保育方法そのものだと思います。この子どもの育ちが子育ち支援であるとともに、その子の育ちを喜びとする家庭の支援だということができます。

　保育は、昼間の保育だからよくて夜の保育だから心配という問題ではなく、また短い間の保育だからよくて長時間だから心配という二者択一的な考えではなく、その時間でその子どもが何を経験したのか（保育の内容）、またどのように過ごしたのかという生活の仕方（保育の方法）の問題であると考えられます。

⑤ 夜間保育を利用している家庭の状況

　事例園を利用している家庭の様態を整理したものが表6-3[6]です。夜間保育を利用しているのは、ひとり親家庭の約36%であり、昼間保育では約20%ですから、夜間保育を利用しているひとり親の家庭は、昼間保育利用家庭の2倍近いことになります。

表6-3　家庭様態〔2013（平成25）年現在〕

	母子・父子家庭	母子・父子家庭ではない	合計
昼間保育	20（19.8%）	81（80.2%）	101（100%）
夜間保育	16（35.6%）	29（64.4%）	45（100%）

社会福祉法人四季の会　どろんこ保育園・第2どろんこ夜間保育園園内資料，2014.4.1

　経済的な面を2012（平成24）年度保育料基準額で見てみると、昼間の保育を利用している家庭の約50%がD5〜D10階層（世帯収入がおおよそ485万円から1125万円）であるのに対して、夜間保育を利用している家庭の約40%がB階層（世帯収入がおおよそ197万円以下・非課税世帯）、D5〜D7階層（おおよそ485万円〜642万円）が20%強となっています。

　事例の園においても、ひとり親家庭の経済的な状況の厳しさを見ることができます。夜間保育は、ひとり親でさらに経済的に厳しい状況にありながらも、保育園関係者の大きな配慮のもとに、自らの手で子育てをする家庭の支援に大きく貢献していることが理解できます。

(3) 認定こども園における保育

　子ども・子育て関連3法が2012（平成24）年8月に成立し、2015（平成27）年より実施されています（第2章参照）。新制度では、「保護者が子育てについての第一義的責任を有する」という基本的な認識を継承し、さらに、幼児期の学校教育・保育、地域の子ども・子育て支援を総合的に推進することとしています。そして、現行の認定こども園制度の改善を図り、制度の実施主体である市町村は、地域の実情等に応じて幼児期の学校教育・保育、地域の子ども・子育て支援に必要な給付・事業を計画的に実施していくことになります。最初に、認定こども園とはどのような施設でしょうか（図6-2[7]、図6-3[8]参

教育・保育を一体的に行う施設で、いわば幼稚園と保育所の両方の良さを併せ持っている施設です。以下の機能を備え、認定基準を満たす施設は、都道府県等から認定を受けることが出来ます。

① 就学前の子どもに幼児教育・保育を提供する機能
（保護者が働いている、いないにかかわらず受け入れて、教育・保育を一体的に行う機能）

② 地域における子育て支援を行う機能
（すべての子育て家庭を対象に、子育て不安に対応した相談活動や、親子の集いの場の提供などを行う機能）

認定こども園には、地域の実情や保護者のニーズに応じて選択が可能となるよう多様なタイプがあります。なお、認定こども園の認定を受けても幼稚園や保育所等はその位置づけは失いません。

幼保連携型	幼稚園型	保育所型	地方裁量型
幼稚園的機能と保育所的機能の両方の機能をあわせ持つ単一の施設として、認定こども園としての機能を果たすタイプ	認可幼稚園が、保育が必要な子どものための保育時間を確保するなど、保育所的な機能を備えて認定こども園としての機能を果たすタイプ	認定保育所が、保育が必要な子ども以外の子どもも受け入れるなど、幼稚園的な機能を備えることで認定こども園としての機能を果たすタイプ	幼稚園・保育所いずれの認可もない地域の教育・保育施設が、認定こども園として必要な機能を果たすタイプ

内閣府 子ども・子育て本部 HP「認定子ども園概要」2015

図 6-2 認定こども園パンフレット「認定こども園とは？」

３つの認定区分

１号認定 教育標準時間認定
お子さんが満３歳以上で、幼稚園等での教育を希望される場合
利用先 幼稚園、認定こども園

２号認定 満３歳以上・保育認定
お子さんが満３歳以上で、「保育の必要な事由」*に該当し、保育所等での保育を希望される場合
利用先 保育所、認定こども園

３号認定 満３歳未満・保育認定
お子さんが満３歳未満で、「保育の必要な事由」*に該当し、保育所等での保育を希望される場合
利用先 保育所、認定こども園、地域型保育

＊保育を必要とする事由

次のいずれかに該当することが必要です。

□ 就労（フルタイムのほか、パートタイム、夜間、居宅内の労働など、基本的にすべての就労を含む）
□ 妊娠、出産
□ 保護者の疾病、障害
□ 同居又は長期入院等している親族の介護・看護
□ 災害復旧
□ 求職活動（起業準備を含む）
□ 就学（職業訓練校等における職業訓練を含む）
□ 虐待や DV のおそれがあること
□ 育児休業取得中に、既に保育を利用している子どもがいて継続利用が必要であること
□ その他、上記に類する状態として市町村が認める場合

※同居の親族の方が子どもを保育することができる場合、利用の優先度が調整される場合があります。

内閣府『子ども・子育て支援新制度 なるほど BOOK（平成 26 年 9 月改訂版）』2014 をもとに著者作成

図 6-3 子ども・子育て支援新制度の 3 つの認定区分

照）。

　認定こども園は、就学前の子どもに幼児教育・保育を提供する機能をもつこと、そして、地域における子育て支援を行う機能をもっている施設であるとしています。早い話が、これまでの幼稚園と保育所と子育て支援センターの機能をあわせもった「保育を必要とする子どもと家庭」に対応する施設ということになります。

① 園の概要 [9)]

　松山認定こども園 星岡は、幼保連携型認定こども園です。昨年までは、創立36年の学校法人の松山幼稚園と創立9年の社会福祉法人星岡保育園の2園で構成されていましたが、「子ども子育て支援新制度」をもとに法人を一本化し、2015（平成27年）年4月1日より、学校法人松山学園松山認定こども園 星岡という一つの認定こども園として新たなスタートを切りました。定員は1号認定330名、2号・3号認定120名で、あわせて450名の園児が活動しています。また、子育て相談などの子育て支援を総合的に提供し、地域の子育て家庭も支援しています。

〈教育基本方針・目標〉

・ 家庭と園の両者が信頼し協力し合って、個性豊かな人間味あふれる子どもを育んでいこうという意味での個性を尊重する。

・ 遊び中心の、のびのび保育と自然体験、地域や世代間交流など多様な体験活動を通して幼児の主体性を育み、からだ、こころ、あたまの調和のとれた人間性豊かな幼児を育てる。

・ 遊びは科学であり学びであることを基本的な考えとして、遊び中心の環境を通して生きる力の基礎を育む。

② 園の日課

　認定こども園の2号・3号認定園児（長時間保育）と1号認定園児（短時間保育）の登園は、早い子どもで7時頃です。登園後14時までは、1号・2号認定園児が一緒の日課を過ごします。そして、その後は2号認定園児は長時間保育室にて保育、1号認定園児は帰宅する子どもと預かり保育で残る子どもに分かれます。これに並行して、年中児以上の希望者を対象にした課外活動も行われます。15時30分からはおやつの時間になります。17時からは預かり保育を利用する1号認定園児と2号認定園児の合同保育というように流れています。3号認定園児については、終日個別のクラスで保育を行っています（日課省略）。

〈園児への配慮〉

　長い集団生活を送る長時間保育児が、幼児の生活リズムにもとづき、その時間帯によって気分転換を図ったり家庭や地域で過ごすようにゆったりと過ごすことができるように、午睡やおやつ等も含め、活動と休息、緊張感と開放感等のバランスを取るように努めてい

る。

　長時間保育児の中でも3歳未満児（3号認定園児）は、保育教諭の膝の上を独占しようとしたり、泣いたり甘えたりとスキンシップを求める行動が多くある。保育教諭はそれらを温かく受け止め、体調に気を配ったり、スキンシップを取ったりしながら、精神面・健康面に配慮をしている。3歳以上児（2号認定園児）は、異年齢の園児の世話をしたり可愛がったりする面もあれば、好きな玩具や遊びに集中する姿も見られる。じっくり話を聞いたり、安全な活動の場を用意したり、異年齢とのかかわりの援助をすることも大切にしている。

〈保護者への連絡内容〉

　3歳未満児は、個人の連絡帳で今日の園児の様子を知らせる。3歳以上児は、個人的な健康状態や怪我、汚れ物の連絡、翌日の準備物など、保護者への連絡や伝達は最終保育担当者から口頭でこまめに連絡するようにしている。とくに食事・午睡等で変わったことがあれば、詳しく伝達する。なぜなら、園児は出来事や楽しかったことなどは伝えることができても、情緒面を素直に伝えることはできないからである。

　園児の生活リズムが安定していなければ、情緒は不安定になり、友だちとのトラブルが増えたり、集中力がなくなったりする。保護者が迎えに来た時には、迎えを待つ寂しさが甘えとなり、わがままを通そうと機嫌が悪くなり、一日仕事をして疲れて帰ってきた保護

表6-4　日課（3歳以上児）

時間	2号認定園児のみの活動	1号・2号認定園児共通の活動	1号認定園児のみの活動
7：00	園に登園		早朝保育（7：00～）
8：00	各クラスに移動	荷物を置いて自由遊び 保育室内・園庭・ホールで自由に遊ぶ	園に登園 ・バス登園 ・徒歩登園
11：00		片付け 朝の会（クラスでの活動）	
11：30		昼食（自園調理）	（火・木は1号認定園児のみ弁当選択可）
12：30		ごちそうさま・片付け 保育室内・園庭・ホールで自由に遊ぶ	
13：15		片付け・降園準備	
13：30		帰りの会	
14：00	保育室へ移動・昼寝（年少児）	課外活動（受講希望者） サッカー・英語・体操・オペレッタ	降園・お迎え／バス便は14：00発車 ＊預かり保育
15：30	おやつ		おやつ
16：00	自由遊び 降園準備	16：00 課外便 16：40 遅バス便	順次降園
18：00 19：00 20：00	延長保育 順次降園	＊預かり保育 17：00～19：00　1号・2号認定園児合同保育	＊預かり保育

学校法人松山学園松山認定こども園 星岡への依頼原稿をもとに著者作成

者にとってはいらだちの一要素となり、親子関係も不安定になりがちである。家庭に戻ってからはさらに悪循環となり、あまりの子どもの機嫌の悪さに声を荒だて叱ってしまったと自分を責め嘆く保護者も少なくない。子どもの機嫌が悪い原因を保育教諭が伝達することで、その原因を知り、家庭での生活の見通しにしてもらえればと考え、必要な事柄を丁寧に伝えて園児や保護者を支援している。

③ 短時間保育児と長時間保育児への配慮

次に、短時間・長時間保育児への配慮は、以下の通りです。

〈早朝・延長保育，預かり保育〉

1号認定園児（短時間保育児）を対象として、朝7時からの早朝保育、19時までの預かり保育を毎日実施している。夏休みには、特別保育メニューを行う特別預かり保育を実施し、園バスや給食の利用も可能にしている。

2号・3号認定園児（長時間保育児）には、18時以降も急な残業などに対応できるように、最終20時までの延長保育を実施している。

〈短時間保育児と長時間保育児の混合クラス・副担任制〉

クラス担任は経験年数や特性を考慮するとともに、副担任とのティームを大切に考えて配置している。短・長時間保育関係なく、3歳以上児は幼児教育を受ける。その際、長時間保育児は学年毎に数人ずつクラスに分かれて入るので、保育教諭は一人ひとりの成長を把握するため、一日ごとに各クラスの副担任として勤務に当たる。そして、14時以降は、家庭的雰囲気の中で一人ひとりにかかわりながら保育をする。また、保育園には常勤の栄養士や看護師も配置されていて、アレルギー対応や乳幼児の健康管理にも配慮している。

〈特別支援の充実〉

特別支援コーディネーターを配置している。個性を大切にし、トラブルは子どもからのメッセージと受けとめ、保護者とともに個別の支援計画や指導計画を作成し活用することやフリー担当保育教諭を学年に配置し、きめ細かな指導ができるようにしている。また、専門機関の地域支援事業を活用し、支援員が定期的に来園して園児の相談を受け、それに対する助言を得ている。事例をもち帰り、職員の園内研修も行い、療育に関する技術向上につなげている。

〈勤務シフトの工夫〉

園では、早朝保育や遅出勤務担当者の固定化やバス乗務に非常勤教諭を多用するなど、勤務シフトを工夫し、担任の負担を軽減し、きめ細かい配慮ができるようにしている。3号認定園児担当職員（3歳未満児担当）も、受け入れ時やお迎え時の保護者対応が丁寧に行えたり、園児・保護者が安心して一日を過ごせるよう、時間帯別勤務形態を多様化する配慮をしている。

④ 実践―日々の業務における時間の効率化

担任・副担任がノートパソコンで情報を共有し、業務の分担や指導計画・教育課程など

の閲覧、一日の保育記録記入など、一括管理で時間の効率化が図れるようにしています。

〈保育支援ソフトと園内 LAN 活用〉

　すべての保育者がデータにアクセスする権限を有し、保育支援ソフトを最大限に活用している。園児管理や教育課程、保育計画、保育経過記録、出席簿、保育日誌、写真データ登録管理など、様々な用途に使用することができる。たとえば、すべての文書がデータ化されているので、過年度の記録がすぐに取り出せる。それが行事計画やデイリー作成の所要時間削減につながっている。

〈メール活用にて情報共有〉

　全職員は、社内メールからその日にあった出来事や園児情報（欠席・怪我・病気等）、職員への周知事項等の情報を得ることができる。情報を得ることで、園児や保護者への声かけができ、きめ細かい配慮へとつながる。とくに、保育担当者が多様な勤務形態で時間帯によって変わるので、伝達は口頭や書面だけでなく、メールで行うことも重要になる。

⑤ 子育て支援の充実

　事例園は、市内中心部から車で 10 分程の住宅密集地で待機児童も多い地区にあります。核家族化も進んできており、子育て支援の充実が求められます。一時預かり保育も、就労やリフレッシュなどを求める保護者の支えとなっています。

〈未就園児への子育て支援活動〉

　園では、1 号認定として入園検討中の方を対象としたプレ保育があり、園に親子が楽しみに通っている。また、「子育て支援センタールーム」をはじめ、月に 2 回開催する「赤ちゃん広場」「育児講座」「おはなし会」や地域の公民館等に出かける「ふれあい広場」なども未就園の親子でいつもにぎわっている。

〈保護者とのネットワークづくり〉

　保護者参加行事を見直し、保護者会役員の負担を大幅に軽減し、働いている家庭にも安心して利用できるようにしている。「子育てを楽しみたい」「保護者同士のつながりを深めて輪を広げたい」という保護者の気持ちも大切にしている。自由参観日は、子どもたちの日常の様子を見るよい機会と位置づけられている。

〈テレビ電話での診察〉

　園児の体調不良や怪我の際には、園と園医である病院小児科とをスカイプ通信で結んでテレビ電話で診察を受け、迅速に適正な処置を行う。事前に保護者の許可を得ている園児に対しては、打撲時や擦過傷時、虫刺され時、虫除け等、医師の指示により看護師が医薬品を塗布し、保護者にその結果を伝えている。

〈子育て応援クラブ〉

　子育て応援クラブは、子育てしながら働く家庭を応援するため「小児科」「タクシー」「放課後児童クラブ」の３事業が有機的に連携し、一体的なサービスを実施している。本法人系列の病院小児科は、市より委託を受け、病児・病後児保育（有料）を実施している。

　放課後児童クラブ「ひまわり」は、園舎で行う体験型学童保育で、小学１から６年生を対象に、放課後から19時まで土曜日や長期休業中も実施している。各学校から園へ送迎し、曜日によって英語や体操、パソコン、書道などの特別プログラムが充実している。

　お迎えタクシーは、一般乗用旅客自動車運送事業の認可を受けた関連会社が実施する事業で、園内での体調不良時の送迎や「ひまわり」に来る市内12か所の小学校への送迎を行っている。

　このように３つの事業が連携し、働く家庭を支援している。連携の一例として、子どもの急な病気の際、仕事が休めない保護者の代わりに病院の看護師スタッフがお迎えタクシーを利用して園児に付き添い、病院に送っていく。必要に応じて小児科医の診察を受けることができ、その後、病児・病後児保育（有料）を利用できる。

〈小規模保育事業Ａ型〉

　同法人では、2015年４月１日より小規模保育事業Ａ型の天山保育園を開設。０から２歳の乳幼児19名を６名の保育士で対応するという手厚い保育を実施している。松山認定こども園 星岡とは、給食提供や行事などで連携を取っている。

〈地域とのかかわりから、ふる里みたいな町づくり〉

　地域の方のれんげ畑で遊ばせてもらったり、じゃが芋掘りを手伝ったり、地域の方々の教えは大切な生きた勉強と捉えている。また、高齢者施設との交流や行事に招待したりと、地域に愛されともに歩む施設を目指し、地域とのつながりを大切にしている。

　この事例園の子育ち・子育て支援の特徴は、連携にあります（図6-4参照）。連携の１つめは認定こども園内の子どもについての情報の共有です。２つめは病院と認定こども園の連携です。スカイプを使って医師の診断を受け、園内の看護師の手当てを受ける。難しい時はお迎えタクシー（病院の看護師付き添い）で病院へ、さらに家庭へとつなぐという園―病院―家庭という連携です。３つめの連携は認定こども園から学童保育へという連携です。学童保育は園舎を使っていますので、子どもたちは慣れた場所での放課後の生活ということになります。また、ここでも家庭と学童保育の連携をお迎えタクシーが行います。

　認定こども園は、地域の子育て家庭の支援もその役割としています。そして、保育を必要としている家庭への支援も行いながら、事例園ではこれらに加えて、待機児の多い３歳未満児の小規模保育事業との連携を行うなどをしています。

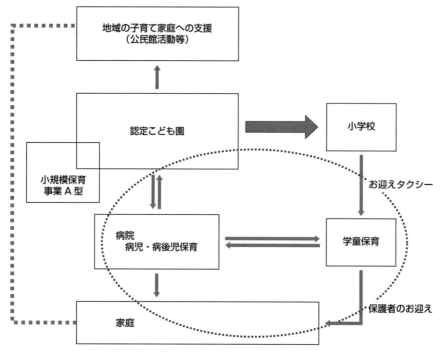

図 6-4　松山認定こども園 星岡の子どもと家庭支援の関連図

（4）家庭的保育（保育ママ）

　子ども・子育てに関する新システムでは、家庭的保育事業（以下、保育ママ）を含む地域型保育給付の創設について図6-5のような説明がありました[10]。教育・保育施設を対象とする施設型給付に加え、小規模保育や保育ママなどの保育事業を認可事業とすることで利用者の選択肢を広げました。保育の質を保ちながらの量の拡大により、待機児童の解消を図るとしています。

　ここでは、家庭的保育者制度を充実させてきた東京都足立区の家庭的保育者（以下、保育ママ）の実践[11]事例を見ていくことにします。

① 保育ママ（家庭的保育）とは

　保育ママとは、日中家庭で育てることが困難な子どもを自宅などで預かり保育する人（家庭的保育者）のことをいいます。対象とする子どもは生後57日目から2歳児までです。1人で3人まで預かることができます。

　法的には、児童福祉法に以下のように定められています。

第6条三

9　この法律で、家庭的保育事業とは、次に掲げる事業をいう。

一　子ども・子育て支援法（平成24年法律第65号）第19条第1項第2号の内閣府令で定める事由により家庭において必要な保育を受けることが困難である乳児又は幼児（以下「保育を必要とする乳児・幼児」という。）であって満3歳未満のものについて、家庭的保育者（市町村長（特別区の区長を含む。以下同じ。）が行う研修を修了した保育士その他の厚生労働省令で定める者であって、当該保育を必要とする乳児・幼児の保育を行う者として市町村長が適当と認めるものをいう。以下同じ。）の居宅その他の場所（当該保育を必要とする乳児・幼児の居宅を除く。）において、家庭的保育者による保育を行う事業（利用定員が五人以下であるものに限る。次号において同じ。）

二　満3歳以上の幼児に係る保育の体制の整備の状況その他の地域の事情を勘案して、保育が必要と認められる児童であって満3歳以上のものについて、家庭的保育者の居宅その他の場所（当該保育が必要と認められる児童の居宅を除く。）において、家庭的保育者による保育を行う事業

さらに、児童福祉法24条と第39条は、以下の通りです。

第24条　市町村は、この法律及び子ども・子育て支援法の定めるところにより、保護者の労働又は疾病その他の事由により、その監護すべき乳児、幼児その他の児童について保育を必要とする場合において、次項に定めるところによるほか、当該児童を保育所（認定こども園法第3条第1項の認定を受けたもの及び同条第11項の規定による公示がされたものを除く。）において保育しなければならない。

二　市町村は、前項に規定する児童に対し、認定こども園法第2条第6項に規定する認定こども園（子ども・子育て支援法第27条第1項の確認を受けたものに限る。）又は家庭的保育事業等（家庭的保

基本的な制度設計

○教育・保育施設を対象とする施設型給付に加え、以下の保育事業を市町村による認可事業とした上で、地域型保育給付の対象とし、多様な施設や事業の中から利用者が選択できる仕組みとする。
　　　◇小規模保育（利用定員6人以上19人以下）
　　　◇家庭的保育（利用定員5人以下）
　　　◇居宅訪問型保育
　　　◇事業所内保育（主として従業員のほか、地域において保育を必要とする子どもにも保育を提供）

○待機児童が都市部に集中し、また待機児童の大半が満3歳未満の児童であることを踏まえ、こうした小規模保育や家庭的保育などの量的拡充により、待機児童の解消を図る。

○小規模保育、家庭的保育など、事業それぞれの特性に応じた客観的な認可基準を設定し、質の確保を図る。また、認可の仕組みについては、大都市部の保育需要に対して、機動的に対応できる仕組みとする。

○保育の必要性の認定、公的契約、市町村の関与、公定価格の算定の考え方、給付の支払方法などは、施設型給付と同様とする。

内閣府「子ども・子育て関連3法について」2013

図6-5　子ども・子育て新システムにおける地域型保育給付の創設

育事業、小規模保育事業、居宅訪問型保育事業又は事業所内保育事業をいう。以下同じ。）により必要な保育を確保するための措置を講じなければならない。

第39条　保育所は、保育を必要とする乳児・幼児を日々保護者の下から通わせて保育を行うことを目的とする施設（利用定員が20人以上であるものに限り、幼保連携型認定こども園を除く。）とする。
二　保育所は、前項の規定にかかわらず、特に必要があるときは、保育を必要とするその他の児童を日々保護者の下から通わせて保育することができる。

　保育を必要とする子どもが保育所に入所ができないときは、何らかの方策を講じなければならない（児童福祉法39条）という大前提があり、その方策として家庭的保育事業等による保育を実施し保護しなければならない（児童福祉法第24条）とし、家庭的保育を実施する人が家庭的保育者（いわゆる保育ママ）ということになります。

② 足立区の保育ママの保育の実際 [12)]

ⅰ）保育ママの条件 [13)]
　足立区の保育ママになるための条件は、以下の通りです。

- ・子どもが大好き！子育てに熱意と愛情を持っている方です。
- ・家庭的保育者（保育ママ）は、面接、研修、実習、試験結果を総合的に判断し、区における厳正な審査により認定されています。
- ・保育士、幼稚園教諭、看護師等の資格を持つ方、子育て経験のある方、または保育施設で三年以上勤務経験のある方です。
- ・保育士の資格を持つ方は、上級救命講習を含む家庭的保育者に必要な研修を39時間修了しています。
- ・幼稚園教諭、看護師の資格を持つ方、一年以上の家庭的保育経験者は、上級救命講習を含む家庭的保育者に必要な研修を127時間修了しています。
- ・子育て経験のある方、または保育施設で三年以上勤務経験のある方は、上級救命講習を含む家庭的保育者に必要な研修を127時間、さらに保育園実習20日間を修了しています。
- ・家庭的保育（保育ママ）として開業してからも、毎年三回以上の現任研修への参加が義務付けられています。

ⅱ）3人の子どもを預かる保育ママの保育室 [14)]
　事例の保育ママ（保育士資格を有する）は、40代で保育ママ歴は10年から15年未満です。保育している子どもは1歳1か月（8時間保育）、2歳0か月（7時間保育）、3歳0か月（8時間保育）であり、週に5日、補助員（10時から12時まで2名いて、交代で補助に入る）を雇って保育しています。保育室は1階にあり、広さは8畳です。具体的には図6-6の通りです。

iii）保育ママの一日

　一日をどのように過ごしているかを10時から12時までの保育実践を見てみます。3人の年齢がそれぞれ1年間隔の子どもたちであるので、子どものペースを尊重しやすい保育になるといいます。また、3歳未満児の保育であることや保育室が狭いことなどから、散歩や外遊びを多く取り入れています。雨の日以外はほとんど散歩（3歳未満児の発達過程を考えた時の保育内容としては優れたものと考えられる）に出かけます。散歩の時には補助員も一緒に行きます。

・登園して、好きな玩具で遊んでいる（天気のよい日は庭にも出る）
・全員揃ったところで、排泄・手洗い（おむつ替えやトイレでの排泄を促し、朝の自由遊びの気持ちを切り換える）
・おやつ・水分の補給
・おやつの時は、保育ママも一緒に座って健康状態を把握する
・散歩（おおよそ10時15分から11時45分、その日その日の目的に合わせて出かける）
・月齢、年齢に合わせて公園まで、ベビーカーを使用したり歩かせたりしながら出かける
・天候や体調に気を配りながら、できるだけ外気に触れ、遊べる時間を多くもつ
・年齢にあった遊びとなるように配慮する

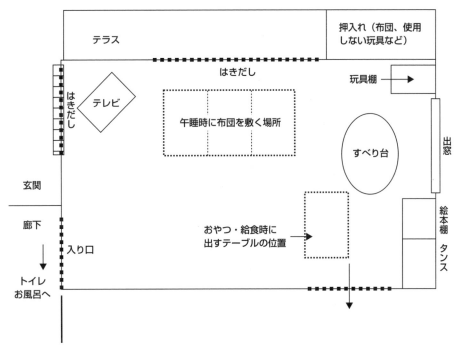

阿部和子「日英保育拡充戦略に見る民力活用と質の担保―家庭的保育の位置づけと養成、外部評価」
科学研究費補助金研究成果報告, 2007, pp.154-155

図6-6　3人の子どもを預かる保育ママの保育室

・公園では子どもたちが楽しく遊べるように玩具や遊具も持参し、保育士も一緒に楽しむ

・帰宅

・排泄・手洗い（外遊び後の清潔に気をつける）

・食事（前後の挨拶をきちんとできるようにする）

・できるだけ自分でするように声をかけて介助する

・排泄・パジャマに着替える

・大好きなお話を読んだり、安心して入眠できる雰囲気をつくる

・午睡（補助員は午前中のみ）

③ 保育ママ（家庭的保育）の課題

　保育ママは、待機児解消に大いに貢献していると考えられます。つまり、就労支援の部分が満足されるということが、そこで生活する子どもの生活・発達を保障することとは同じではないということです。

　一般に、3歳未満児は「小集団で1対1のかかわり」を通して、その持続的な信頼関係を形成していくことが生活の土台となるといわれています。「1対1のかかわり」という点に関して、保育ママによる保育は家庭における子育てと同様に優れた方法になります。しかし、先に見たように、家庭は密室化し孤立することで、育児不安や虐待などが発生しやすいという側面をもっています。保育ママの保育においても、同じように保育の考え方や方法によっては家庭と同じ弱点をもつ可能性があります。その弱点の補強として、地域や子育て仲間と共同できる「孤立化を防ぐシステム」が必須になります。

　加えて、同じ保育ママによる親密で継続的な関係が築きやすいという点に関しては、子どもを保育する保育者の保育の質を問わなければなりません。複数で保育している場合はお互いにお互いの保育を見るという客観性がある程度担保されますが、ひとりでそれを行うことは難しいと考えられますので、外部に自らの保育を公開する方策や研修の機会を増やすなど、「保育の質の向上のためのシステム」も必要になります。

　これらのシステムが構築された時、保育ママによる保育は子どもと家庭を支援する有力な方法となっていくと考えられます。

第7章

障がいのある子どもとともにある
家族・家庭とその支援の実際

　ここでは、社会のもつ障がいに対する見方について意識します。障がいのある子どもは自ら望んで障がいを抱えたわけではありません。障がいを抱えないで生まれた子どもと同じように、障がいを抱えた子が生まれてきたのだとしたら、障がいのあるなしは誰のせいでもない自然の出来事で、生まれた後の状態に対して偏見をもつ根拠はないことになります。

　それでも、社会は障がいのあることに対して様々な複雑な思いをもっていて、障がいのある子どもの家族の多くは困難を抱えています。その困難を乗り越えて、障がいがあるということを家族が受け入れ、当事者が受け入れ、その生を生きることを支援する現場（保育所保育）の実際を見ていきます。

　保育所において、障がいのあるその子どものために何か特別のことをするのではなく、「一人ひとりを大切にする」保育を心がけることが障がいのある子どもとともに生きる家族・家庭の支援につながり、障がいがありながら生きる子どもの育ちを支えていることを理解します。また、障がいのある子どもとともに生活することが、いわゆる健常といわれる子どもたちの育ちにもつながり、この保育の延長線上に共生の社会が実現することを理解します。

1. 障がいがあるということをどのように捉えるか

　多くの親になる人は、多かれ少なかれ「健康な子どもをもちたい」という優生意識をもっていると考えられます。しかし、子どもはいつでも五体満足で生まれてくるとは限りませんし、親が願った通りにいくとも限りません。ここに様々な感情的な軋轢が生じます。

　ここでの事例も、「障がい児を育てる」「出生前診断」などをキーワードにした著者のフィールドワークから、話の主旨を損なわない程度に改編したものです。それらをもとに、障がいのある子どもをもつ家庭の現状と支援の方向を考えていきます。

(1)「障がい」に対する社会の意識

> **事例 7-1**
> 　障がいのある子どもを絶対に生みたくありません。出生前診断で障がいの有無はわかると聞きました。それでもし障がいがあれば、本人のためにも家族のためにも、中絶したいと考えています。

> **事例 7-2**
> 　電車通学中、知的障がいの男の人が私の隣のアラサー OL らしき人に奇妙な動作で、しかも大声で何やら言っていて、その女の人は半泣き状態でした。親は大丈夫だと思ってひとりで家からだしていても、常識では考えられないことやるんだなって怖かったです。私はそれまであまり偏見はなかったけれど、さすがに怖くて車両を変えました。

　現代社会においても、事例 7-1 や 7-2 に見るように、「障がいがあって生きる」ことに対して理解があるとはいえない状況です。このような状況の中、2013（平成 25）年 4 月からはじまった母体血胎児染色体検査（新型出生前診断）は、大きな社会的な問題となりました。

　出生前診断は何のためにするのでしょうか。生まれつきもち合わせた遺伝情報や遺伝子異常を出生前に診断することは、どのような意味をもっているのでしょうか。

　2014（平成 26）年 6 月の日本経済新聞に「新出生前診断　染色体異常、確定者の 97%が中絶」の記事が載りました。1 年前の新型出生前診断開始後の病院グループの集計結果です。「診断した病院グループは 27 日、昨年 4 月の開始からの 1 年間に 7740 人が（新出生前診断を）利用し、『陽性』と判定された 142 人の妊婦のうち、羊水検査などで異常が確定したのは 113 人だったと発表した。このうち 97%に当たる 110 人が人工妊娠中絶をしていた」というのです。

障がいは、どうして受け止められないのでしょうか。

我々の住んでいる世界は、長い歴史を積み重ねて複雑に組織され秩序づけられた共同世界をつくり上げてきました。子どもは生まれて初めてこの世界に出会い、これがどんな世界であるのかを知っていきながら、世界の住人になっていくことになります。子どもによっては、その社会で共有されている理解の水準に追いつくのが遅かったり、あるいは理解の仕方が社会が共有している認識と別の仕方だったり、共有されない世界をつくり上げる子どももいます。大多数の人が共有する世界からずれているからといって、否定される合理的な理由はどこにもありません。

障がいがあって生きることの困難の一つは、社会が共有している認識と異なる世界に住んでいることです。異なる者同士が共存するためにはお互いの交流が必要になります。交流を通してお互いの世界を理解し合うことで、つまり障がいがあって生きる子どもや家族を理解しようとすることで、そして一緒に生きていこうとすることで、お互いが生きやすくなるのではないかと思います。

事例 7-1 や 7-2 のような現実があるという事実を踏まえて、そこを超えていくための努力や支援が必要になります。

（2）障がいのある子どもとの生活―情緒的・道具的サポート[1]

> **事例 7-3**
>
> 　病名告知を受けた時は、頭が空っぽになり医師に質問もできなかった。何の予備知識もなくボーッとしてしまったが、母に「大丈夫よ」と言われて初めて涙があふれた。告知前には医療者からことさら「かわいい赤ちゃんね」と言われ、告知後は「大変だけど頑張ってね」とばかり言われた。何が大変なの？そんなに頑張らないといけないの？と不安になった。

子どもに障がいがあることを告げられた親は戸惑いを隠せません。一緒の世界に住んで一緒の世界を築き上げていこうとしているはずの我が子が違う世界の住人であるかもしれないことを告げられるのですから、にわかにその事実を受け入れることができず、時には「一緒に死を覚悟する」親もいると聞きます。親はどのように我が子の障がいを受け入れていくのでしょうか。あるいは受け入れられないのでしょうか。

牛尾禮子は「母親の養育姿勢の変化のプロセス」を、「子どもの障害によるショック―障害を受容できない―人生の夢が破れた―子どもを比較する・障害を打ち明けられない・閉じこもる―子ども中心の生活・訓練者になる―子どもから教えられる・普通の母親になる―社会への積極的参加―障害の説明・啓発―社会活動という過程を経て親としての成長

を遂げていく」[2] としています。また、中田洋二郎やS. オルシャンスキーは、牛尾がいうようないつかは障がいを受容するという段階を踏むというより、一過性の悲嘆を経験した親が回復と落胆の過程を繰り返し、慢性的悲嘆を周期的に繰り返しながら親としての成長を遂げていく [3].[4] といいます。いずれにしろ、親としての成長を遂げていく過程において、「気持ちが通じ合う人がいる」「一緒に喜んでくれたり、辛く悲しいことを慰め励ましてくれる」など共感的なサポート（情緒的サポート）が重要になる [5] としています。

　とくに、障がい告知を母親ひとりで受けるのではなく、父親も一緒に受けるほうが障がいの受け入れには優位に働くといわれています。

> **✎ 事例7-4**
>
> 　娘が2人いるシングルマザーです。娘の年齢は2歳と6歳で、2歳の娘には出産時から「脳性まひ」の障がいがあります。最近になって6歳の娘も「発達障がい」の診断を受けました。今年に入って、夫から「私や子どもよりも守りたい女性がいる」と言われ、離婚となりました。なんだか私は女性としても人間としてもダメな人間のように思えて、つらくなる時があります。夫にも逃げられ、子どもも健常に生んであげられなかったと、申し訳ない気持ちで押しつぶされそうな時があります。今はとりあえず貯金と養育費で生活をしているのですが…。
>
> 　2歳の子どもが重度障がいがあるため、保育所がなかなか決まらず、働くこともできていません。気持ちばかりが焦ってしまいます。子どもと3人の生活は大変ですが、幸せも感じています。ただ、たまに波のように不安な気持ちが押し寄せてきます。

　事例7-4の母親は子ども2人に障がいがあり、加えて一緒に育てていくはずの夫に「私や子どもよりも守りたい女性がいる」と言われ、女性としても人間としても否定された思いで打ちひしがれてしまいます。障がいのある子どもたちとの生活に幸せを感じる時もあるようですが、経済的な面に対する不安や母親としての自分自身を受け止めきれずに不安が押し寄せてくるといっています。一刻も早く、経済的な面での支援や、たとえば子どもを受け入れる保育所や他の児童福祉施設入所、就職ができるような支援が必要になります。そして、人としての自分自身を肯定できるように、母親（保護者）として子どもと生活できるような具体的な支援が必要になります。

> **✎ 事例7-5**
>
> 　今日、息子は耳鼻科でひとりずっと癇癪を起していました。いつもそこの耳鼻科に行くとある場所にピンポイントで立ち、カレンダーの電車の名前を一通り言うのですが、今日はそこに人がいて、言うことができなかったからです。混んでるし迷惑をかけてしまうので、私もこだわりに付き合いきれませんでした。
>
> 　癇癪がすごいので、みんなの視線はきっと「しつけのなってない母親だな」と思っていたでしょう。「この子は障がいがあります」と大声で叫びたくなりました。同じくらいの子やもっと小さい子は、みんなおとなしくご機嫌に

遊んでいる。母親たちは携帯をずっといじっていて、それでもその子どもたちは癲癇も起こさず勝手にひとりで遊んでる。うちの子はこんなことできたことがない、こんなに他の子は育てやすいんだと思いました。子どもは大好きですが、でも苦しくなりました。産まなければよかったのかもと思いました。発達障がいの子どもとうまく日々過ごせていません。

　事例 7-5 では、母親は社会の目（障がいに対する大多数の共有された認識）に苦しめられています。母親自身もその社会の住人ですから、障がいに対して社会と同じ認識（価値の共有）をもっていて、その自分自身に取り込んだ社会の目で自分自身をいたたまれなく感じています。きっと、これまでも実際にそのような目で見られた嫌な経験をたくさんしてきているのだと思います。母親である「私」は親としての務めをおろそかにしているわけではなく、一生懸命に努力していますが、この子は障がいがあるので障がいのない多くの子どもには何でもないことにこだわったりする、どうすることもできない状態（この子どもの当たり前の姿）であることをわかって欲しいという気持ちにあふれています。

　この母親の気持ちを聞いてくれる人がいる、そして、その大変さをねぎらってくれる人がいることが、母親の救いになるのではないかと考えられます。障がいのある子どもの母親同士の集まりなどで、愚痴を言ったりお茶を飲んだりという穏やかな時間をもつことが、心にゆとりをもたせると考えられます。また、社会を構成している人々の障がいに対する理解が進むことも大きな支援になります。

（3）障がいのある子どもとの生活—親の成長

　先に引用した牛尾は、「母親の養育姿勢の変化のプロセス」は以下のように変容するとしていました。

①　子どもの障害によるショック
②　障害を受容できない
③　人生の夢が破れた
④　子どもを比較する・障害を打ち明けられない・閉じこもる
⑤　子ども中心の生活・訓練者になる
⑥　子どもから教えられる・普通の母親になる
⑦　社会への積極的参加—障害の説明・啓発—社会活動

①、②、③　子どもの障がいを受け入れられない

　次の事例 7-6 と 7-7 はある父親の記録[6]です。生まれた子どもは様々な障がい（四肢全欠損・鎖肛・神経因性膀胱など）を抱えていました。

事例 7-6

　…生まれてきた赤ちゃんの姿を見るなり動揺してしまい、自分を見失ってしまっていた。「なんでなんや？」「夢を見てるのと違うやろか？」と信じがたい現実を受け入れようとしていなかった。生まれてからしばらく夜ひとりで泣いた。しかし、妻の前では平静を装い、とにかく妻だけは元気になって欲しいと願っていた。

事例 7-7

　…私は生まれてきた赤ちゃんに対して祝福することもできず、「いつになったら死んでくれるんだろうか」とそればかり考えていた。こんな子が生きていけるわけがない。私には子どもを人間として認められなかったのかもしれない。しかし、一方で自分の子どもだということをしっかりと受けとめていた。顔が私にそっくりだったのだ。一大決心で医師に「殺してくれ」と言ってしまったのは、その時は自分の子だから自分で生命を決められると思ったからだ。もし、あのとき望を殺してしまっていたら、大きな悔いを背負ったと思う。

　手足をもたずに生まれてきた子どもの姿を目の当たりにした時、その姿をした子どもを当たり前のように受け入れられる親がいるのでしょうか。我々の前提になっている人の姿とは大きく異なる姿に、「人間として認められなかった」としても「殺してくれ」と言ってしまうのも、予想をはるかに裏切る現実を前にしての混乱状況の中での当事者としての正直な姿ではないかと思います。この状況に直面する医師や看護師の支えの在り方が重要であり、その支援の在りようが問われます。

④ 子どもを比較する・障がいを打ち明けられない・閉じこもる

事例 7-8[7]

　…私は里菜と二人っきりでいればその愛らしい寝顔に胸がホッと温かくなるのに、もしも近所の人が赤ちゃんを見せてと訪ねて来たらどうしようと…内心はいつもびくびくしていました。そして、口唇口蓋裂や指の欠損など見た目に強い印象を残す我が子をもち、世間に対してどういう姿勢で接していけばいいのか…育てていくそのものより、近所の人や地域の人たちになんて思われるのだろうと考えると怖くてたまりませんでした…。

事例 7-9

　6歳の自閉症の子どもがいます。今日は日曜日。近所では子どもと同世代の子どもたちが集まり、友だち同士で楽しそうに遊んでいます。我が子はそのような光景を見てもまったく無関心です。楽しそうに遊んでいる子どもたちを見て、健常児だったらあの中に入って遊んでいるのかなと思うと切なくなります。子どもは子どもで障がい児サービスで楽しんでいるようですが、健常の友だちと遊べたらもっと楽しいだろうにと思ってしまいます。療育にも通っていますが、私自身が人見知りのため、他のお母さんたちと

も仲良くなれません。

　事例7-8は、我が子の障がいが隣近所や地域にどのように受け止められるのか怖いといっていますが、二人きりの時は子どもが可愛いといっています。近隣とどのようにつながっていくのかが課題になりますが、この後の事例で変化が見られます。隣人が回覧板を持ってきた時、日当たりのいいところで沐浴を終えて、子どもに肌着を着せているところでした。隣人の目が子どもを見ていて、一瞬息を飲んだけれども、「こんにちは」と我が子を前にだして紹介しました。その時に子どもが笑いかけ、笑いかけられた隣人がやさしい顔で「まあ、かわいそうに。どうしたんだろうね」と、驚きと同情でいったといいます。その時に母親は気持ちが晴れ晴れしたそうです。日常の偶然が母親に勇気を与えたというところでしょうか。家庭を閉じてしまわないで近所に開き、人の出入りがある。そのことが支援につながるということがいえそうです。

　一方で、事例7-9は家庭外には出かけていきますが、そのことで健常の子どもと我が子を比較してしまいます。さらに、母親自身の人見知りもあり、なかなか母親同士の間に入れずに悩みを深くしています。

　2つの事例ともに、周囲の人の在りよう如何によっては支援のきっかけにも閉じこもりにもなりますが、いずれにしても周囲の人々の支援が必要になります。

⑤ 子ども中心の生活・訓練者になる

事例 7-10[8]

　自立した大人になるためには、自分のことは自分ですべきである。欲しいものがあれば自分で取りに行けばよい、…自分でできないところは手伝ってもらえばいい。…何とかして直子（脳性麻痺；筆者注）が自分の力で這うことができれば少しでも世界が広がるなと考え始めた。まず訓練の先生に相談した。いきさつもすべて話して、直子に必要なことも理解してもらえると思っていたが…「今の直ちゃんには無理ですよ」…私は（直子に；著者注）毎日お風呂場まで自力で這っていくことを強要した。自宅の7メートルの距離を毎日毎日這わせたのである。…「冷たいからいや」は通用しないことを直子にも主人にも祖母にもわかってもらいたい。毎日お風呂に行くのに1～2時間費やされる。その間、上の2人の子は裸のまま、一言もしゃべらず私たちのやり取りが終わるのを待っている。情けなくて涙が出てくる。「みんな、直子を寝たきりにさせたいの」と思わず叫んでしまった。どうしてわかってくれないの…。

　この母親のこの気持ちを誰も責めることはできません。この家族はやがて母親の考えを受け入れて、直子ちゃんに「がんばれ」「よくがんばったね」と声をかけて、家の中も少しずつ変わり始めていきます。そして、家族だけではなく母親の考えを受け入れてくれる地域のボランティアの協力も得て、家族は地域に根を下ろして生活を続けていくことになります。

　一方、子どもの生活は「訓練のために今の生活をしている」のでもなく、ましてや「将

来困らないためだけに今を生きている」わけでもないという視点に立った時に、この事例は別の意味をもってきます。どっちがいいとか悪いとかいう二者択一ではなく、子どもを取り巻く人々は訓練者のままでよいのかという疑問も残ります。

　障がいがあって生きる子どもの生活を支える家族の在りよう、あるいはその子とともに生きる家庭の生活を支えるその周囲の人々や地域の在りようなどを抜きにしては、支援の在り方（障がいに対する考え方も含めて）を考えることができません。

⑥ 子どもから教えられる・普通の母親になる

　事例7-11[9]は事例7-8の母親のものです。事例7-8で回覧板を持ってきた隣人に里菜ちゃんを会わせて、挨拶して晴々した気持ちになった母親です。しかし、障がいを受け入れることの難しさがあることが、2年後の事例から理解できます。

事例7-11

　…ある日のこと、誰にでも無邪気に里菜（2歳、EEC症候群；著者注）の体のことを話す次男（6歳；著者注）に、「言うな。黙ってろ」と長男（8歳；著者注）が一喝。それを聞いて私は目に見えない問題の深さを知らされた。妹の存在を隠すべきこととして長男が受けとめてしまっているのと同時に、親自身が社会に対して触れられたくないこととして闘争していたことに気づかされたのだった。このままでは里菜だけではなく、兄弟の中にも劣等感を負わせることになると思い、障がいがなければ何も悩まずに連れて行ったであろう所にはこだわらず（はじめはなかなかそれが勇気のいる一歩ではあったが）出ていくことにした…長男が背中に向けられる奇妙な視線に対して「お母さん、見られるの僕は平気だよ」…初めて病院で里菜にあったとき、世の中にこんな恐ろしいことがあるのかと叫びたいほどだったと打ち明けた長男が、口蓋裂の手術前の口元に「里菜が可愛いのは口がこうだからかなぁ」とつぶやいていた…。

注：EEC症候群：裂手裂足・外胚葉異形成・口唇口蓋裂症候群、口唇口蓋裂や指の欠損など、見た目に強い印象を残す。

　8歳の長男の次男への「言うな。黙ってろ」という一喝（社会の障がいに対する差別からの）で、母親は心の奥底の自らの障がいに対する差別を自覚しました。このままでは2人の子どもたちが里菜ちゃんの障がいに押しつぶされてしまうと考えた母親は、どこへでも里菜ちゃんを連れて行くことを決心します。それは母親自身のもつ内なる障がいに対する差別との戦いであり、その実践を通して母親自身が障がいを受け入れていくその中で、長男も妹の障がいを受け入れていくことになります。もちろん、里菜ちゃんの障がいを支える出生時から通う病院スタッフの里菜ちゃんの成長を楽しみにしてくれるまなざしがあってのことだと母親はいいます。

　障がい児を支える持続的な専門家の支援が必要になります。

⑦ 社会への積極的参加―障害の説明・啓発―社会活動

　障がい児を育てている親の誰もが、事例7-11のような母親にまで成長していくとは限らないと思いますが、これまでのエピソードを見ても理解できますが、親はいつまでもその子を産んだ時の状態ではいられません。先に引用した中田やS.オルシャンスキーがい

うように、一過性の悲嘆を経験した親が回復と落胆の過程を繰り返し、慢性的悲嘆を周期的に繰り返しながら親としての成長を遂げていく姿が、これまでに挙げた事例からも読み取れます。そこには様々な人々の支援がありました。ここでもう一度、事例をもとに、様々な人々とかかわることが親子の世界を広げていき、その親子を支えていることを理解していきます。

> ## ✎ 事例7-12
>
> 　障がいのある子どもを育てるということは、とても大変です。子どもの障がいに向き合えば向き合うほど、自分の時間はなくなります。大変過ぎて気持ちが折れてしまうことも多いのが現状です。中でも、もっと辛いのが障がいに対する偏見と「かわいそうな子」といわれることです。私は、障がいがあって生きている我が子をかわいそうなんて思いながら育てたりしていません。障がいのある子どもたちだって、自分が不幸だなんて思ってもいないんです。確かに手がかかり、スムーズにいかないことも多いけど、障がいのある子どもたちのペースで、ゆっくりでも成長しているんです。親は、今までできなかったことができるようになると、「頑張ったね」と本当に嬉しくて、時には涙が出てきます（小学2年生の母親）。

　事例7-12の母親は子どものほうが偏見なしで接してくれるのに、保護者のほうが「支援クラスの子とは遊んじゃダメと言う」といいます。この母親は、自身の子どもの障がいを知ってもらうために、たくさんのママ友をつくりました。そして、この母親には自分の子どもと同じクラスに1年生の時から仲良くしている二人の母親がいて、何でも話せることで楽しくやっているといいます。

　それでも、平均睡眠時間は4時間ほどだといいます。子どもが家庭での生活がしやすくなるように考えて予定表を作ったり、手順表を作ったり、さらに学校の授業で使う課題を作ったりしています。家庭でも子どもにあった支援をしてやらなければ学校生活にも支障が出てしまうので、つねに障がいに関連のある本を読みながら、我が子にあった支援方法を探しては失敗したりして、寝る時間がないといいます。このような生活の中で偏見が少しでもなくなれば、障がいをもった子どもたちもその子なりの生活ができるのではないかと考え、進んでクラスの仕事などを引き受けたりしています。

　障がいのある子どもと生活している家庭が一番に望んでいることは「障がいに対する偏見をなくすこと」であると、これまでの事例群は示しています。障がいに対する偏見を少なくする取り組みは、障がいのある子どもをもった親だけがするものなのでしょうか。社会全体における支援が必要になります。

2. 障がい児とともにある家族・家庭への支援の実際

　2014（平成26）年に「障害者の権利に関する条約」が日本において批准され、障がい児（者）をめぐる施策の動きがありました。障がい児の地域社会への参加・包容（インクルージョン）をどのように進めるか、家族支援をどのように充実すべきか等について、障害児支援の在り方に関する検討会にて討議され、報告書[10]がだされました。障がい児支援の在り方についての理念と、報告書に盛り込まれた主な内容を報告書から引用します（図7-1、7-2参照）。

　基本理念として、障がい児本人の利益の保障は当然のことながら、その家族の支援も重視するとしています。その支援の方向を支える考え方は、障がいのあるなしにかかわらず、すべての子どもはひとりで育つのではなく、その地域や家族の中で育つとしています。これは「子どもと家族」を切り離すことができないとする本書の考え方と同じであるといえます。さらに、報告書の家族支援の内容を見てみると、家族の精神面のケアや代行、そして、就労や家族活動、障がい児のきょうだいの支援も盛り込まれています。

　保育所においては、これまでも十分にとはいえないまでも障がい児のいる家族の就労を支援するとともに、その子どもの育ちも考えた保育をしてきました。ここで、保育所における障がい児保育の実践を家庭との連携という視点も合わせて、支援の在り方を具体的に見ていきます。

（1）障がい児保育の実践

① 園の保育目標・方針・大切にしていること

　発達の道筋というのはどの子も同じですが、障がいのある子や配慮の必要な子どもは、その子のペースでその道筋を歩んでいきます。社会福祉法人コスモス　いづみ保育園[11]では、このことの共通理解のために、クラス職員の間で話し合いを大切にしていくことはもちろんですが、園全体の職員には「保育を豊かに」という園内の自主学習会でクラス集団や障がい児の現状を伝え、専門家からも助言をもらい、日々の実践に生かしています。

　一人ひとりの子どもの発達過程を確認して、園全体で成長を見守り、担任だけでは気づかない子どもの育ちを他の職員から知らせてもらうことで、多面的に一人ひとりの子どものことを理解します。また、必要に応じては保護者を交え悩んでいることや、これからの保育や進路などを保育士とともに考えていくことにも力を入れています。

② 障がい児保育を実践する上で大切にしていること

　同園では、開園当初から障がいのある子どもや配慮が必要な子どもの保育をしてきています。障がいのある子どもを特別視するのではなく、その子のありのままを受け止めるこ

基本理念

○　地域社会への参加・包容（インクルージョン）の推進と合理的配慮
○　障害児の地域社会への参加・包容を子育て支援において推進するための後方支援としての専門的役割の発揮

障害児本人の最善の利益の保障　｜　家族支援の重視

↓

地域における「縦横連携」の推進

○　ライフステージに応じた切れ目の無い支援（縦の連携）
○　保健、医療、福祉、保育、教育、就労支援等とも連携した地域支援体制の確立（横の連携）

相談支援の推進　｜　支援に関する情報の共有化　｜　児童相談所等との連携　｜　支援者の専門性の向上等

厚生労働省「今後の障害児支援の在り方について（報告書）〜「発達支援」が必要な子どもの支援はどうあるべきか〜」2014

図中の点線楕円は筆者作成

図 7-1　今後の障がい児支援の基本理念

③　特別に配慮された支援が必要な障害児のための医療・福祉の連携

○　福祉の専門家だけでは適切に対応できないことを念頭に置いた医療・福祉の連携、医療機関や入所施設の専門性を活用した研修の実施
○　強度行動障害支援者養成研修の推進、重症心身障害児者の地域支援のコーディネート機能を持つ中核機関の整備に向けた検討

④　家族支援の充実

○　ペアレント・トレーニングの推進、精神面のケア、ケアを一時的に代行する支援、保護者の就労のための支援、家族の活動、障害児のきょうだい支援

⑤　個々のサービスの質のさらなる確保

○　一元化を踏まえた職員配置等の検討、放課後等デイサービス等の障害児支援に関するガイドラインの策定
○　児童養護施設等の対応を踏まえた障害児入所施設の環境改善及び措置入所を含めた障害児入所支援の在り方の検討

→　子ども・子育て支援及び障害児支援の計画的進展のための関連部門の連携

厚生労働省「今後の障害児支援の在り方について（報告書）〜「発達支援」が必要な子どもの支援はどうあるべきか〜」2014

図中の点線楕円は筆者作成

図 7-2　報告書の主な内容

とを大切にしています。そして、園全体で見守り、「やってあげる」のではなく、その子が「自分でしたい」と思える時に手を貸すことができるようにと考えています。

　生活や遊び、行事を通しての育ちを大切に、一人ひとりに必要なことを考え配慮をしています。また、指導計画の中の視点に「集団の発展」というものを入れています。障がいがあってもなくてもこの視点は変わりません。集団の中で障がいのある子どもと接することで、友だちとの違いを自然に受け入れています。そして、同じクラスの仲間として一緒に当番や行事を取り組む中で、できないことは補いながらも、みんなでできたことが子どもたちにとっても喜びになるようにかかわっています。障がいのある子どもたちにとっては、友だちとのかかわりの中で、保育士とのかかわりとは違う多くの刺激を受けて成長しています。このことから集団を意識して保育をすることを大切にしています。

i）障がい児の家庭への支援としてとくに大切にしていること

　障がいの早期発見は障がいがあると決めつけるためではなく、その子へのかかわりで家庭と保育園が見方を一致させて接していくために大切なことだと思っています。一番困っているのは、その子、そして自分の子育てに自信をなくしている保護者だと思います。少し見方を変えることや配慮をすることで生き生きと生活できるように、保護者と障がいのある子どものことについて一緒に考えていくことを大切にしています。

ii）日課

　表7-1は、今回の事例7-13、7-14、7-15の男児（A君）が現在在籍する5歳児クラスのものです。子どもたちにとっての日課は、日々の生活の基底となる部分で、子どもに安定感を与えるものです。つまり同じことが毎日繰り返されることは、園生活の予測を助けます。それは未来が変わらずにあるという未来に対する安心感であり、保育園の生活が楽

表7-1　日課（5歳児クラス）1月

時間	活動	障がい児A君の具体的な動き・その他 ◎は自分ですること、★は友だちの力を借りた取り組み
7：30	開園：順次登園 自由遊び	
8：30	自由遊び	曜日により園庭か部屋で過ごす
9：15	朝の集まり	◎出席をとるときには並んで座る
9：30	朝の準備	◎自分で出席ノートにシールを貼る。一日の衣類をロッカーに入れる
10：00	設定保育 たとえば劇の話し合い・練習	★話し合いに参加する。難しい時は部屋で遊ぶが、クラスの雰囲気を感じている
11：25	食事の当番・自由遊び	◎自分が当番の時はおなじグループの友だちの食事の用意をする
13：00	午睡	◎自分で着替える
15：00	起床・夕方の集まり	◎自分で着替える。帰りの用意をする
15：30	おやつ	◎セルフサービス
16：00	当番・自由遊び	★グループの友だちと一緒にする

社会福祉法人コスモス いづみ保育園

しいものであれば未来は楽しいもの、と未来に対する信頼や期待感をもつ上で大切なものです（マンネリは避けなければなりませんが）。未来に対する期待は意欲的に生きる土台でもあります。日課は、多少の揺れ幅をもったとしても変わらずに繰り返されることになります。このような日課を保障する保育園での生活は、障がい児にとっても、より大きな意味をもつと考えられます。

iii）実践—集団の中で育つこと

事例7-13（0〜3歳児のA君）

・0〜1歳児クラス

　赤ちゃんも6か月を過ぎると大人の表情が少しずつ読めるようになり、笑ったり表情を硬くしたりする姿が見られるようになります。ところがA君とは目が合いにくく、聞こえていないわけではないけれど、情緒的な関係の結びにくさを感じさせました。1歳児クラスに進級しても目が合わない、気持ちが通い合うことの少なさが一番気になっていました。この頃から、保護者もA君に大人の言葉や感情の受け止めにくさがあり、また生活の見通しのもちづらさを感じていると言いました。しかし、母親はA君を育てやすいと思っていたようです。

・2歳児クラス

　2歳児クラスへ進級して初めてのクラス懇談会で、母親が「（A君が）落ちつきがなくて心配」と話してきました。母親は軽い気持ちから言ったという印象でしたが、この言葉をきっかけに、少しでもA君の意欲が出るように何らかの配慮をしてきたことや、「じぶんでできた」という喜びをA君に感じてもらいたいという担任の願いを伝えました。この話し合いをきっかけにして、家庭と日頃のA君の生活にかかわる話ができる基盤ができていきました。その後、保健センターの発達相談を受けました。

・3歳児クラス

　保護者、担任、園長も入り懇談の機会を設けました。家庭では見られない保育園での様子、また保育園では知らない家庭での様子が交流できました。その後、母親から「自宅でのかかわり方なども懇談を設けてアドバイスをもらい、Aにとってどのように対応していけばいいかを真剣に考えかかわっていくことができました」と言われ、うれしく思いました。懇談をもつことで、同じようにA君のことを見ていける関係がつくれたことがよかったと思っています。「もう専門機関にかかわっているから大丈夫」ではなく、専門機関とつながったからこそ、24時間子どもの成長と発達を支えるパートナーとして、ともによりよい支援の在り方をさぐっていけるように今後もこういう機会を設定していきたいと考えています。

事例7-14（4歳児のA君）

　A君は21名の集団（うち障がい児4名）の中で生活をしていました。4歳児クラスで初めて担任になったということで、とても不安がありました。A君に「よろしくね」と声を掛けると、「ああ、A君の先生はD先生だね」と言ってくれたことをよく覚えています。まずは、しっかりと信

頼関係をつくることからはじめました。3歳児クラスの頃には、ズボンにハンカチをしっぽのように つけて犬になりきっていたことが多かったのですが、4歳児に進級した頃にはその姿がずいぶん減ってきていました。しかし、まだ自分の世界に入って周りが見えないことがありました。自由遊びの時には、A君のごっこの世界で一緒になって遊ぶことをすると、とてもうれしそうにしていました[a]。A君の世界で遊ぶ時、少しずつ「今、A君はお話を聞いて」という時間をつくっていきました[b]。また、クラスの子どもたちも全体的に幼くばらばらに好きなことをしているといった感じでしたので、A君がクラスみんなと楽しい時間を過ごすためにも、クラスの子どもたちの遊びが楽しくなることが大切でした。まずは保育士と一緒にクラスのみんなが一緒になってドンジャンをしていきました[c]。クラス全体が盛り上がってきても、始めはごろごろしながら見ていたA君です。ずっと並んでいることはしんどいことなので、A君の順番が来たら友だちに呼んでもらうことにしました。保育士も一緒に「A君の順番やで」と呼ぶと、その時はうれしそうにやってきて、じゃんけんができました。[d]そして、A君にも見通しがもてるように、「B君のうしろやで」と声をかけていきました[e]。B君にも「A君のこと頼むわな」[f]と声を掛けると、「いいよ」とこころよく言ってくれていました。「A君、次やで」呼ばれて並びに加わり、ゲームが楽しめるようになりました[g]。A君はB君と同じグループだったので、その後もやさしく声をかけてくれるB君のことが好きになり、一緒に行動することでA君が周りに目を向けていくきっかけになりました。散歩の時にはA君から手をつなぎに行く姿が出てきました。人に対してのこだわりは初めてだった[h]ので、本当にうれしいことでした。しかし、集まりではごろごろと寝ころぶことが多くあったり、自分の衣類の用意ができない姿がありました。保育士がつくと遊んでもらえると思い、なかなか準備が進まないのでした。

✏ 事例7-15（5歳児のA君）

　A君は自分の好きな遊びに集中しながらも、友だちとのかかわりを求めていく姿がありました[i]。しかし、まだ急に友だちをたたいてしまうことが多くあります[j]。クラスにはA君のほかに障がいのある子ども達が3名、また認識面で幼い子どもたちが多くいます。A君だけでなくわかりやすい保育をできるだけ目指していくこと（たとえば、給食のお当番の時にはみんなの前でグループの人数を発表する、何か新しいことをする時には具体物を見せて知らせる、一日の流れはあまり変えない、言葉の指示は短くすることなど）[k]を意識して取り組んできました。そうすることは、クラスの子どもたちにとっても落ち着いて生活できることにつながりました。自閉症スペクトラム障害と診断されたA君の保育は、まだまだ試行錯誤の毎日です。専門の先生にアドバイスを受けて、友だちと一緒に楽しく遊ぶ経験を4歳児の一年間で積み重ねてきました。そういう経験を重ねていくうちに、A君にも「友だちと一緒にやりたい」という思いが出てきました[l]。5歳児の春頃に、しっぽとりをしていて「しっぽとりたかった」と大泣きすることがありました。友だちと同じようにしたいという気持ちが伝わってきました。同じようにしたいけど、同じようにはできないA君の心の葛藤がわかり、「とりたかってんなあ」と気持ちを受け止めてあげることで何とか泣き止むことができました[m]。その頃には、片づける時間になったので伝えると、遊びたかったA君は「片づけるって言うな。まだ遊んでない」と怒りつつも、「A君、遊び終わってからでいいよ」と言うと、「しかたがないなあ」と目にいっぱい涙をためながらも気持ちを切り替えていくことができ始めていました[n]。A君がぐっと変わり始めた頃でした。担任以外の先生から声をかけられても知らん顔だったのですが、他の先生の声かけに応えていけるようになっ

たのもこの頃です。そして、5歳児クラスでは、友だちとたくさんかかわりをもって欲しいと思い、グループを考えていきました。<u>子どもたちのほうも、A君のこだわりを理解できるようになって来ていました。ホールの掃除の後、ふたりで机を運ぶのですが、A君が「C君がいい」と言ったら、「いいよ。でも次はD君とやで」と、A君の気持ちを受け止めて、次の見通しがもてるように声をかけてあげられるようになっていました</u>○。次のグループ替えでは、すこし発達のゆっくりの友だちと同じグループにしました。<u>A君のほうから誘いごっこ遊びが始ったり、追いかけっこを楽しんでいます</u>p。友だちとかかわり遊ぶことが楽しいと思えるように変化してきたことが、一番うれしいです。

　初めての環境には、とても緊張するA君です。そんな時には、<u>これからの予定をきちんと知らせておくと、クラスの他の子どもたちよりしっかり今日することがわかっています</u>q。A君が気持ちよく過ごせるために保育士の援助が少し必要ですが、<u>このことはA君だけでなく、クラスの子どもたちにとっても大切なことだと学びました</u>r。今では、集まりのときに自分で座れるようになりました。まだまだ気持ちのムラがあり、毎日同じようにすることは難しいところもありますが、集団の中で自分の居場所があることで大きく成長した一年でした。

　事例7-13、7-14、7-15は、A君0歳児から5歳児クラスまでのものです。保育園では、0歳児の時からA君の育ちの姿に違和感をもっていました。A君の母親は、1歳頃には気持ちの通じにくさを感じながらも育てやすいと感じていたといいます。2歳児クラスになり、母親は軽い気持ちで「落ちつきのなさ」の相談をしましたが、保育者は日頃のA君への対応を話すことで、日常的にA君の話ができる基盤をつくり上げ、母親は他の専門機関に相談に行くようになりました。

　母親からの話や相談をもとに信頼関係をつくり上げるのに、おおよそ3年かかっています。3歳児クラスでは、保護者、担任、園長も入り懇談の機会を設けて、より積極的にA君の生活と発達を考えた意見交換をもち、母親自身が「自宅でのかかわり方なども懇談を設けてアドバイスをもらい、Aにとってどのように対応していけばいいかを真剣に考えかかわっていくことができました」というように前向きになります。周囲に支えてくれる人がいることで、母親を余分に苦しめることもなく、A君の育ちの環境が整っていきます。このような家庭との信頼関係が結ばれてこそ、事例7-14や7-15の実践につながるのだと思います。

　4、5歳児クラスの2年間の実践を通して、A君とそのクラスの育ちを整理すると次のようになります。＿が保育者の働きかけ及び配慮、＿＿がA君の育ち（行動変容）、＿＿がクラスの他の子どもたちの育ち（行動変容）です。子どもの育ちの姿の文末のアルファベットは、事例中のものと対応しています。

・自由遊びの時には、<u>A君のごっこの世界で一緒になって遊ぶことをすると、とてもうれしそうにしていました</u>a。

・A君の世界で遊ぶ時、少しずつ、「今、A君はお話を聞いて」という時間をつくってい

きました⒝。
・まずは保育士と一緒にクラスのみんなが一緒になってドンジャンをしていきました⒞。
・保育士も一緒に「A君の順番やで」と呼ぶと、その時はうれしそうにやってきて、じゃんけんができました⒟。
・A君にも見通しがもてるように、「B君のうしろやで」と声をかけていきました⒠。
・B君にも「A君のこと頼むわな」⒡
・「A君、次やで」呼ばれて並びに加わり、ゲームが楽しめるようになりました⒢。
・散歩の時にはA君から手をつなぎに行く姿が出てきました。人に対してのこだわりは初めてだった⒣
・友達とのかかわりを求めていく姿がありました⒤。
・まだ急に友だちをたたいてしまうことが多くあります⒥。
・わかりやすい保育をできるだけ目指していくこと（たとえば、給食のお当番の時にはみんなの前でグループの人数を発表する、何か新しいことをする時には具体物を見せて知らせる、一日の流れはあまり変えない、言葉の指示は短くすることなど）⒦
・A君も「友だちと一緒にやりたい」という思いが出てきました⒧。
・A君の心の葛藤がわかり、「とりたかってんなあ」と気持ちを受け止めてあげることで何とか泣き止むことができました⒨。
・「A君、遊び終わってからでいいよ」と言うと、「しかたがないなあ」と目にいっぱい涙をためながらも気持ちを切り替えていくことができ始めていました⒩。
・子どもたちのほうも、A君のこだわりを理解できるようになって来ていました。ホールの掃除の後、ふたりで机を運ぶのですが、A君が「C君がいい」と言ったら、「いいよ。でも次はD君とやで」と、A君の気持ちを受け止めて、次の見通しがもてるように声をかけてあげられるようになっていました⒪。
・A君のほうから誘いごっこ遊びが始まったり、追いかけっこを楽しんでいます⒫。
・初めての環境には、とても緊張するA君です。そんな時には、これからの予定をきちんと知らせておくと、クラスの他のこどもたちよりしっかり今日することがわかっています⒬。
・このことはA君だけでなく、クラスの子どもたちにとっても大切なことだと学びました⒭。

　以上に見るように、この事例の実践はA君に特別に何かをするというのではなく、日常の保育の中でA君の行動特性に合わせて保育することを心がけています。一人ひとりを大切にすることが保育の基本ですから、他の子にもその子、その時に合わせた対応を保育者はしています（a、b、c、d、e、f、k、n、o、q）。5歳児クラスだからと、年齢に応じて誰にでも同じように接しているわけではないのです。

　障がいを克服するような訓練（たとえば、みんなと同じようにできるように子どもの生活から切り離したところで能力を獲得する）ではなく、子どもの生活や遊びの必要感から

くる子ども自身の「やりたい気持ち（自発性，主体性）を尊重して、子ども同士の中で経験を積み上げる」ことが重要になります。子どもたちはインクルージョン保育の中でそれぞれに育っていることが理解でき（g、h、i、j、k、l、m、n、p、q、r）、子どもの育ちは家族を安定させます。保育所保育の充実が家庭支援につながっているということです。

第8章

子どもの貧困と
その家族・家庭への支援の実際

　貧困は第一義的には経済的な問題ですが、その視点から子どもの育つ場所について考えていきます。

　ここで取り扱う事柄は、第3章 図3-1 の真ん中にある四角の部分の生活・実践を支える4つの要素の家計の部分です。この家計の部分は単に経済的に貧しいだけではなく、そのことが結婚・夫婦の関係、子どもと親子関係に深刻な影響をもたらしています。

　第2章 図2-2 貧困率の年次推移（厚生労働省「国民生活基礎調査の概況」）で確認したように、子どもは約7人に1人の割合で貧困の家庭の中で生活しています。ひとり親家庭においては2人に1人の割合で貧困の中での生活をしています。

　貧困が、子どもと家族にどのような影響を及ぼしているのかを事例と数字で見ていきます。そして、ひとり親家庭の自立に対する国の支援策はどのようになっているのかも理解します。

1. 子どもの貧困

　豊かな国のはずの日本において、「子どもの貧困対策の推進に関する法律」[1] が 2014（平成 26）年 1 月に施行され、2019（令和元）年に改正がなされました。子どもがひとりで貧困になるはずもなく、その子どもの暮らす家庭の貧困ということになります。

（目的）

第一条　この法律は、子どもの現在及び将来がその生まれ育った環境によって左右されることのないよう、全ての子どもが心身ともに健やかに育成され、及びその教育の機会均等が保障され、子ども一人一人が夢や希望を持つことができるようにするため、子どもの貧困の解消に向けて、児童の権利に関する条約の精神にのっとり、子どもの貧困対策に関し、基本理念を定め、国等の責務を明らかにし、及び子どもの貧困対策の基本となる事項を定めることにより、子どもの貧困対策を総合的に推進することを目的とする。

（基本理念）

第二条　子どもの貧困対策は、社会のあらゆる分野において、子どもの年齢及び発達の程度に応じて、その意見が尊重され、その最善の利益が優先して考慮され、子どもが心身ともに健やかに育成されることを旨として、推進されなければならない。

2　子どもの貧困対策は、子ども等に対する教育の支援、生活の安定に資するための支援、職業生活の安定と向上に資するための就労の支援、経済的支援等の施策を、子どもの現在及び将来がその生まれ育った環境によって左右されることのない社会を実現することを旨として、子ども等の生活及び取り巻く環境の状況に応じて包括的かつ早期に講ずることにより、推進されなければならない。

3　子どもの貧困対策は、子どもの貧困の背景に様々な社会的な要因があることを踏まえ、推進されなければならない。

4　子どもの貧困対策は、国及び地方公共団体の関係機関相互の密接な連携の下に、関連分野における総合的な取組として行われなければならない。

（1）貧困ライン

　高度経済成長期以降、つまり、国民の 9 割以上の人が自身の経済状態を「中流の上」と意識するようになってから、日本では「貧困」という言葉は意識に上らなくなります。

　ところが、2000（平成 12）年代の中頃から「ワーキングプア」[2] という聞きなれない言葉がメディア上に登場しました。ワーキングプアとは「長い労働時間でも低い賃金であり、生活保護以下の収入で暮らす人たちのこと」で働く貧困層とも呼ばれ、「貧困」がクローズアップされました。それは、貧困のイメージを一掃しました。多くの人は、まじめに働いているのになお貧しいということに驚きました[3]。

厚生労働省「平成30年国民生活基礎調査の概況」[4]における人々の生活に対する意識の結果が図8-1です。全世帯で見ると、「苦しい（大変苦しい＋やや苦しい）」と答えた人が57.7％と約6割で、「普通」と答えた人38.1％の約1.5倍となっています。

生活に対する意識を図8-2の年次推移で見てみると、「苦しい」と答えた世帯の割合は近年6割近い傾向となっていることがわかります。つまり、意識的に国全体が生活に苦しさを感じているということになります。

これらの生活に対する意識の背景にある実際の所得金額の階級別相対度数分布を表したものが図8-3です。これによると平均所得金額（551万6千円）以下が62.4％います。

次に、子どものいる現役世帯の貧困について見ていきます。少し前の数値ですが、2015（平成27）年の貧困線は122万円となっており、「相対的貧困率」は15.6％となっています。また、「子どもの貧困率」（17歳以下）は13.9％となっています（第2章 図2-2参

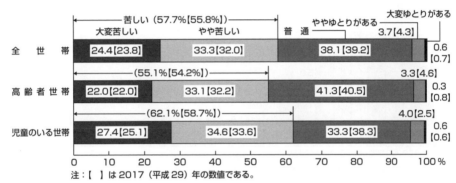

図 8-1　生活意識別に見た世帯数の構成割合

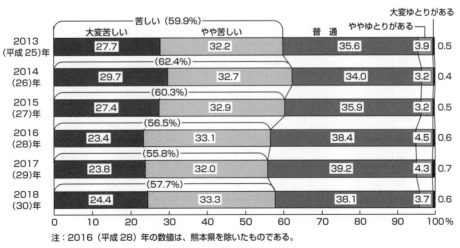

図 8-2　生活意識別に見た世帯数の構成割合の年次推移

照）[5]。子ども（17歳以下）の貧困率は2003（平成15）年の13.7％から徐々に上昇し、過去最悪の値を示し、2014（平成26）年は6人強に1人の割合となり（図8-4参照）、その後、2016（平成28）年では13.9％で約7人に1人の割合となっています。また、先に挙げた平成30年国民生活基礎調査においても可処分所得（p.123参照）が貧困線の50％に満たないディープ・プア（Deep Poor）世帯がふたり親世帯で0.5％ですが、父子世帯で8.6％、母子世帯で13.3％となっています。ひとり親、とくに母子世帯の半数が貧困であり厳しい経済状態での生活をしています。

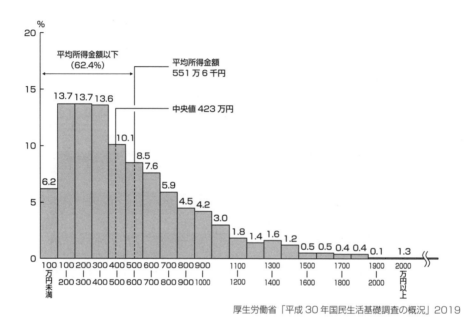

厚生労働省「平成30年国民生活基礎調査の概況」2019

図 8-3　世帯数の所得金額階層別相対度数分布

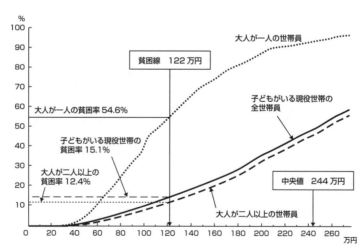

注：等価可処分所得は、名目値である。　　厚生労働省「平成25年国民生活基礎調査の概況」2014

図 8-4　子どもがいる現役世帯の等価可処分金額別に見た世帯数の累積度数分布

> ✎memo
>
> 国民生活基礎調査における相対的貧困率は、一定基準（貧困線）を下回る等価可処分所得しか得ていない者の割合をいいます。貧困線とは、等価可処分所得の中央値の半分の額をいいます。これらの算出方法は、OECD（経済協力開発機構）の作成基準に基づきます。[6]
> **等価可処分所得**：世帯の可処分所得（収入から税金・社会保険料等を除いたいわゆる手取り収入）を世帯人員の平方根で割って調整した所得。

(2) 子どもの貧困

　子どもの育つ場が貧困であるということは、子どもの生活や発達にどのような影響をもたらすのでしょうか。

　ここでは、主に独立行政法人労働政策研究・研修機構の資料「子どものいる世帯の生活状況および保護者の就業に関する調査」[7] に沿って、子どもの生活の質に関する部分を見ていくことにします。

① 子どもと一緒に過ごす時間

　図8-5は、「平日のふだん、1日あたり何時間程度（睡眠時間を除く）子どもと一緒に過ごしているか」をたずねた結果です。子どもと一緒に過ごす時間の格差が、ひとり親世帯とふたり親世帯では大きいことがわかります。とくに父子世帯の子どもは、親と一緒に過ごす時間の少ないことがわかります。

② 子どもと一緒に夕飯を食べる回数

　「みんなそろって食事（夕食）」することは、家族にとってのコミュニケーションの場として有効に機能します。しかし、1980年代頃から子どもの孤食がいわれて久しく子どもの生活に与える影響が社会問題となり、2005（平成17）年には「食育基本法」が制定さ

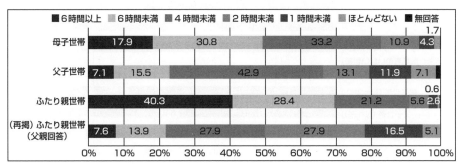

独立行政法人労働政策研究・研修機構「子どものいる世帯の生活状況および保護者の就業に関する調査」2012

図8-5　子どもと一緒に過ごす時間（単位：％）

れました。

（目的）

第一条 この法律は、近年における国民の食生活をめぐる環境の変化に伴い、国民が生涯にわたって健全な心身を培い、豊かな人間性をはぐくむための食育を推進することが緊要な課題となっていることにかんがみ、…食育に関する施策の基本となる事項を定めることにより…、もって現在及び将来にわたる健康で文化的な国民の生活と豊かで活力ある社会の実現に寄与することを目的とする。

世帯種類別に「子どもと一緒に夕食を食べる回数」を見てみると、ふたり親世帯では「ほぼ毎日」の回数が80％を超えていますが、父子世帯においては50％前後と少なくなり、ほとんど一緒に食べていない子どももいます（図8-6参照）。

食事時間を子どもたちはどのように過ごしているのでしょうか。「平成24年度版食育白書」[8] から見てみます。この調査の対象（保育所の5歳児クラス）は図8-6の対象とは異なりますが、食事中に子どもが経験していること考えるために参照します（図8-7参照）。

5歳児の毎日両親が揃って食事をする家庭では「食事の時に楽しい会話をする（ほぼいつもする＋することが多い）」が5割強であり、毎日ではないが週に4日以上食事をする家庭を加えると、おおかたは楽しい時間を過ごしていることがわかります。また本白書では、揃って食事をしている子どもは食事前後にきちんと挨拶をする子どもが多いとも報告されています。さらに、ひとりで食べることが多い子どもは、食事中にイライラすることが多いとも報告されています。

一緒に食べる回数が少ないということは、回数だけの問題ではなく、食事の時間の過ごし方の経験として重要になることがわかります。

③ 労働時間

世帯別に労働時間を見たものが図8-8です。父子世帯の父親はふたり親世帯の6倍弱、

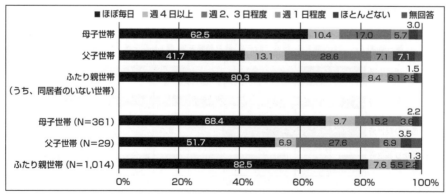

独立行政法人労働政策研究・研修機構「子どものいる世帯の生活状況および保護者の就業に関する調査」2012

図8-6　子どもと一緒に夕食をとる回数（単位：%）

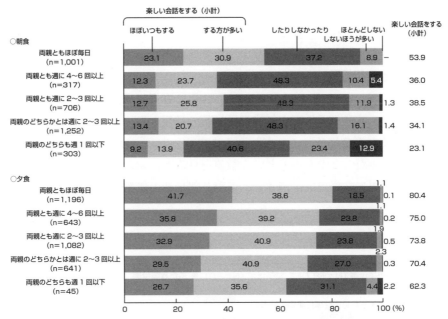

※調査対象者：保育所の5歳児クラスの幼児を対象とし、保護者が回答。核家族のみ解析。
資料：(社) 日本栄養士全国福祉栄養士協議会「平成22年度保育所における児童の栄養・健康状態及び食育に対する意識・ニーズの実態に関する調査」

内閣府「平成24年度版食育白書」2014, pp.19-24

図 8-7　幼児の食事時の家族との楽しい会話の状況（両親との食事の回数別）（単位：%）

母子世帯の3倍弱も長時間労働をしていることになります。ひとり親家庭の親子は一緒に過ごす時間がふたり親世帯の親子に比べて短く、とくに父子世帯においては、前に見たように、食事をともに過ごすことが制限されている現状が理解できます。

④ 仕事と家庭生活での葛藤経験

　母子世帯では、仕事の時間が長すぎて、育児を果たすことが難しいと1割強の母親が感

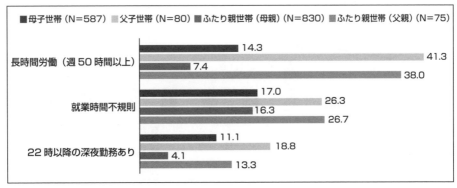

独立行政法人労働政策研究・研修機構「子どものいる世帯の生活状況および保護者の就業に関する調査」2012

図 8-8　働く保護者の労働時間（単位：%）

じています。そして、仕事に集中できない・育児を果たすことが難しい・疲れてしまい家事や育児がほぼ毎日できない、と感じながら子育てをしていることがわかります。父子家庭でも、割合が少なくなりますが、同じような傾向にあります（図8-9参照）。

⑤ 育児に関する挫折経験

　仕事と家庭生活のコンフリクトが高い母子世帯の育児に関する挫折経験（図8-10参照）を見てみると、有業母子世帯が無業母子世帯の母親より「子どもに行き過ぎた体罰を与えたことがある」が2倍多いことがわかります。一方、「わが子を虐待しているのではないか、と思い悩んだことがある」という数値を見ると、ふたり親世帯の有業母親は1割弱、ふたり親世帯の無業母親は1割強と、ふたり親世帯の無業母親の方が高い傾向にあることがわかります。

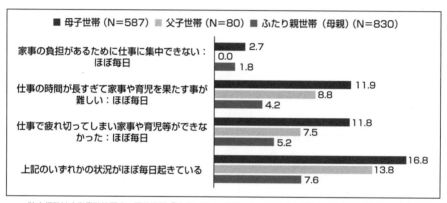

独立行政法人労働政策研究・研修機構「子どものいる世帯の生活状況および保護者の就業に関する調査」2012

図8-9　仕事と家庭生活とのコンフリクト（単位：%）

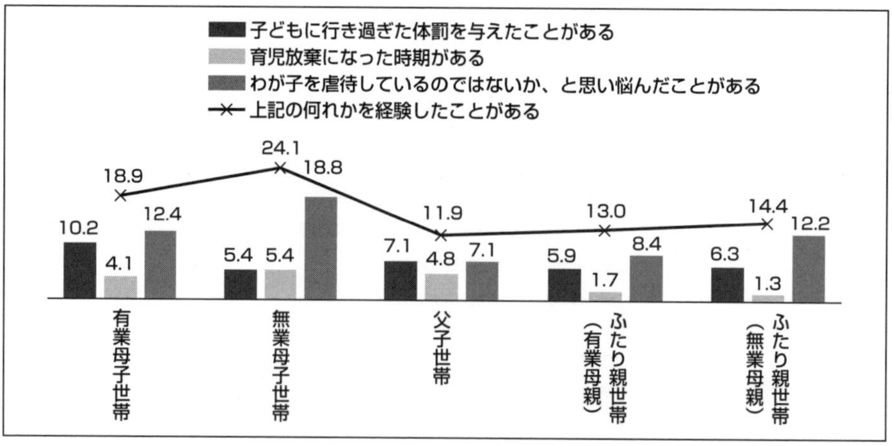

独立行政法人労働政策研究・研修機構「子どものいる世帯の生活状況および保護者の就業に関する調査」2012

図8-10　育児の挫折経験の有無（単位：%）

⑥ 親の精神的不安定

　子どもの育つ場所としての家庭の大きな要件は、安心感（精神的な安定）です。その安心感はその場を構成する人の感情状態に大きく左右されます。

　図8-11から、無業母子世帯の母親の精神状態は不安定になりやすいことがわかります。それも、ふたり親世帯の無業の母親に比べ、5倍以上不安定になりやすい結果になっています。

⑦ 母親の就業形態別に見るふたり親世帯の平均年収と貧困率

　貧困は、ひとり親世帯だけの状態ではありません。図8-12は、ふたり親世帯の母親の就業形態別に見た平均年収と貧困率を表したものです。母親が「無職」の専業主婦世帯は平均年収が617.8万円、貧困率が12.4％となっています。一方、母親が「正社員」の共働き世帯は平均年収が797.7万円、貧困率が4.4％となっています。

　そして、母親が「正社員」の世帯は、母親が「パート・アルバイト、嘱託・契約・派遣社員」として働いている世帯より貧困率で比べると低くなっています。ここから、ふたり親世帯は母親の就業形態によって裕福層と貧困層の二極化が生じているということがいえそうです。

　さらに、ふたり親世帯の母親が働かない理由の第1位が「子どもの保育の手だてがない（5割強）」、次に「時間について条件が合う仕事がない」です（図8-12参考を参照）。ふたり親世帯の貧困率を引き下げる上で、保育所の増設など子どもの養育の問題を解決することが重要な支援になります。

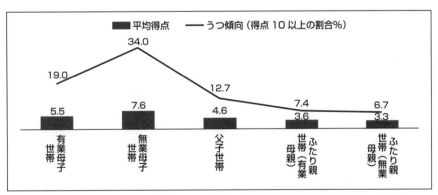

独立行政法人労働政策研究・研修機構「子どものいる世帯の生活状況および保護者の就業に関する調査」2012

注：(1) 無回答標本を除いた集計値である。
　　(2) 7項目CES-D尺度について、「うつ傾向」と判定されるための臨界値が、先行研究によって明確的に示されていない。ここでは得点10（得点率47.6％）を臨界値として、やや厳しく設定している。通常の20項目CES-D尺度（得点範囲0〜60）の場合、得点16（得点率26.7％）以上を持って「うつ傾向」と判定される。

図8-11　うつ感情（7項目、得点可能範囲0-21）（単位：％）

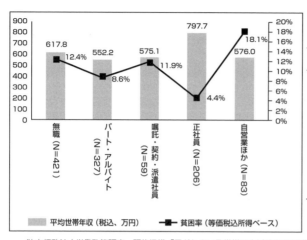

(参考)	
貧困層の専業主婦世帯の母親が働いていない主な理由	
子どもの保育の手だてがない	51.9%
時間について条件の合う仕事がない	30.8%
家庭内の問題を抱えている	9.6%
収入について条件の合う仕事がない	7.7%
自分の年齢に合う仕事がない	7.7%
家族の介護をしなければならない	5.8%
(※主なもの2つまで，N=52)	

独立行政法人労働政策研究・研修機構「子どものいる世帯の生活状況および保護者の就業に関する調査」2012

図8-12　妻の就業形態別で見るふたり親世帯の平均年収と貧困率

(3) 子どもの貧困の具体像

　これまで、子どもの育つ場としての家庭を「貧困」の数値から考えてきました。「貧困ライン」以下の生活水準で暮らす13.9％のすべての子どもたちに問題が起こっているわけではありませんが、問題発生のリスクが大いにあるということがいえそうです。

　ここでは、生活が苦しい（貧しいと意識している親の実感）という世帯の様子について、事例を通して具体的に見ていきたいと思います。取り扱う事例は著者のフィールドワークをもとに、話の主旨を損なわない程度に改編したものです。

① ふたり親世帯の子育て

事例8-1

　夫は正社員で激務なのに薄給で深夜まで帰らず、3か月の子どもの育児と家事はすべて私がします。お金がないので銭湯にも行けず、大人はお風呂が1日おきだったりします。夫が定時に帰宅する専業主婦の友人がうらやましく、ついイライラして喧嘩したり、こんな生活をするくらいなら離婚したほうがいいんじゃないかと考えてしまいます。余裕がなくて夫に優しくできません。

　事例8-1の母親は、友だちの家庭に比較して、夫が正社員なのに激務（深夜まで帰らない）で薄給であるのを嘆いています。お金がない中で、自分ひとりで3か月の子ども（母親歴3か月）の面倒を見ることや、思い描いていたような生活ができないことでイライラしています。前項の⑦で見てきたように、ふたり親世帯無業母親の貧困の具体例ということになります。

> **✐ 事例 8-2**
>
> 　我が家は子どもが３歳、２歳の４人家族で、夫の給料は１か月に26万ぐらいで年収は300万円ほどでボーナスはありません。１か月の生活費は合計28万4000円です。これには食費が含まれていません。食費は親に借りるか、クレジットで買っています。完全に赤字続きです。私も働きに出ていますが、６万円ぐらいしか給料がなく、保育料を３万円以上払ったら、ほとんど残りません。フルタイムで働くことも考えましたが、下の子の体が弱く入退院を繰り返すので、働こう！働きたい！と思っても、１か月無欠勤で働いた月はありません。お金に余裕ができない、きっちり働けない…赤字が増える。こんな状態が続いて、毎月イライラしてしまいます。

　また、事例8-2もふたり親世帯の母親ですが、一家４人の生活で必要な経費を除くと食費が赤字になり、何とかしようと思いますが、子どもが入退院を繰り返すので思うように働くことができません。努力しても経済的に一向に上向かず、赤字が増える一方でイライラが募っていきます。

　ふたり親世帯において、親が贅沢をしたり怠けたりしているわけではなく一生懸命に働いても豊かにならないという現実があり、この母親のイライラの中で子どもが生活することになります。子どもの育つ場である家庭環境の安定に向けての支援が必要になります。

② 父子世帯の子育て

> **✐ 事例 8-3**
>
>
> 　現在、７歳と３歳の息子と３人で父子家庭生活をしています。平日は朝５時に起床し、子どもたちの洗面などを終えたら朝食準備、そして子どもたちが朝食を食べている間に自分の身支度を行い、食事の後片づけや検温、連絡帳の記入などの出かける準備をして、６時40分に次男と一緒に家を出て、次男を７時に保育所に預け、私はそのまま電車に乗って通勤します。７歳の長男は、私と次男が家を出てから７時40分までひとりで家にいて、時間がきたら電気やテレビを消し、鍵をかけて登校しています。長男は下校後に学童に行きます。
>
> 　私は会社を15時に退勤し、16時過ぎには次男の保育所に迎えに行き、その足で学童へ長男の迎えに行き、17時前には家につきます。それから子どもたちをお風呂に入れます。お風呂から上がると同時に、その日の汚れ物の洗濯をします。17時30分頃には夕飯の支度をして18時に夕食、19時からは掃除をし、洗濯物を干し、20時前後には寝かしつけます。子どもたちが寝た後には次の日の準備をし、そして在宅での仕事を０時頃まで行います。これが平日の日課です。
>
> 　この生活は、離婚を決めた時に会社の上司に父子家庭となった時の勤務に関して相談をし、会社からの全面的な協力があって成り立っています。

　事例8-3の父親は、会社の理解や周囲の人たちの援助があり、離婚後２人の子どもを育てながら正規で働いています。正規で働いているといっても、保育料（学童保育・保育

所）やファミリーサポート（学童保育への送り迎えなど）などの費用がかかり、子どもの生活に合わせると残業もできませんので、収支が厳しい状況になっているといいます。子どもの生活に合わせているといっても、それは時間的にゆとりのないものになっています。父親の気がかりは長男が登校前の1時間を家にひとりでいること、そして電気やテレビを消して鍵を閉めて学校に行くことなどに関してです。また、子どもが病気になった場合の人や時間のやりくりなどは、職場の協力や保育所、学童保育、ファミリーサポートなど様々な社会資源を活用しないと成り立ちません。さらに、しばしば予想外の出来事が発生し窮地に追いやられ、隣近所の支援も必要になります。

　父親は子育てと仕事の両立において、このような多くの人の支援を受けながらも、一人前に働いていない負い目を感じるといいます。

> ### ✎ 事例8-4
> 　4歳の子どもと38歳の父親との父子家庭です。3年前に離婚。理容師として定職についていたので自分が子どもを引き取ることに決めました。しかしその後、働いていたその店が倒産しました。ハローワークに通い仕事を探し始めましたが、子どもの保育所の都合で日曜・祝日休み、平日9時から17時までの条件で働かなければならず、なかなか仕事が見つかりません。生活は苦しく、朝はできるだけ安い食事で済ませています。子どもの服はほとんど友人からのお下がりです。エアコンを使わず、寝るときは保冷剤を使います。それでも月に1万円以上の赤字で、失業保険も今月で切れてしまうという経済的には厳しい毎日です。

　事例8-4は定職に就いていましたが、離婚した途端に勤め先が倒産して失業してしまいました。生活を切りつめても生活費の赤字が出ます。失業保険も切れる上、子育てと仕事を両立するような条件の仕事も見つからない状態です。

　父子家庭の父親も、仕事と育児のどちらにウエイトをおくかの選択に迫られます。子どものリズムで最低限の生活を考えたところで働く時間が限られてきますので、定職に就くどころではなく、アルバイトなどの不安定な生活が強いられます。

　父子家庭の平均年間就労収入は398万円（表8-1参照）[9]で、児童のいる世帯の平均所得金額（図8-13参照）[10]が743.6万円ですから、53.5%の年収ということになります。父子家庭が貧困に陥りやすいリスクは母子家庭と同じといえそうです。

③ 母子家庭の子育て

> ### ✎ 事例8-5
> 　私は27歳の女性で、子どもは6か月です。いろいろのトラブルがあり、両親と兄弟とはすでに縁が切れています。離婚後すぐ運よく仕事が決まり、子どもを保育所に預けて働き始めましたが、朝起きてから家を出るまでと保育所から帰って眠るまで、子どもはほぼ泣きっぱなしです。
> 　過労で倒れそうなほど頑張っても、子どもには長時間大声で泣かれて、「もっと楽な子だったら…もっとひとりで遊べる子だったら…もっと泣き声の小さい子だったら…もっと泣かない子

表 8-1　ひとり親家庭の就業状況・年収など

		母子世帯	父子世帯
1	世帯数（推計値）	123.2万世帯（123.8万世帯）	18.7万世帯（22.3万世帯）
2	ひとり親世帯になった理由	離婚 79.5%（80.8%） 死別 8.0%（7.5%）	離婚 75.6%（74.3%） 死別 19.0%（16.8%）
3	就業状況	81.8%（80.6%）	85.4%（91.3%）
	就業者のうち 正規の職員・従業員	44.2%（39.4%）	68.2%（67.2%）
	うち 自営業	3.4%（2.6%）	18.2%（15.6%）
	うち パート・アルバイト等	43.8%（47.4%）	6.4%（8.0%）
4	平均年間収入（母又は父自身の収入）	243万円（223万円）	420万円（380万円）
5	平均年間就労収入（母又は父自身の就労収入）	200万円（181万円）	398万円（360万円）
6	平均年間収入（同居親族を含む世帯全員の収入）	348万円（291万円）	573万円（455万円）

※（　　）内の値は、前回（平成23年度）調査結果を表している。
※「平均年間収入」及び「平均年間就労収入」は、平成27年の1年間の収入。
※　集計結果の構成割合については、原則として、「不詳」となる回答（無記入や誤記入等）がある場合は、分母となる総数に不詳数を含めて算出した値（比率）を表している。

厚生労働省子ども家庭局家庭福祉課「平成28年度 全国ひとり親世帯等調査結果の概要」2017

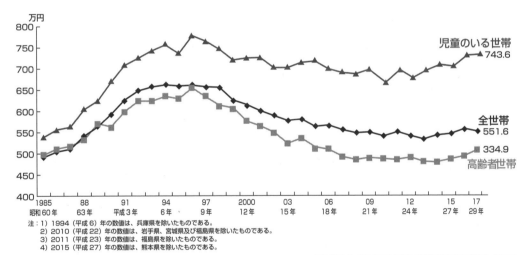

注：1）1994（平成6）年の数値は、兵庫県を除いたものである。
　　2）2010（平成22）年の数値は、岩手県、宮城県及び福島県を除いたものである。
　　3）2011（平成23）年の数値は、福島県を除いたものである。
　　4）2015（平成27）年の数値は、熊本県を除いたものである。

厚生労働省「平成30年国民生活基礎調査の概況」2019

図 8-13　1世帯当たりの平均所得金額

だったら…」と他の子と比べてしまって子どもを責める気持ちが出てきてしまいます。子どもと一緒に私もしょっちゅう泣きながら家事や育児をしています。どんなにつらくても、誰にも助けてもらえない状態がプレッシャーになっています。毎朝、吐き気と頭痛とめまいと耳鳴りがします。育児も日々の生活も何も楽しいと思えません。

事例 8-6

　子どもたちが幼少の時、父親が子どもに手をだすようになったことが原因で離婚しました。家

計のことを考えると悩みましたが、子どもを守るためにはその選択しかありませんでした。子どもが寝ている朝４時〜６時の仕事、子どもを保育所に連れて行ってから９時〜18時の仕事をかけもちしています。合計すると一日の労働時間は11時間、週の休みは一日だけです。いずれも非正規雇用のパート勤務で、時給は安く、仕事も不安定で安心できません。

　有業母子世帯の経済状態は年間平均就労収入200万円で、父子世帯の約半分です（表8-1参照）。母子家庭であることの様々な手当を含めての平均年間収入は243万円となりますが、それでも父子世帯の約６割弱の収入で、児童のいる世帯の約３分の１にしかなりません。2013（平成25）年の調査では、ひとり親世帯の54.6％が貧困ラインの122万円以下の生活をしている（図8-4参照）ことになりますが、母子世帯の経済状態にも格差が生じている可能性があります。

　事例8-5の仕事の雇用形態がわかりませんが、過労で倒れそうになるまで働いています。一緒の時には子どもは泣きっぱなしで精神的に参っています。事例8-6の母親は、子どもの生活を守るために離婚をしました。生計を立てるために朝から晩まで働きますが、非正規雇用のパートで時給も安く、不安定な中で働いています。表8-1からは、母子家庭の４割強がパート・アルバイトで生計を立てていることがわかります。

　事例8-5も8-6の母親ともに働いていないわけではありません。働いても貧困ライン以下（事例8-5）の生活しかできていません。「お金に余裕がない」ことは、子どもたちにどんな影響を与えるのでしょうか。

　「経済的な困難を抱える」とは、言葉の通り、「単に所得が低い（お金に余裕がない）」という事実に過ぎません。しかしながら、「お金に余裕がない」状態が子どもたちに様々な困難を与えていることが理解できます（事例8-5）。これまでに挙げてきた家庭は、様々な問題を抱え、周囲の支援を必要としながらもなんとか「家庭（親子の生活）」を維持していました。この家庭での生活が安定したものとなるような支援が必要です。

　ここでは具体的な事例を挙げませんが、前項で子どもの貧困において概観したことから、無業母子世帯の問題を少し考えてみます。様々な手当てなどがあり一見すると子育てに専念できそうな条件にあると考えられる無業母子世帯ですが、育児の挫折経験の有群の24.1％（図8-10）、うつ感情においても34.6％（図8-11）と他の世帯と比較して高い率を示しています。ここで使用された資料は2012（平成24）年と少し古いものですがこの調査項目は、それ以降の「子どものいる世帯の生活状況および保護者の就業に関する調査」には見あたりません。

　これまでに見てきた母子家庭の置かれている状況等から推測するとここでの課題が改善に向かっているとは考えられません。

　先に有業母子世帯の仕事と育児の両立の難しさやストレスからくる子どもの生活の困難に対する支援の必要性を考えてきました。無業母子世帯の母親の精神的不安定も子どもの生活にとって大きな問題となります。ここに対する支援も重要になります。

2.　ひとり親家庭への支援

　2015（平成27）年現在、子どもの貧困率が13.9％を示し、約7人に1人が貧困ということでした。さらに、ひとり親家庭の子どもの半数以上が貧困の中で生活していることも確認しました。

　ここでは先に取り上げたように、子どもが育つ環境としてはかなり厳しい家庭で生活している子どもたちに保育者はどのような支援ができるのかを、事例8-3と8-5について改めて考えていきます。

（1）ひとり親の現状

① ひとり親になった理由

　平成28年度全国ひとり親世帯等調査によると、推計値ですが母子世帯が123.2万世帯、父子世帯が18.7万世帯で、合計すると141.9万世帯がひとり親世帯ということになります（表8-1参照）。さらに同調査からひとり親になった理由を見てみると、圧倒的に離婚が多く、母子世帯では79.5％、父子世帯では75.6となっています。死別はそれぞれ8.0％、19.0％になっています。

　就業に関しては、母子家庭の81.8％の母親が仕事に就いています。うち、正規の職員・従業員は44.2％、パート・アルバイト等・派遣社員で48.4％になっています。そして、平均年間年収が243万円となっています。一方、父子家庭の父親は85.4％が就業しています。うち、正規の職員・従業員が68.2％、自営業が約18.2％、パート・アルバイト等が6.4％となっています。父子家庭の平均収入は420万円です（表8-1参照）。

　一方、子育て家庭（児童のいる家庭）の平均所得が743.6万円[11]となっていますので、ひとり親家庭の経済状況が厳しく、とりわけ、母子家庭は児童のいる家庭の経済状態のおおよそ3分の1で生計を立てているということになります。また、就労形態が不安定な母子世帯の母親は様々な苦労をしながら子育てをすることになり、この子どもたちは母親の様々な苦労の影響下にあります。

② 具体的に支援を考える

　事例8-5の母親は、過労で倒れそうになるまで働いて帰っても子どもは母親といる間中泣きっぱなしで、おまけに体調（吐き気・頭痛・めまい・耳鳴り）がすぐれず、辛いが誰にも頼れず、子育てが楽しくないといっています。

　保育所や保育者にできることは、朝夕の送り迎え時に親子のやり取り（泣きっぱなし）から母親のつらさに気づくことです。そして、母親の労をねぎらう言葉をかけることです。それと同時に、保育所における子どもの生活を安定したものにすることです。こうし

て母親と保育者にある程度の関係ができてきた時に、それはある
程度子どもの行動が安定してきた時かもしれませんが、困ってい
ることを聞いてみることになります（聞き方が難しいですが）。
そして、困っている内容によって保育所で支援できること、でき
ないことを考えて、関係機関につないでいきます。この場合、ひ
とり親家庭への支援制度にはどのようなものがあるのか、具体的
に支援を受けるにはどのような手続きが必要か、また、どのよう
な専門職がそれを担っているのかなど知っておくことが必要にな
ります。

　事例 8-3 の父親は、会社の理解があり、子どもを育てることを優先した勤務形態を選択
することができました。しかし、生活の時間はゆとりのないものになっています。多くの
離婚父親は、事例 8-3 の父親のように「ひとり親だからこそ、子どもをちゃんと育てない
といけない。仕事も家事育児もきちんとやりたい」という思いだといいます。男性は弱音
を吐きたくない、頼りたくないという思いが強く、誰にも相談できずに孤立していってし
まうことが社会的な問題だと考えられています[12]。また、NPO 法人全国父子家庭支援連
絡会の父子家庭のアンケートの結果、孤独を感じる世帯はアンケートに答えた 83 世帯の
うち 61 世帯で、回答者の約 70％が感じているということがわかったとしています[13]。父
子家庭のおおよそが事例 8-3 の父子のような家庭生活だとしたら、視線が家庭を切り盛り
することに集中してしまい、外部との接触も少なくなり、その結果、孤独を感じる人が多
いのではないかと思います。

　保育所や保育者としては、父親の頑張りを認め労をねぎらうと当時に、子どもの保育所
での生活が充実したものとなるよう配慮することになります。もちろん、保育所での毎日
の生活が充実したものとなるようにするということは、ひとり親家庭に限ったことではあ
りません。日々の保育の質の向上を図ることが、どの家庭においても子育て支援になって
います。そして、母子家庭の支援のところでも述べましたが、改善されてきたとはいえ、
母子家庭に比べるとその支援が少ない父子家庭の支援策、その手続きなどについていつで
も相談に乗ることができる知識が必要になります。

③ ひとり親家庭等の自立支援策

　社会保障審議会児童部会「ひとり親家庭への支援施策の在り方に関する専門委員会」
は、2010（平成 22）年の児童扶養手当法改正法附則の施行 3 年後の検討規定にもとづく
ひとり親家庭への支援施策の在り方の検討のために、2013（平成 25）年 5 月に設置され
ました。そして、その 8 月に中間報告がだされ、翌年の 2014（平成 26）年 3 月に「ひと
り親家庭の支援について」が発表され（厚生労働省）、ひとり親家庭等の自立支援策の体
系が明らかになりました。それによると、平成 14 年度の母子及び寡婦福祉法、児童扶養
手当法等を改正し、「就業・自立に向けた総合的な支援」へと施策強化を図ること、具体
的には、「子育て・生活支援策」「就業支援策」「養育費の確保策」「経済的支援策」の 4 本

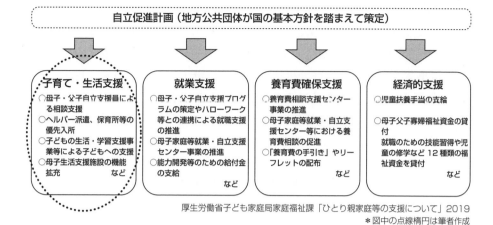

厚生労働省子ども家庭局家庭福祉課「ひとり親家庭等の支援について」2019
＊図中の点線楕円は筆者作成

図8-14　ひとり親家庭等の自立支援策の体系

を柱とするとしています。さらに、「母子及び寡婦福祉法」が2014（平成26）年4月には「母子及び父子並びに寡婦福祉法」に改められました。この法律が策定されたことにより、これまで経済的により厳しいとされる母子家庭中心の支援策が、より強化された形で父子家庭にも拡大されていくことになります。さらに4本の柱からなる支援策を推進する中で出てきた課題と、2016（平成28）年の全国ひとり親世帯等調査などの結果、さまざまな法を整備し、それらを踏まえて母子家庭に重きを置いた施策から、父子家庭もふくめた施策体系となりました（図8-14）[14]。

> **memo**
>
> **社会保障審議会**：厚生労働省に設置された審議会の一つ。厚生労働相の諮問機関で、社会保障制度全般に関する基本事項や各種の社会保障制度の在り方について審議・調査し、意見を答申する。

(2) 子育て・生活支援について

　ひとり親自立支援について相談があった場合、あるいは支援が必要と判断した場合に、保育者が適切な情報提供や行動がとれることが重要になります。ここでは4本柱の中の「子育て・生活支援」で考えることにします（図8-14参照）[15]。

① ひとり親家庭の子育て・生活支援関係の主な取り組み

　ひとり親家庭は、これまでにみてきたように経済的に困窮している場合が多く、経済的な支援策が多く講じられています（図8-14の就業支援、養育費確保支援、経済的支援）。経済的な支援そのものとしての様々な手当てや、経済的な自立を目指す上で資格取得などの就業支援がそれに当たります。また、経済的・時間的なゆとりのなさなどからくる子どもの生活経験の希薄さを補う日常生活そのものの支援や、子どもの福祉の視点から育ちに

必要な生活の質を向上させるために支援策があります。図8-14の第1の柱である子育て・生活支援の主な取り組みをまとめたものが表8-2[16]です。ここにみるように、子育て・生活支援に関する主な事業は、母子・父子自立支援員による相談・支援、ひとり親家庭等日常生活支援事業、ひとり親家庭等生活向上事業、母子生活支援事業（母子生活支援施設）、子育て短期支援事業と大きくは5つの事業からなります。

　ここでは、主に、ひとり親家庭等日常生活支援事業ひとり親家庭等生活向上事業をみていくことにします。

表 8-2　ひとり親家庭の子育て・生活支援関係の主な事業

事業名		支援内容
母子・父子自立支援員による相談・支援		ひとり親家庭及び寡婦に対し、生活一般についての相談指導や母子父子寡婦福祉資金に関する相談・指導を行う。
ひとり親家庭 等日常生活支援事業		修学や疾病などにより家事援助、保育等のサービスが必要となった際に、家庭生活支援員の派遣等を行う。
ひとり親家庭等生活向上事業	相談支援事業	ひとり親家庭等が直面する様々な課題に対応するために相談支援を行う。
	家計管理・生活支援講習会等事業	家計管理、子どものしつけ・育児や健康管理などの様々な支援に関する講習会を開催する。
	学習支援事業	高等学校卒業程度認定試験の合格のために民間事業者などが実施する対策講座を受講している親等に対して、補習や学習の進め方の助言等を実施する。
	情報交換事業	ひとり親家庭等が定期的に集い、お互いの悩みを相談しあう場を設ける。
	子どもの生活・学習支援事業	ひとり親家庭の子どもに対し、放課後児童クラブ等の終了後に基本的な生活習慣の習得支援、学習支援や食事の提供等を行い、ひとり親家庭の子どもの生活の向上を図る。
母子生活支援施設		配偶者のない女子又はこれに準ずる事情にある女子及びその者の監護すべき児童を入所させて、これらの者を保護するとともに、これらの者の自立の促進のためにその生活を支援し、あわせて退所した者について相談その他の援助を行うことを目的とする施設。
子育て短期支援事業		児童の養育が一時的に困難となった場合に、児童を児童養護施設等で預かる事業。

※（注）実績等について母子・父子自立支援員：平成29年度末現在、母子生活支援施設：平成29年度末現在、子育て短期支援事業：平成29年度変更交付決定ベース、ひとり親家庭等日常生活支援事業及びひとり親家庭等生活向上事業：平成29年度実績
　　　　厚生労働省子ども家庭局家庭福祉課「ひとり親家庭等の支援について」2019, p.20 より一部抜粋

② 事業の実施体制・方法

　これまでも主に母子家庭を中心としたさまざまな事業がありましたが、その支援策が必要な人に届いていないという実情がありました。そこで、各家庭の抱える課題を把握し適切な支援メニューにつなげるために、ひとり親家庭への総合的な支援のための相談窓口を強化しました（表8-3参照）[17]。

　ある市では、きめ細やかに相談者のニーズを把握し、より適切な支援につなげるために、相談窓口の母子・父子自立支援員や就業支援員のスキルアップを図るための相談関係職員研修支援事業と、就業支援のためのスキルアップを目的とした就業支援講習会等事業を実施しています。

　そして、一本化された窓口で、子育て・生活支援、経済的な支援（児童手当や児童扶養手当、就業支援児童手当）などに、母子・父子自立支援員と就業支援相談員が協力してつ

なげる役割を果たします。より相談しやすい窓口をめざしての取り組みが少しずつ始まっています。

表8-3　実施体制・実施方法

総合的な支援のための相談窓口（都道府県市）	窓口の業務	支援の内容	
母子・父子自立支援員 ＋ 就業支援専門員	適切なメニューの組み合わせ	就業支援	○自立支援プログラムの策定 ○ハローワーク等との定期的な連絡調整や同行支援など ○能力開発のための給付金の支給　　　　　　　　　　　など
		子育て・生活支援	○保育所放課後児童クラブ優先入所 ○家庭生活支援ヘルパーの派遣　　　　　　　　　　　　など
		子どもへの支援	○こどもの生活・学習支援事業など
		養育費確保・経済支援	○養育費支援相談センター等による養育費相談 ○弁護士による養育費等に関する法律相談 ○児童扶養手当の支給、各種貸付金の貸し付け　　　　　など

厚生労働省子ども家庭局家庭福祉課「ひとり親家庭等の支援について」2019より著者作成

③ 支援の実際

<ひとり親家庭等の日常生活支援の取り組み>

　母子・父子家庭で安心して子育てしながら生活できる環境の整備として、就学（母や父が就業に必要な資格取得のための）や疾病などのために、生活の援助や保育サービス等が必要になります。そのようなときに、家庭生活支援員が出向いて、あるいは家庭生活支援員宅等において子どもの世話を行うなど、生活が安定するように支援を行うのが日常生活支援です。日常生活支援の内容は、子どもの日常の世話のほかに、食事の世話、住居の掃除・整理・整頓、洗濯、生活必需品の買い物などとなります。

<ひとり親家庭等の生活向上へ向けての取り組み>

　ひとり親家庭等は、仕事や家事等に追われ、家計管理や子育てや親自身の健康管理など、さまざまなことに困難を抱えていることが多くあります。このような実情に対応して、生活や子育てに関する相談、家計の管理や自身の健康相談、また、親自身の高校卒業程度の認定試験合格に向けての学習支援や子どもの学習支援などを実施して、ひとり親家庭の生活向上に向けての取り組みがあります。

　たとえば、ひとり親家庭のニーズ調査から「母子家庭の交流の場」に対する要望が多くあり、それを実施している地域もあります。交流の場を通じて、母子・父子自立支援員との関係を築き、気軽に相談できる場をつくるとともに、親同士の関係づくりや情報交流が起きる場づくりをめざしています。また、他の地域では直接に、小中学生に対して行う支援として、学習支援を行っています。いわゆる貧困の連鎖を断ち切ることを目的としているといいます。学習支援の内容は、学校の勉強の復習、宿題の習慣化、学び直し、高校受験のための進学支援などです。また、そこは居場所でもあり、安心して通える場所であり、日常の生活習慣や社会性を育む場としても機能させています。また、必要に応じてカウンセリングも行う場として機能させるとしています。

以上に貧困に対する国の施策や各自治体の取り組みの例をみてきました。図 8-14 にみるように、対策は多岐にわたっていますが、直接に保育士等がかかわることは多くありません。しかし、日常の子育て支援の中で、保護者や子どもの様子に合わせて、様々な支援を紹介することも大切な保育士等の仕事です。適切な支援ができるように、必要な知識として備えたいものです。

第9章

養育困難家庭への支援の実際

　　ヒトはひとりでは生きられない状態で生まれてきます。そのヒトが生まれ落ちた場所で何もわからない状態から、そこで周囲に受け止められながら生活を開始します。第3章において、子どもが（人として）育つ場の条件について検討しました。

　　そこで確認されたことは、ある程度持続したかかわりの中で生きる主体である子どもの欲求をある程度的確に読み取って、それに応えてくれる人の存在が必要ということでした。その場所はたいていの場合、「家族・家庭」です。しかし、いろいろの事情で、その家族・家庭が子どもに「主体としての願いや思いを受け止めること」を約束できないことが恒常的になる場合があります。

　　つまり家族・家庭に代わって、子どもの生活を保障する場が必要になります。本章では、家庭と児童福祉施設をつなぐ児童相談所の役割を理解すること、子どもの施設での生活、子どもの生活を保障する機関間の連携の在り方、施設を出た後の子どもの生活の場での実際などを具体的に検討することを通して、子どもの最善の利益について考えることにします。

1. 養育困難

ここでは、家庭が子どもの育つ場所として機能しなくなった時に子どもの生活をどのように支援していくのかを考えていきます。ここの事例も著者のフィールドワークをもとに、話の主旨を損なわない程度に改編したものです。

事例 9-1

毎晩毎晩自宅前のアパートから子ども（2〜3歳くらい？）の泣き声が聞こえてきます。それも夜の遅い時間の21〜23時で、2時間ぐらいずっと「いやだ〜」と叫び泣き続けます。最初は子どもを叱っているのかと思っていたのですが、これが3か月ぐらい続くと、いても立ってもいられなくなりました。先日の回覧板に「おかしいと思ったら迷わず通告：子ども家庭110番へ、通告者の秘密は守ります」と書いてあったことを思い出して、近隣と関係がうまくいかなくなったらという心配もあったので迷ったのですが、子ども家庭110番に電話をしました。

事例9-1では、近隣の住人がある子育て家庭に普通ではないものを感じ、迷いながら関連機関に連絡（通告）をしました。通告は図9-1[1]にもあるように、児童相談所（子ども家庭センター）や警察、市町村の主管課（子ども家庭110番など）にすることになります。

事例 9-2

母親は19歳。高校生の時に卒業したら結婚をするということで子どもを産みました。しかし、出産したときには父親になるはずの男性が行方不明になり、祖母宅（母親の母親）で母子の生活を始めました。祖母も経済的には苦しく、母親も働くことでなんとか生活をしていました。子どもが8か月になった時に、祖母が過労で倒れてしまいました。祖母の病院代がかさみ、食費にも事欠き、ある日、母親は店から代金を払わずにミルクを持ちだしたところを呼び止められました。

事例9-2では、ミルクを買うお金もなくなり、母親が店から黙ってミルクを持ちだしてしまいます。対応に当たった店長に事のいきさつを問われるままに、8か月の子どもにあと2日分しかミルクが残っていないこと、その後のミルクを買うお金がないことを話すと、店長はにわかには信じられない様子でしばらくは母親を疑っていた様子だったといいます。しかし、しばらくして店長は知り合いの民生委員に電話をして相談にのってもらうよう言いました。こうして、母親は民生委員を通じて児童相談所に相談することになりました。

（1）児童相談所の役割と目的

　事例9-1、9-2のような通告や相談は、最終的には全国に 215 か所 [2] ある児童相談所に情報が集まります。児童相談所とはどんなところでしょうか。

　その役割を「児童相談所運営指針」[3] に沿って確認すると、以下のようになります。

第 1 章 児童相談所の概要

第 1 節 児童相談所の性格と任務

1．児童相談所の設置目的と相談援助活動の理念

（1）児童相談所は、<u>市町村と適切な役割分担・連携を図りつつ</u>①、<u>子どもに関する家庭その他からの相談に応じ</u>②、<u>子どもが有する問題又は子どもの真のニーズ、子どもの置かれた環境の状況等を的確に捉え</u>③、<u>個々の子どもや家庭に最も効果的な援助を行い</u>④、<u>もって子どもの福祉を図るとともに、その権利を擁護すること</u>⑤（以下「相談援助活動」という。）を主たる目的として都道府県、指定都市（地方自治法（昭和 22 年法律第 67 号）第 252 条の 19 第 1 項の指定都市をいう。以下同じ。）及び児童相談所設置市（児童福祉法（昭和 22 年法律第 164 号。以下「法」という。）第 59 条の 4 第 1 項の児童相談所設置市をいう。以下同じ。）（以下<u>「都道府県等」という。）に設置される行政機関</u>⑥である。

（2）児童相談所における相談援助活動は、すべての子どもが心身ともに健やかに育ち、その持てる力を最大限に発揮することができるよう子ども及びその家庭等を援助することを目的とし、児童福祉の理念及び児童育成の責任の原理に基づき行われる。このため、常に子どもの最善の利益を考慮し、援助活動を展開していくことが必要である。

（文中下線と番号は筆者）

　さらに、相談所の役割を抜きだすと、以下のようになります。

① 市町村と適切な役割分担・連携を図りつつ

② 子どもに関する家庭その他からの相談に応じ

③ 子どもが有する問題又は子どもの真のニーズ、子どもの置かれた環境の状況等を的確に捉え

④ 個々の子どもや家庭に最も効果的な援助を行い

⑤ 子どもの福祉を図るとともに、その権利を擁護すること

そして、上記①〜⑤の役割を担うものであり、⑥児童相談所は「都道府県等」に設置される行政機関ということになります。

　児童相談所の役割遂行（相談援助活動）は、児童福祉の理念及び児童育成の責任の原理にもとづき行われるために、つねに子どもの最善の利益を考慮し、援助活動を展開していくことが必要であるとしています。児童相談所は、個々の子どもや家庭にもっとも効果的な援助を行う、つまり子どもの最善の利益を守る最前線であり、最後の砦でもあります。

（2）通告・相談から「子どもの福祉を図るとともにその権利を擁護する」までの流れ

　図9-1に従って、通告・相談から「児童福祉施設入所」または「在宅指導」までの経緯を見ていきます。
① 通告・相談を受けた児童相談所（子ども家庭センター）は、子どもの安全と緊急の度合いを判断するために必要な情報を集める。
② 緊急性を要する場合は、現地に出向いて子どもの安全確認を行う。緊急性を要しない場合や保育所や幼稚園に通っている場合は、日常的に安全確認を行う。
③ 安全確認を行う場合、保護者の同意を得る。得られない場合は立ち入る調査をする（児童福祉法第29条、児童虐待防止法第9条）。
④ 虐待の可能性が高い場合は、一時保護の是非を判断し対応する。一時保護の場合も保護者の同意を得て行う。得られない場合でも子どもの福祉を害する恐れがある場合は一時保護を行う。
⑤ 一時保護期間（1〜2か月間）は子どもの安心・安全を図るとともに、生活指導・行動観察及び行動診断を行う。
⑥ 評価および診断によって「在宅指導」となった場合は、家庭訪問や通所による指導を

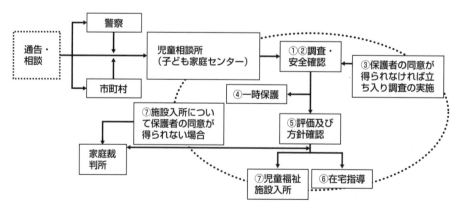

＊図中の点線楕円は児童相談所の対応内容

厚生労働省「児童相談所運営指針」2007, p.173をもとに筆者改編

図9-1　通告・相談後の児童相談所の対応

行うほか、関係機関と連携して見守りを行う。

⑦　その環境が、子どもが育つ上で子どもの人権が疎外されると診断された場合は、児童福祉施設入所措置となる。入所措置も保護者の同意を必要とするが、得られない場合は家庭裁判所に施設入所措置承認を求め（児童福祉法第28条）、承認を得て施設入所措置を行う。緊急や入所措置を取るまでの間、児童相談所に設置されている一時保護施設において保護する。

通告・相談を受けてから、子どもにとっての最善の対処（在宅での指導⑥、又は施設入所⑦）に至るまでの過程は、①〜⑤までの過程を経て決定されることになります。

（3）施設入所

通告・相談を受けて、児童相談所が子どもの状況から判断して児童福祉施設入所と判定した場合の施設とは、保育所を含めて、乳児院、母子生活支援施設、児童厚生施設、児童養護施設、福祉型障害児入所施設、医療型障害児入所施設、福祉型児童発達支援センター、医療型児童発達支援センター、児童心理治療施設、児童自立支援施設、児童家庭支援センターなどです。子どもや家庭の状況に合わせてそれぞれに措置されます。

ここでは乳児院に措置された子どもの様子を見ていきます。

事例9-3[4)]

① 対象：Aちゃん　女　おおむね2歳
② 入所までの経緯：H病院より「重症の感染症、慢性の低栄養状態を伴う貧血、発育不良のため入院中の子どもで、ネグレクトの疑いがある」と児童相談所に通報があった。入院を継続し、その間に児童相談所が協議し、1か月後に児童福祉法33条により一時保護し、2週間後に本院が一時保護委託を受ける
③ 入所時の本児の様子：乳幼児健診を受診しておらず発育歴不詳
　a. 発達について：軽度の発達遅滞傾向あり
　b. 食事・着脱・排泄：全面介助
　c. 主治医からの報告：感染症に関しては完治。貧血栄養失調の改善には数か月以上、発達については数年以上が必要
　d. その他：体が小さく、上歯は虫歯によりまったくない。対人関係は人見知りなく、誰にでも抱っこされたがり手を出す。耳漏あり
④ 乳児院での本児への取り組み課題
　a. 医療機関との連携をどのようにするか
　b. 環境整備の必要性
　c. Aちゃんの心のケア
　d. 職員との適切な人間関係をどのように形成するか
　e. 保護者とのかかわりをどのようにするか

✒ memo

虐待の種類

（1）身体的虐待（殴る、蹴るなどの身体に加えられる暴力）、（2）性的虐待（児童にわいせつな行為をする、させること）、（3）ネグレクト（必要な養育を行わずに放置する、食事を与えないなど）、（4）心理的虐待（暴言を浴びせる、おびえさせる、子どもの前でDVをするなど）

　以上のように、施設に措置が決まれば、一人ひとりの子どもの状態を把握し、施設での生活が始まります。本事例に関しては、④の取り組みの課題を中心に日常の生活が展開されていくことになります。もちろん、施設の取り組みは子どもだけではなく、退所後の生活の場であるその家庭・家族に対しても働きかけることになります（図9-2参照）[5]。

　具体的にAちゃんの例でいうと、Aちゃんの退所後の生活の場である家庭への支援として、図9-2中の点線部分の保護者への指導内容にあるように、施設における親子に対する援助内容の説明や保護者が虐待を理解できるように対応すること、養育方法、生活の改善策など、また、必要があれば保護者へのカウンセリングなど、Aちゃんの乳児院でのケアと並行して行うことになります。

✒ memo

児童福祉法第26条：児童相談所長は、第25条第1項の規定による通告を受けた児童、第25条の7第1項第1号若しくは第2項第1号、前条第1号又は少年法（昭和23年法律第168号）第6条の6第1項若しくは第18条第1項の規定による送致を受けた児童及び相談に応じた児童、

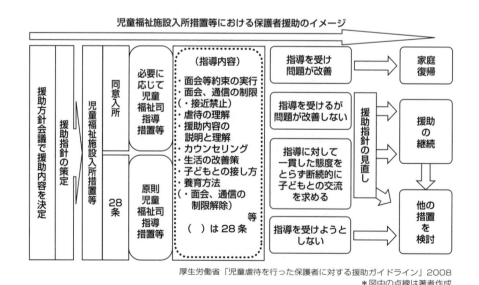

児童福祉施設入所措置等における保護者援助のイメージ

厚生労働省「児童虐待を行った保護者に対する援助ガイドライン」2008
＊図中の点線は著者作成

図9-2　児童虐待を行った保護者に対する援助

144

その保護者又は妊産婦について、必要があると認めたときは、次の各号のいずれかの措置を採らなければならない。

児童福祉法第33条：児童相談所長は、必要があると認めるときは、第26条第1項の措置を採るに至るまで、児童の安全を迅速に確保し適切な保護を図るため、又は児童の心身の状況、その置かれている環境その他の状況を把握するため、児童の一時保護を行い、又は適当な者に委託して、当該一時保護を行わせることができる。

2.　支援の実際

(1) 1日24時間の支援

　前節において、乳児院の例を用いて「子どもはひとりでは生きられない」、その生きる土壌である家族・家庭が子どもとの生活を維持できなくなったときには社会の支援が必要になることを見てきました。そして、子どもの育ちにとって不適切な環境を改善するのは国や地方公共団体の責任であることも確認しました。

　ここでは、通告・相談があり、児童相談所の措置が決まった後の子どもの生活支援（発達経験の保障）において、何を大切にして養育実践をしているのかを見ていきます。

① 養育実践（M君、5歳児）

　児童養護施設入所児童等調査結果〔2018（平成30）年2月調査時〕[6]によると、養護施設入所理由は、「父又は母の虐待・酷使」が22.5％〔前回2013（平成25）年2月調査（以下同様）18.1％〕、「父又は母の放任・怠だ」が17.0％（前回14.7％）で、一般的に「虐待」とされる「放任・怠だ」「虐待・酷使」「棄児」「養育拒否」を合計すると45.2％（前回37.9％）と年々増加しています。

　次の事例9-4[7]のM君（5歳児）が入所に至った理由も父親による虐待でした。

事例9-4

　食事の最中に、M君は父親に右目を殴られ、あざができた。これを見た祖母が以前からのこともあり、児童相談所に連絡をしてきことから一時保護される。M君が措置に至る3年ほど前から、M君が泣くと父親は「男だから泣くな」と言って、また食事中にうろうろしたり食べ物を残したりすると暴力をふるっていた。妹に対しては可愛がっており、殴ることはしない。

　父親は兄と妹の3人きょうだい、兄と差別されて育ったという気持ちが強い。M君が入所する少し前は、父親は仕事を休みがちで休むとイライラし、母親がM君を可愛がるとM君に当たっていた。

　入所後のM君には異食（口の中に石などを詰め込む）や血と痛みを強く怖がる傾向が見られた。

② 入所に至る経緯

　M君が入所に至ったきっかけは祖母の電話でした（図9-1参照）。児童福祉法第33条により、一時保護されました。入所時の面接結果から、次のような養育目標が立てられました。

　それは、「M君は暴力による家庭崩壊で心身ともに傷つき、親から見捨てられた気持ちをもっている。このようなM君を理解し受け止めていく。M君の心の傷つきからの回復を進め、自立を支援していくこと。それにはM君の立場に立った親子関係の再構築を進めていくこと」というものです。

③ 養護実践

　施設の養育は「生活」がキーワードです。生活は食住と、家族間の人間関係（親子関係、夫婦関係、きょうだい関係）や家庭外の人間関係（職業、社会生活、近隣とのかかわり等）から構成されています。子どもは、日々繰り返される生活の一コマ一コマの様々な経験を通して成長・発達していきます。子どもにとって、家庭での生活が成長・発達の経験となるためには、その生活の質が問題になります。虐待された子どもに必要なケアは、傷ついた心身を受け止め、人としての基本的な生活をする上でこれまでに経験して来なければならなかったことを経験することです（表9-1参照）。それらの経験は、日常の生活を離れて行われるのではなく、M君のケアワークの基本として、「安全で安心のある当たり前の生活」をすることになります。それは「生活をともにする」ということです。そこには、施設の生活において子どもと直接にかかわる保育者の心構えが重要になります。次に、支援者は優れた技術だけで子どもと生活をともにするのではなく、まさに「生活をと

表9-1　M君の養護実践

時期	M君の行動変容	ケアワーク	セラピーワーク	父親との関係の変化
眺める期間	あたりを不思議そうに見ている。礼儀正しい。食事は残さず食べる。トイレに行くことの許可を求める。「おっぱい」や添い寝の欲求をする。	◎安全で安心のある生活を基本としながら、①集団としての生活の枠を作り維持すること。同時に生活の枠は一人ひとりの違いの中で変化することがあることを経験する。②衣食住での一人ひとりの関係をたいせつにし、虐待を受けたときの人間関係を修正する契機とする。③1対1の時間を用意する。罹病などでの受容的なかかわりをする。④遊びなどボランティアによる対応を取り入れるようにする。	◎虐待を受けた子どもに対してケアワークと連携しながら心理療法を行う。①週に1回セラピーを行う。②児童相談所の心理判定員によるプレイセラピーを実施する。	・最初、父や家庭に拒否的であった。 ・カウンセリングに取り組むことでM君の生活に落ち着きが見られ、父を認め受け入れる気持ちを持てるようになった。 ・施設が父への親支援を実施する。
試し期間	弱い子を脅かす。殴る。おもらし（昼間）。食事を遊びながら食べる。			
再現期間	異食。孤立。遊びながらの食事。血と痛みを怖がる。破壊行為。			
修正期間				・父がM君に謝罪し，M君はこれを受け入れる。
回復期間	孤立。血と痛みを怖がるのは回復期に入っても続く。			・家族との面会外出を開始する。 ・M君の家庭復帰

菱田理「養護施設でのケアと治療」『そだちの科学―特集子ども虐待へのケアと支援』no.2, 日本評論社, 2004, pp.85-87をもとに著者作成

もにする人と」として、子どもの変容に対するある程度の見通しをもちながら、その時、その場の状況や必要に応じたかかわりをつくりだすことが重要になります。最後に、保育者をはじめとする支援する人自身の生き方が子どもや家族に敏感に影響することを考え、自らの実践や実践を支える考え方等を振り返ることも重要です。

　以上のように考えると、子どもの生活を中心とした施設内外の専門職とのチームワーク（チームの要は保育者）が重要となります。今回取り上げたケースに見るように、専門家とのチームワークがなければ子どもと家庭を支援することが難しいといえます。

(2) 施設養護の課題を乗り越える実践 1[8), 9)]

　第2章の図2-1に見るように、児童虐待の防止等に関する法律が施行〔2000（平成12）年〕された後、児童虐待に関する相談件数が急激に増加し、それ以降増加し続けています。そして、先に見たように児童養護施設入所の45.2%と半数に近い割合で被虐待児が入所しています。前項のM君の事例に見たように、施設養護はいってみれば親子の「育ち直し」を支援することになります。そして、育ち直しのために重視しているケアの視点は、当たり前の「生活」を子どもと保育者が一緒にすることを基本としていました。そのための施設養護の課題は、「（集団の）適正規模」「（職員の）適正配置」「適正な援助過程」である[10)]といわれています。そして、「適正規模」に対しては「小規模化」や「家庭的養育」として、「適正配置」に関しては「地域化」として改善が図られてきています。

　ここでは、虐待等よりきめ細やかで専門的な対応が要求される子どもたちの生活を、さらに家庭に近い、あるいは家庭そのもののような生活をするという「家庭養護のモデル」を志向する施設の実践を例にして、「適正な援助過程」としての生活の在りようを検討したいと思います。

① 理念

　家庭養育実践の優れたモデルはSOS子どもの村[11)]にあり、その考え方を日本で最初に実践したところが「子どもの村福岡」〔2010（平成22）年開村〕です。

> **memo**
>
> **SOS子どもの村**：1949（昭和24）年、第二次世界大戦後のオーストリアで、親を失った子どもたちのためにヘルマン・グマイナーによって設立。現在〔2015（平成27）年〕、世界中に600にのぼる子どもの村がある。

　「子どもの村福岡」における基本理念を、「子どもの村福岡」のHP[12)]から引用します。

すべての子どもに愛ある家庭を。
私たちは、家族と暮らせない子どもたちのために、新しい家庭をつくり、地域とともに、育てていき

ます。私たちは、この活動をとおして、<u>だれもが安心して未来に命をつないでいくためのあかり</u>となります。そして、私たちは「子どもの村」を、ともに成長をつづける物語としてつむぎ続けます。

（下線筆者）

　「子どもの村福岡」は施設ではなく「（安心できる）家庭」であるといいます。そして、その家庭は地域に開かれ、地域とともに子どもを育てていくとしています。さらに子どもの村は、そこで暮らす子どもとともに、地域社会とともに成長・発展していくとしています。

② 理念を実践するための仕組み

　「子どもの村」では、実の家庭で育つことが難しい子どもたちに「新しい家庭をつくり、地域とともに育てていく」、そして「コミュニティによる癒し」を大切にするとしています。

　このような理念は、どのように実践されているのでしょうか。「子どもの村」の全体像は、以下の通りです。

　a. 施設ではなく里親コミュニティとして、子どもの村という組織を作る。
　b. 5軒の家族の家を建設し、里親登録した育親（SOS子どもの村のマザー）が子どもたち2〜5
　　人と家族として暮らす。子どもが5人の家庭は、里親によるファミリーホームになっている。
　c. 子どもや育親家庭支援、また、地域や実家族との交流の場となるセンターハウス（場）がある。
　d. 村長を中心に、SOSおばさん（育親アシスタント）が育親家庭を支援する。
　e. センタースタッフが、児童相談所をはじめ関係機関や実家族とのソーシャルワークを行う。また、
　　専門家チーム（子どもの発達や心のケア、養育計画支援を行う臨床心理士、社会福祉士、小児科
　　医など）がある。

　以上の組織の中でも、重要なのはともに暮らす育親の日々のかかわりです。育親の責務は次の③の通りで、家庭の運営は育親の責任で行われます。養育支援は、この育親と子どもとの愛着形成に重きを置いて行われます[13]。SOSおばさんは、育親と子どもの愛着形成を尊重しながら、育親の求めに応じて家事や育児を支援します。

③ 子育ての中核―育親の責務

＜育親の責務＞	＜子どもの村から＞
a. SOS子どもの村の理念とプログラムを守る。	e. 家の無償提供
b. 安心と安全、発達に配慮した養育を行う。	f. 生活支援費の支給
c. 必要な支援を受け入れる。	g. 様々な養育支援
d. 村の運営や地域に積極的に参加する。	h. 育親の人生設計の尊重

　「子どもの村」の建設に際しては、地域の反対がありましたが、地域住民との話し合い

を重ね、「未就学児から受け入れる。今津（子どもの村がある地域：著者注）の子どもとしてみんなで育てる」との合意を得ています。子どもたちは地元の幼稚園、小学校に通い、伝統行事などを通して地域で活躍しています。地域での様々な体験や多くの人とのかかわりを通して、子どもたちは社会とのかかわりを学んでいるといいます。

④ 理念の実現に向けて─だれもが安心して未来に命をつないでいく

実の家庭で育つことに困難を抱えた子どもが、安心できる毎日の家庭生活を通して、その傷を癒されながら育ちの経験を積んでいくことは重要なことです。そのためには、子どもたちの安心な生活とともに、子どもたちを受け入れ、生活をともにする育親の日々の安心や将来に対する希望も大切になります。育親は子どもの思いを受け止め、現実生活の様々な葛藤を乗り越えていく専門性が求められるといいます。「子どもの村」は設立以来、里親として子どもを育てる「家庭養護のモデルづくり」を実践するとともに、里親支援の課題にも取り組んできました。我が国では、今後も里親普及が進められていきますが、里親が増えていくためには、里親への支援がさらに重要になるといえます。

この実践の中で、子どもと日々生活する育親（里親）の家庭養育者（家庭で子どもを育てる専門家）としての重要性については先にも述べました。子どもの村の育親やSOSおばさんは、保育士資格をもっている人も多いということです。現在、乳児院や養護施設も小規模化し、家庭的環境での養育へと変わろうとしています。この流れの中では、従来の施設では求められなかった保育士資格とともに、「家庭養育者」としての専門性が求められていくのではないかと思います。

（3）施設養護の課題を乗り越える実践2

庄司順一は、施設に入所した子どもの自立に向けてのケアの過程を、施設内ケア（インケア）─リービングケア（退所後の生活がスムーズに営めるよう援助する）─アフターケア（退所後に困った若者が気楽に立ち寄れる、相談できる、あるいはある期間住居が保障される場が必要である）[14] というように3つの段階で捉えています。この3番目のステージでは自立援助ホームがその役割を果たすことになりますが、その数が少ないのが現状です。庄司も「社会的養護のもとにいる若者の自立を考える上で重要なことは…経験的には知られていても（たとえば、「18歳問題」未成年であることから来る保証人の問題や就労の場が確保できないなど）実証的なデータがほとんどない」といい、アフターケアの研究の必要性を説いています。

これに対して、社会的養護を受けた当事者である市川太郎は自らの体験を振り返って、4つのライフステージでの支援が大切だ[15] としています。庄司のいう3つのステージに入所前を入れて、「1. 入所前、2. 入所時、3. 退所時、4. 退所後と、4つの段階での支援がとても大切だ」といいます。「まず、"なんで自分は施設に来たのか?"と子どもはみな心で叫んでいます。施設では、この主訴の部分がケアされていないのです。そして、施設を退

所した後は、1人で放り出されてしまいます。25年間、児童養護施設の職員として働く中で、退所した子どもの3人が自殺しました。退所後のケアが本当に大切だと思います」と当事者ならではの施設養護の重要性を説いています。

　ここでは、アフターケアについての示唆を得るために、社会的養護を受けた市川ら当事者が立ち上げた「日向ぼっこ」サロンの実践を見ていきます。

児童自立生活援助事業（自立援助ホーム）実施要綱（東京都）

第1　目的

児童自立生活援助事業は、児童の自立支援を図る観点から、義務教育終了後、児童養護施設、児童自立支援施設等を退所し、就職する児童等に対し、これらの者が共同生活を営むべき住居（以下「自立援助ホーム」という。）において、相談その他の日常生活上の援助及び生活指導並びに就業の支援（以下「援助の実施」という。）を行い、あわせて援助の実施を解除された者への相談その他の援助を行うことにより、社会的自立の促進に寄与することを目的とする。

① 活動目的

「日向ぼっこ」の活動目的を、「日向ぼっこ」のHP[16]より以下に抜粋引用します。

（日向ぼっこを）利用して下さる社会的養護の当事者が、日向ぼっこを通じて自己肯定感を育み「生まれてきてよかった」と自信を持って社会に巣立てること、そして利用してくださった方がふらっと立ち寄れるような場所づくりを目指します。当事者が特別な存在とならない、社会的養護の下で育ったことでの不利がない社会作りを目指します。そして社会で子どもたちだけでなく育児する親を養い護るのが当たり前となる事を目指します。…

　日向ぼっこサロンでは基本的には個々を尊重しながら各々ご自由にお過ごし頂いております。そんな中でご飯を一緒に食べたり、遊んだり、日常のことを語りあい、家庭のような日々の喜怒哀楽を分かち合える場所を来館者の皆さんと一緒に作っています。時には来館者の方からのリクエストイベントを行なったりしています。また、児童養護施設などの巣立ちを控えた子どもたちや、児童養護施設などを巣立った方々の、個別相談、サポートを必要に応じて受け付けています。…

　同じ境遇で育たれた方々との情報の共有、そして当事者でない方との関わり合いの中で「自分だけが特別じゃない」「ひとりじゃないんだな」と感じて頂けるようなサポートをさせて頂けたらと思っています。そして来館者の方々には日向ぼっこサロンを土台にし、社会に大きく羽ばたいていってほしいと願っています。

② 今後の方向

「日向ぼっこ」の立ち上げ〔2006（平成18）年〕にかかわった市川の論文[17]と「日向ぼっこ」の沿革[18]から今日までの経緯を要約すると、次のようになります。

2006.3	児童養護当事者 4 人と当事者活動「日向ぼっこ」を開始。社会的養護の当事者主体の勉強会を開始する。
2007.4	都内自立援助ホームの一部に「日向ぼっこ」サロンを開設し、当事者の孤立防止の勉強会、厚生労働省の審議会への招聘活動を展開、その活動を「日向ぼっこ通信」として発行。
2007.11	正会員 11 名，賛助会員 38 名
2008.8	東京都より地域生活支援事業（愛称：ふらっとホーム事業。現：退所児童等アフターケア事業）受託。
2009.6	明石書店『施設で育った子どもたちの居場所「日向ぼっこ」と社会的養護』出版。
2011.2	理事長の渡井さゆりが、厚生労働省「児童養護施設等の社会的養護の課題に関する検討委員会」委員就任。「社会的養護の課題と将来像」のとりまとめに携わる。
2011.9	理事長の渡井さゆりが、厚生労働省「児童養護施設運営指針ワーキンググループ」委員就任。児童養護施設運営指針・児童養護施設第三者評価ガイドラインの作成に携わる。
2011.12	理事長の渡井さゆりが、厚生労働省「社会保障審議会児童部会社会的養護専門委員会」委員就任。
2013.7	代表理事の変更、正会員 10 名，賛助会員 188 名

　社会的養護の当事者が、自らの生きやすさを求めて立ち上げた会の当事者として、国の社会的養護に関する施策の決定にまでかかわるようになった意義は大きいと思います。市川は、この先に児童養護における自助グループ＝当事者組織・団体を構想し、「権利擁護センター（仮称）」開設を目指しているとしています。そこでは「当事者の当事者による当事者のための権利擁護センター」として、図らずも奪われた生きる権利の回復を図り、社会的孤立を防止し、当事者の声が施策や制度に反映されるよう「当事者主権」の確立を目指したいといいます。

　一方、現在、実際に「日向ぼっこ」を運営しているスタッフたちの共通した思いは、当事者はもちろんのこと、当事者間で閉じることなく日向ぼっこに集うすべての人とともに活動することを通して、「子どもの最善の利益」のための場所づくりを目指すこと[19]、といいます。

　子どもの最善の利益は、子どもを温かく迎え入れてくれる重要な他者を獲得すること、そして、その人を基底にした子どもの生活の中での発達のための経験、つまり、配慮のこもった衣食住の中で応分に自分の力を発揮し、周囲に認められ、自分は役立つのだという経験をすることだと思います。図らずもその経験が剥奪された環境に育ったとしても、周囲の大人は育ち直しの機会をもてるように腐心することになります。「日向ぼっこ」では、児童養護施設を巣立つ前の子どもたちの相談や巣立った後の人たちの居場所としての機能を重視しています。ひとりでは抱えきれないほどの困難や受け止めきれない経験と一つひとつ向き合い、それを整理して、自分の経験として自らの生の中に位置づけることは多くの時間を要し困難を極めることもあると考えますが、「日向ぼっこ」ではそこにじっくりと付き合う相談員がいます。施設生活の経験者やそうではない人生の経験者など、そ

こに集う人たちがいます。これまでの経験の意味づける機会の提供が、養育困難な家庭で育つ子どもと家庭に対する支援の内容の重要な部分になります。保育者として、「1. 入所前、2. 入所時、3. 退所時、4. 退所後」のそれぞれのステージにおいて、そのステージにいる子どもが解決しなければならない課題にともに取り組み、施設を退所した後の子どもたちの生活がある程度安定したものになるまでを見届けていくことも重要な家庭支援であることを意識しておきたいです。

 3. 子育て支援をめぐる専門機関間の連携

　これまで、子育て・子育ち支援の実際について、具体的な事例を通して見てきました。支援の場に通底していることは「つながり」ということでした。そればかりではありませんが、人との「つながり」が希薄であるところに様々な課題が発生していました。ここでは、人と人のつながりを、子育てにかかわる専門機関間のつながりの難しさを確認しながら、それでもなお、子育てはつながりが重要であることを確認したいと思います。

　取り上げるのは、ある市で発生した「虐待死」の事例です。虐待は「子どもの最善の利益」をもっとも損なうものです。虐待は他者の支援を当てにすることが当たり前の生活である子どもにとって、その身近な他者からの生活の否定であり、発達の否定です。虐待防止に関する法律が策定されて以降、児童相談所での児童虐待相談対応件数（第2章 図2-1 参照）が増加し続けています。そして、表9-2[20] に見るように、虐待死も高い水準で推移しています。

表9-2　虐待死の年次推移

	第7次報告 (H21.4.1～ H22.3.31)			第8次報告 (H22.4.1～ H23.3.31)			第9次報告 (H23.4.1～ H24.3.31)			第10次報告 (H24.4.1～ H25.3.31)			第11次報告 (H25.4.1～ H26.3.31)			第12次報告 (H26.4.1～ H27.3.31)			第13次報告 (H27.4.1～ H28.3.31)			第14次報告 (H28.4.1～ H29.3.31)			第15次報告 (H29.4.1～ H30.3.31)		
	心中以外	心中	計	心中以外	心中	計	心中以外	心中	計	心中以外	心中	計	心中以外	心中	計	心中以外	心中	計	心中以外	心中	計	心中以外	心中	計	心中以外	心中	計
例数	47	30	77	45	37	82	56	29	85	49	29	78	36	27	63	43	21	64	48	24	72	49	18	67	50	8	58
人数	49	39	88	51	47	98	58	41	99	51	39	90	36	33	69	44	27	71	52	32	84	49	28	77	52	13	65

社会保障審議会児童部会児童虐待等要保護事例の検証に関する専門委員会「子ども虐待による死亡事例等の検証結果等について（第15次報告）の概要」2019.8をもとに著者作成

要保護児童対策地域協議会：虐待を受けている子どもを始めとする要保護児童の早期発見や適切な保護を図るために、関係機関がその子ども等に関する情報や考え方を共有し、適切な連携の下

で対応していく。2004（平成16年）の児童福祉法改正法で整備された。構成メンバーは以下。

児童福祉関係：市町村の児童福祉、母子保健等の担当部局、児童相談所、福祉事務所（家庭児童相談室）、保育所（地域子育て支援センター）、児童養護施設等の児童福祉施設、児童家庭支援センター、里親、児童館、民生・児童委員協議会、主任児童委員、民生・児童委員、社会福祉士、社会福祉協議会

保健医療関係：市町村保健センター、保健所、地区医師会、地区歯科医師会、地区看護協会、医療機関、医師、歯科医師、保健師、助産師、看護師、精神保健福祉士、カウンセラー（臨床心理士等）

教育関係：教育委員会、幼稚園、小学校、中学校、高等学校、盲学校、聾（ろう）学校、養護学校等の学校

警察・司法関係：警察（警視庁及び道府県警察本部・警察署）、弁護士会、弁護士

人権擁護関係：法務局・人権擁護委員

配偶者からの暴力関係：配偶者暴力相談センター等配偶者からの暴力に対応している機関

その他：NPO、ボランティア、民間団体

（1）事件※）の概要

2011（平成23）年5月26日、2歳10か月の男児（第4子：以下、「本児」という）が救急搬送先の病院で死亡しました。本児の体重は5.8kgで平均体重の半分以下、死因は餓死でした。その後、本児の姉である5歳の女児（第2子）が低栄養のため保護され入院しました。同年8月に両親は本児への保護責任者遺棄致死の容疑で逮捕され、起訴されました。また、同年11月には第2子への保護責任者遺棄致傷の容疑で追起訴されました。

（2）家族構成

父（38歳）、母（27歳）、第1子（長女6歳：小学校1年）、第2子（次女5歳：所属集団なし）、第3子（三女：生後3か月で死亡）、本児：第4子（長男2歳10か月：所属集団なし）〔年齢等は2011（平成23）年5月時点〕。

（3）関係機関や専門職がかかわった経緯

事件発生前の本家族の様子は、表9-3の通りです。

本児に関して、出生した当日〔2008（平成20）年7月〕に入院先の医療機関から退院後の育児支援の要請がありました。表9-4は、そこから本児が死亡に至る経緯を報告書をもとに整理したものです。

※）本事例は、事件が発生したK市の責任部署の担当者に許可を得ての掲載です。なお、事件の検証結果報告書はすでに公表されているものです。

表 9-3　事件発生前の記録

年月日	かかわった機関・人	内容	家庭の様子・対応
2003（平成 15）			父母同居
2004（平成 16）.8～			第 1 子、翌 17 年 9 月に第 2 子出生。1 子の妊娠届出は出産前日で、第 2 子の妊娠届出は出産翌日であった
2005（平成 17）.10	第 2 子が出生した病院から旧保健センター（現 K 保健所）へ連絡	飛び込み出産で入院し、退院後 1 か月健診も未受診である。養育状況が心配のため病院から家庭訪問等による育児支援の依頼あり	
2005（平成 17）.11 2006（平成 18）.1 2007（平成 19）.10	旧保健センター職員	自宅訪問	訪問時、不在であったり、玄関外での父との面談のみで、子どもとの面接は拒否
2006（平成 18）.3	保健所	第 1 子の 1 歳 6 か月児健診	両親同伴で受診。健診時、発育他の問題はなく、成長を喜ぶ両親の言葉が聞かれた
2006（平成 18）.12	市役所、家庭児童相談担当	第 3 子の妊娠の届け出	「忙しかった」との理由で、妊娠第 20 週で母が第 3 子の妊娠届出
2007（平成 19）.5		第 3 子、飛び込み出産	第 3 子、飛び込み出産。児は生後 3 か月で死亡（乳幼児突然死症候群）
2008（平成 20）.3	保健所	第 1 子の 3 歳児健診受診	母が同伴で受診し、親子にとくに心配な様子はなく、予防接種も順調に接種していた

事件の検証報告書をもとに著者作成

表 9-4　本事例の虐待死の経緯

年月日	かかわった機関・人	内容	家庭の様子・対応
2008（平成 20）.7	本児の出生当日に医療機関から保健所へ電話連絡	妊娠中の健診受診は 2 回のみで低出生体重児（2,146g）。退院後の育児支援要請。母入院中、第 1 子・2 子は父親が面倒を見ているとのことだが、父の来院時に第 2 子（一人で留守番させる年齢ではない）を同伴せず、「第 2 子の姿が確認できない」などであった	
2008（平成 20）.7 の翌日	保健所は、家庭児童相談担当に即日連絡	情報を受理した家庭児童相談担当は、子どもの状況や家庭状況などの情報を収集し、「第 2 子の乳幼児健診・予防接種・医療受診が滞っていること」を確認し、子どもの安全確認と養育環境の確認が必要と認識A	
2008（平成 20）.7 の翌々日	家庭児童相談担当と保健所職員が同伴で医療機関を訪問	産後 2 日目の母親と面談して退院後の家庭訪問（新生児訪問）の受け入れについて約束した	退院後の家庭訪問（新生児訪問）の受け入れ（母親）
2008（平成 20）.8.1 母子退院翌日	保健所職員	母親との約束による家庭訪問を実施。第 2 子の安全確認と養育環境の確認を主な目的	当日在宅していた父親がドアの外で対応し、職員に対して約 1 時間にわたり威嚇的・暴力的な言動で子どもへの面接・入室を強く拒否B

2008（平成20）.8.1	同日、今後の適切な対応のために市の担当課からK児童相談所とK警察へ状況を報告した	養育状況の把握・確認ができなかった。母へのDVが懸念される発言があった。市では、これらの対応状況から、子どもたちの安全確認等の緊急対応を要する状況であると判断した	家庭児童相談担当は、子どもとの面接による養育状況確認を強く拒否する父の特異性（易怒性，攻撃性）と夫婦関係の問題（内縁関係、DVの疑い）」などのリスク要因を把握したⒸ
2008（平成20）.8.4	家庭児童相談担当からK児童相談所へ送致	市側が「第2子の生存が危ぶまれる重篤なネグレクトの疑いがあり、介入的措置が必要」と判断する	
2008（平成20）.8.5	K児童相談所が家庭訪問を実施	子ども全員の目視もでき、生活環境についてもとくに問題点と思われる事態は見受けられない	
2008（平成20）.8.18	児童相談所から市へ送致	今後は母子へ予防接種等保健関係の配慮は必要であるⒸ	
2008（平成20）.9	K市要保護児童対策地域協議会・進行管理部会	ケース管理を開始 K児童相談所を加えた会議を3か月ごとに開催し、支援状況の確認及び方針検討を行った	
2009（平成21）.3	個別ケース会議を実施 主任児童委員やK市民健康づくり推進員などの地域関係者へ見守り	支援方針：市の役割は「引き続き、本家庭児童の幼児健診や予防接種の勧奨など母子保健の機会を捉えた支援的な対応でかかわりをもつこと」児童相談所の役割は「通報があれば対応する」	
2009（平成21）.6	家庭児童相談担当と保健所	状況把握のため家庭訪問	玄関の外で父からの状況聴取はできたが、子どもとの面接は強く拒否された
2010（平成22）.5	家庭児童相談担当と保健所	状況把握のため家庭訪問	不在
2010（平成22）.9	家庭児童相談担当と保健所	状況把握のため家庭訪問	父は「自分の花粉症が治まる時期で、来年（平成23年）の6月なら子どもに会わせてもよい」と言い、当日の子どもとの面接は強く拒否した
2010（平成22）.11	家庭児童相談担当から教育委員会へ	第1子の就学時健診時での家庭情報の収集を依頼した	就学時健診当日は連絡なく未受診となり、教育委員会が家庭訪問したが不在であったⒹ
2011（平成23）.3までに	個別ケース会議の方針により、本児及びきょうだいの健診や予防接種の勧奨など母子保健の機会を捉えた支援的な対応で状況確認するなどのかかわりをもつことを継続した		
	要保護児童対策地域協議会・進行管理部会	3か月ごとに11回開催し、児童相談所を含む支援機関で支援検討を継続して実施していた	第2子及び本児は就学前であり、幼稚園・保育園等の所属集団もなかったため、外部との接触が確認できない状況が続いたⒹ
2011（平成23）.3	家庭児童相談担当から教育委員会へ	第1子の就学校に対して、入学後の見守りや家庭状況の把握及び定期的な情報提供等を依頼した（小学校入学後、4月の欠席は1日のみで登校は順調であるとの報告があった）	
2011（平成23）.5.26			本児（第4子：2歳10か月）が救急搬送先の病院で死亡し、その後、姉の第2子（5歳）が低栄養のため保護され入院した

※　第3子（三女：平成19年8月生まれ）は生後3か月に乳幼児突然死症候群で死亡　　　　　事件の検証報告書をもとに著者作成
※　児童は4人とも父母の実子
※　父母は平成15年から内縁関係であったが、平成21年11月に婚姻

事例は、母親の出産のために入院した医療機関からの通報・育児支援の要請から始まります🅐（表9-3参照、以下本文中🅑〜🅓も同じ）。その要請を受けた保健所は、素早く市担当課と連携を取り、入院中に母子面接を行い、退院後の家庭訪問（新生児訪問）の受け入れの約束をしました。保健所保健師は母親との約束どおりに家庭訪問（第2子の安全確認）を実施しますが、父親から約1時間にわたり威嚇的・暴力的な言動を受け、子どもへの面接・入室を強く拒否されます🅑。

　家庭児童相談担当は、「子どもとの面接による養育状況確認を強く拒否する父の特異性（易怒性，攻撃性）と夫婦関係の問題（内縁関係，DVの疑い）」などから、「第2子の生存が危ぶまれる重篤なネグレクトの疑いがあり、介入的措置が必要」と判断し、児童相談所に送致します。送致を受けた児童相談所は翌日に家庭訪問をし、養育環境と子どもの様子を確認しましたが、とくに問題点が認められないとし、その12日後に市に「今後は母子へ予防接種等保健関係の配慮が必要である」と逆送致します🅒。この間にK市要保護児童対策地域協議会・進行管理部会がケース管理を開始し、K児童相談所を加えた会議を3か月ごとに開催し、支援状況の確認及び方針検討（市の役割は『引き続き、本家庭児童の幼児健診や予防接種の勧奨など母子保健の機会を捉えた支援的な対応でかかわりをもつこと』、児童相談所の役割は『通報があれば対応する』）を行いました。

　会議と並行して、家庭の状況把握のために保健所保健師と市町村家庭相談担当は数回にわたり家庭訪問をします🅓が、第2子、4子（本児）の状況は確認できていない中での死亡事故でした。

（4）事例における機関間の連携における課題

　本事例を概観すると、事例の家庭の養育に関して様々な専門機関がかかわっています。医療機関、保健所保健師、市区町村担当課・家庭相談担当、児童相談所、警察、要保護児童対策地域協議会[21]、教育委員会、小学校などです。要保護児童対策地域協議会の構成員を入れると、家庭がある地域のほぼすべての子育て・子育ちの専門機関とその専門家がかかわっていることになります。専門機関間の連携も取れているようにも見えます。このような連携のもと、大勢の専門家が数年にわたりかかわりながら、なぜ虐待事件は起きてしまったのでしょうか。

　もう一度、関係機関や専門職がかかわった経緯を見てみます。この経過の🅒において、保健所保健師・市町村家庭相談担当と児童相談所に、事例の家庭に対する危機意識のズレを挙げることができます。これは児童相談所の見立てが間違っているとかいう問題ではなく、同じケースでも見立てる人によって見え方が異なるともいえますし、訪問する人によって家庭の対応が異なるともいえます。訪問者によって見え方が異なる時には、どちらがより適切なアセスメントをしているかというのではなく、ズレの検討をすることによって、より適切な対応の可能性が開けてくるということだと思います。

　もう一つは、Ｄの部分です。約１年間にわたり、保健所保健師と市町村家庭相談担当が家庭訪問していますが、不在だったり、拒否されたりしています。この間、要保護児童対策地域協議会のケース会議が開かれていますが、最初に立てた支援方針「市の役割は『引き続き，本家庭児童の幼児健診や予防接種の勧奨など母子保健の機会を捉えた支援的な対応でかかわりをもつこと』、児童相談所の役割は『通報があれば対応する』」が記録からは変更された形跡がないということです。

（5）関係機関の連携と機関間をつなぐ専門職の危機意識

　このことについて考えられることは、保健所保健師、市町村家庭相談担当の事例の第２子、４子に対する意識（第１子は学校に通っているなどから）が、問題を感じながらも緊急性を感じていなかったか、あるいは、要保護児童対策地域協議会でのケース検討において、時間の制限の中で保健師などの抱いている問題が家庭の問題として反映されていなかったか、また保健所保健師や市町村の家庭相談担当の専門性が低く見積もられていたのかということです。

　さらに、報告書によると、保健所保健師や市町村家庭相談担当から地域関係者の民生委員・児童委員や主任児童委員、Ｋ市健康づくり推進員（地域の子どもから老人までの見守りや相談など、市の関係部署と市民をつなぐＫ市独自の制度による。全市に約300人）への見守りを依頼していましたが、依頼した関係者からのヒアリングが不十分だったなど、地域の人材を活用できなかったとしています。

　最後に、増加する虐待など配慮を必要とする家庭に対して、そこへ対応する人材の不足と時間の不足が考えられます。本事例からも理解できますが、「子ども虐待対応の手引き」（厚生労働省）や本書が参照した『千葉県子ども虐待対応マニュアル』を見てみると、ひとつの事例の対してかなりの時間と人手がかかる対応になっています。家庭というプライバシー空間に介入していくわけですから、慎重さが必要で手引きやマニュアルの通りだと考えられます。そうだとすると、関係機関で子育て支援に従事する専門職の人数の確保が重要になります。

　また、地域の全体で子育て家庭を支援するとしたら、そのネットワークづくりが重要であることはいうまでもないことです。ネットワークとか連携に関して、事例の経過を見る限り、システムとしては整ってきているように思います。しかし、システムを有機的にする人の意識に問題を残しているように思います。一つの事例に関して役割分担は必要と思いますが、分担をしたところだけをしっかりやればよいというのではなく、子どもの最善の利益という視点で、事例全体を把握しながら役割を遂行することが重要になります。担当ケースに関して、課題（子どもの最善の利益に関して）が出てきたときには、課題を抱えているその専門職の専門性がフルに発揮できるように、そして、他の専門職がその専門性を尊重して討議を重ねるなどの対応が重要になります。

子育て・子育ちにかかわる専門職は、お互いの専門性を尊重して討議ができるように、専門性の質の向上に努めることになります。

　本事例には保育者が登場しませんでしたが、保育所や幼稚園は家庭外で子どもと密接にかかわる場所です。本事例の通告は医療機関でしたが、最初の場所が保育所だったり、子育て支援の場だったりすることが多くあります。保育者は、初動の医療機関の動きに伴う本事例での保健所保健師や市町村家庭相談担当の役割を担ったり、また彼らと連携しながら虐待などの配慮を必要とする家庭にかかわることになります。

第10章

子ども家庭支援における
自治体の取り組みの実際

　これまで、子育て家庭支援に対する施策（第１部第２章参照）
や、それに基づいた具体的な支援を必要とする家族・家庭に対す
る支援の実際（第２部の第５章から第９章）について展開しまし
た。子育て家族・家庭は、具体的にどのような支援を必要として
いて、その必要に、保育所等の専門機関がどのように対応してい
るのかの視点からみてきました。

　以上のような様々な取り組みをしてきているにもかかわらず、
地域の人との関係が希薄化し、個別化し小さな集団になった家族・
家庭においては、育とうとしている子どもの望ましい発達経験の
場（第１部第３章参照）になりにくい現状が依然として解消され
ていないように思います。

　子どもの親や保護者は、その最初において手探りで子育てを開
始し、不安であったりつまずいたりします。そのようなときに、
どうすればいいのか、どこに相談すればいいのか。相談すること
すら思いつかずに、様々な悩みや問題を抱えています。

　ここでは、安心して子育ち・子育てができることを目指し、ワ
ンストップでの相談窓口、連携、個々の家族・家庭に添った個別
の支援、そして、出生後から切れ目ない支援について市町村の取
り組みをみていきます。その在り方から、今後の子ども家庭支援
の在り方を考えていくヒントを得たいと思います。

1. 切れ目のない支援に向けて

(1) 子ども・子育て支援における基本方針

　ここでは、子ども子育て関連3法施行後の子どもと家庭を支援する市町村の取り組みの実際をみていきます。

　各地方公共団体は、2015（平成27）年の子育て支援法に基づく基本指針および2005（平成17）年の次世代育成支援対策推進法に基づいて子ども・子育て支援事業計画を策定し円滑な実施が求められています。子ども子育て支援は、一人ひとりの子どもの育ちを保障する（子どもの最善の利益）ことを目指しています（表10-1参照）。

　「子どもの最善の利益」は、子どもの生存の基盤とその発達が保障されることであり、その発達のための経験は、それぞれの発達段階に即した良質な生活の内容によって保障されるとしています（表10-1の目的を達成するための必要事項参照）。子どもの発達段階のそれぞれの時期の特性とその時期に経験しておきたいことが基本になります（表10-2参照）。すべての子ども子育て支援事業の計画は、子どもの発達を捉えての子育ち支援であり、子育て支援は保護者の子どもの発達理解をもとにした子どもとの生活を作り上げていくことを支援する、つまり、親が子どもの保護者であることを自覚し責任を持つことができるように「親が親として育つこと」を支援することが重要になります。

　表10-3には子育て支援の目的、目標を達成するために必要な事項、社会を構成している人々の責務やその計画を策定する上での留意事項をまとめています。子ども家庭支援は、障がいや疾病、虐待や貧困など社会的な支援の必要性が高い子どもと家庭だけに限らず、すべての子どもと家庭を対象としています。

　子ども・子育て支援の実施は、市町村が主体となります。市町村は、国が定める地域子ども子育て支援事業に示した13の事業（表10-3参照）と、それぞれの市町村の状況やニーズに即した独自の事業を盛り込んだ具体的実施な実施計画を策定することになります。

表 10-1　「すべての子どもの最善の利益」が実現される社会を目指す

目的　（子育て支援法第 1 条）	目的を達成するための必要事項	計画策定の留意点	社会の責務
第一条 この法律は、我が国における急速な少子化の進行並びに家庭及び地域を取り巻く環境の変化に鑑み、児童福祉法（昭和二十二年法律第百六十四号）その他の子どもに関する法律による施策と相まって、子ども・子育て支援給付その他の子ども及び子どもを養育している者に必要な支援を行い、もって**一人一人の子どもが健やかに成長することができる社会の実現に寄与すること**を目的とする。	・子ども・子育て支援については、**「子どもの最善の利益」が実現される社会を目指す**との考えを基本に、子どもの視点に立ち、**子どもの生存と発達が保障されるよう、良質かつ適切な内容及び水準**のものとすること。 ・法は、障害、疾病、虐待、貧困、家族の状況その他の事情により**社会的な支援の必要性が高い子どもやその家族を含め、全ての子どもや子育て家庭を対象**とするものである。このことを踏まえ、全ての子どもに対し、身近な地域において、法に基づく給付その他の支援を可能な限り講じるとともに、関連する諸制度との連携を図り、必要な場合には、これらの子どもに対する適切な保護及び援助の措置を講じることにより、**一人一人の子どもの健やかな育ちを等しく保障**すること。 ・親自身は、周囲の様々な支援を受けながら、実際に子育てを経験することを通じて、親として成長していくものであり、全ての子育て家庭を対象に、こうしたいわゆる**「親育ち」の過程を支援**していくこと。	・地域のニーズに応じた多様かつ**総合的な子育て支援を質・量両面にわたり充実**させること ・妊娠・出産期からの**切れ目のない支援**を行っていくこと、保護者の気持ちを受け止め、寄り添いながら相談や適切な情報提供を行うこと ・**発達段階に応じた子どもとの関わり方等に関する保護者の学びの支援**を行うこと ・安全・安心な活動場所等子どもの健全な発達のための**良質な環境を整える**こと ・**地域の人材**をいかしていくこと	**地域及び社会全体**が、子育て中の保護者の気持ちを受け止め、寄り添い、支えることを通じ、保護者が子育てに不安や負担ではなく**喜びや生きがいを感じる**ことができ、そして未来の社会をつくり、担う存在である**全ての子どもが大事にされ、健やかに成長できるような社会**、すなわち**「子どもの最善の利益」が実現**される社会を目指す。

内閣府 告示第 159 号 「教育・保育及び地域子ども・子育て支援事業の提供体制の整備並びに子ども・子育て支援給付並びに地域子ども・子育て支援事業及び仕事・子育て両立支援事業の円滑な実施を確保するための基本的な指針」（子ども子育て支援法に基づく本方針）2014 より著者作成（太字指定は著者）

表 10-2　保護者の学びの支援のために：子どもの最善の利益＝「発達過程に応じた子どもとの関わり方」の整理

発達過程	時期の特性
乳児期 （おおむね 1 歳に達するまで）	身近にいる特定の大人（実親のほか、里親等の実親以外の養育者を含む。）との愛着形成により、情緒的な安定が図られるとともに、身体面の著しい発育・発達が見られる重要な時期である。子どもが示す様々な行動や欲求に、身近な大人が応答的かつ積極的に関わることにより、子どもの中に人に対する基本的信頼感が芽生え、情緒の安定が図られる。こうした情緒の安定を基盤として心身の発達が促されるなど、人として生きていく土台がこの時期に作られる。
幼児期前期 （おおむね 3 歳に達するまで）	基本的な身体機能や運動機能が発達し、生活や遊びを通して、人や物との関わりを広げ、行動範囲を拡大させていく時期である。強く自己主張することも多くなるが、大人がこうした姿を積極的に受け止めることにより、子どもは自分に自信を持つ。自分のことを信じ、見守ってくれる大人の存在により、安心感や安定感を得て、子どもは身近な環境に自ら働きかけ、好きな遊びに熱中したりして、自発的に活動するようになる。こうした自発的な活動が主体的に生きていく基盤となる。また、特定の大人への安心感を基盤として、徐々に人間関係を広げ、その関わりを通じて社会性を身に付けていく。
幼児期後期 （おおむね 3 歳以上）	遊びを中心とした生活の中で、特に身体感覚を伴う多様な活動を経験することにより、豊かな感性とともに好奇心、探究心や思考力が養われ、それらがその後の生活や学びの基礎になる時期である。また、物や人との関わりにおける自己表出を通して、自我や主体性が芽生える。また、人と関わり、他者の存在に気付くことなど、自己を取り巻く社会への感覚を養うなど、人間関係も急速に成長する時期である。この時期における育ちは、その後の人間としての生き方を大きく左右する重要なものとなる。
学童期	生きる力を育むことを目指し、調和のとれた発達を図る重要な時期である。この時期は、自立意識や他者理解等の社会性の発達が進み、心身の成長も著しい時期である。学校教育とともに、遊戯やレクリエーションを含む、学習や様々な体験・交流活動のための十分な機会を提供し、放課後等における子どもの健全な育成にも適切に配慮することが必要になる。

内閣府「子ども子育て会議　第 5 回資料 1-1 『子ども・子育て支援法に基づく基本指針（案）』」2013 をもとに著者作成

表 10-3　地域子ども・子育て支援事業の概要について

	事業名	事業の内容
①	利用者支援事業	子どもや保護者の身近な場所で、教育・保育施設や地域の子育て支援事業等の利用について情報収集を行うとともに、それらの利用に当たっての相談に応じ、必要な助言を行い、関係機関等との連絡調整等を実施する事業
②	地域子育て支援拠点事業	家庭や地域における子育て機能の低下や、子育て中の親の孤独感や負担感の増大等に対応するため、地域の子育て中の親子の交流促進や育児相談等を行う事業
③	妊婦健康診査	妊婦の健康の保持及び増進を図るため、妊婦に対する健康診査として、①健康状態の把握、②検査計測、③保健指導を実施するとともに、妊娠期間中の適時に必要に応じた医学的検査を実施する事業
④	乳児家庭全戸訪問事業	生後4か月までの乳児のいるすべての家庭を訪問し、子育て支援に関する情報提供や養育環境等の把握を行う事業
⑤	養育支援訪問事業	乳児家庭全戸訪問事業などにより把握した、保護者の養育を支援することが特に必要と判断される家庭に対して、保健師・助産師・保育士等が居宅を訪問し、養育に関する相談支援や育児・家事援助などを行う事業
	子どもを守る地域ネットワーク機能強化事業（その他要保護児童等の支援に資する事業）	要保護児童対策地域協議会（子どもを守る地域ネットワーク）の機能強化を図るため、調整機関職員やネットワーク構成員（関係機関）の専門性強化と、ネットワーク機関間の連携強化を図る取組を実施する事業
⑥	子育て短期支援事業	母子家庭等が安心して子育てしながら働くことができる環境を整備するため、一定の事由により児童の養育が一時的に困難となった場合に、児童を児童養護施設等で預かる短期入所生活援助（ショートステイ）事業、夜間養護等（トワイライトステイ）事業
⑦	子育て援助活動支援事業（ファミリー・サポート・センター事業）	乳幼児や小学生等の児童を有する子育て中の労働者や主婦等を会員として、児童の預かり等の援助を受けることを希望する者と当該援助を行うことを希望する者との相互援助活動に関する連絡、調整を行う事業
⑧	一時預かり事業	家庭において一時的に保育を受けることが困難になった乳幼児について、保育所、幼稚園その他の場所で一時的に預かり、必要な保護を行う事業
⑨	延長保育事業	保育認定を受けた子どもについて、通常の利用日及び利用時間以外の日及び時間において、保育所等で引き続き保育を実施する事業
⑩	病児保育事業	病気の児童について、病院・保育所等に付設された専用スペース等において、看護師等が一時的に保育等を行う事業
⑪	放課後児童健全育成事業（放課後児童クラブ）	保護者が労働等により昼間家庭にいない小学校に就学している児童に対し、授業の終了後等に小学校の余裕教室や児童館等において適切な遊び及び生活の場を与えて、その健全な育成を図る事業
⑫	実費徴収に係る補足給付を行う事業	保護者の世帯所得の状況等を勘案して、特定教育・保育施設等に対して保護者が支払うべき日用品、文房具その他の教育・保育に必要な物品の購入に要する費用又は行事への参加に要する費用等を助成する事業
⑬	多様な主体が本制度に参入することを促進するための事業	新規参入事業者に対する相談・助言等巡回支援や、私学助成（幼稚園特別支援教育経費）や障害児保育事業の対象とならない特別な支援が必要な子どもを認定こども園で受け入れるための職員の加配を促進するための事業

内閣府「地域子ども・子育て支援事業について」2015

（2）切れ目のない支援─子育て世代包括支援センターの役割

　子どもの発達や保護者が保護者として育っていくためには、ある程度、継続した他者の支援が必要になります。利用者支援事業の目的を果たすためには、子育ち・子育てをめぐっての地域の様々なニーズを把握し、適切に対応するための総合的相談窓口が重要になります。総合相談窓口は、結婚から妊娠・出産を経て子育て期に至るすべての時期に、困ったことや助けが必要な時に、迷わずにどのような相談にも対応できる「ワンストップの

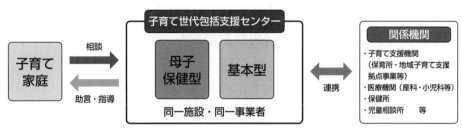

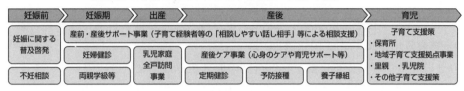

厚生労働省「子育て世代包括支援センター業務ガイドライン」2017に、筆者一部加筆

図10-1　子育て世代包括支援センターのイメージ

場」とされています。さらに、妊娠から子育て期に至るまでの長い期間、それぞれの子育ての課題に対応するために、切れ目のない支援が必要になります。そのような場として「子育て世代包括支援センター（以下、センターという）が新たに規定され、市町村にその設置が求められました（「児童福祉法等の一部を改正する法律」〔2016（平成28）年〕）。図10-1はセンターのイメージです。

　センターには、妊娠の届出等の機会に得た情報を基に、妊娠・出産・子育てに関する相談に応じ、必要に応じて個別に支援プランを策定し、保健・医療・福祉・教育等の地域の関係機関と連携し切れ目のない支援を行うことが求められます。センターは、以下の主な連携先と協働し、以下の必須の業務を行うことになります。

```
＜主な連携先の例＞
庁内の関係部署、医療機関（産科医、小児科医等）や助産所、保健所、市町村保健センター、地域子育て支援拠点事業所、児童館、こども園・幼稚園・保育所、学校、児童相談所、公民館、NPO法人・ボランティア、民生委員・児童委員、市区町村子ども家庭総合支援拠点、要保護児童対策地域協議会、児童発達支援センター、学童保育、放課後デイサービス、産後ケア施設等
                                （子育て世代包括支援センター業務ガイドラインより）
```

```
＜子育て世代包括支援センターの必須業務＞
①妊産婦・乳幼児等の実情を把握すること
②妊娠・出産・子育てに関する各種の相談に応じ、必要な情報提供・助言・保健指導を行うこと
③支援プランを策定すること
④保健医療又は福祉の関係機関との連絡調整を行うこと
                                （子育て世代包括支援センター業務ガイドラインより）
```

2. 切れ目のない支援の実際

（1）東京都文京区版ネウボラ

　子育て世代包括支援事業の創設に先駆けて取り組んだ東京都文京区の子育て支援の取り組みの一覧をみてみます（図10-2参照）[1]。

　図10-2に見るように、東京都文京区（図の取り組みは、文京区に限らず、多少の地域差があるにしても各市町村で取り組んでいる内容です）では様々な支援に取り組んできています。それらの支援を担当する課が多岐にわたり、役所の窓口に行っても担当課が違っ

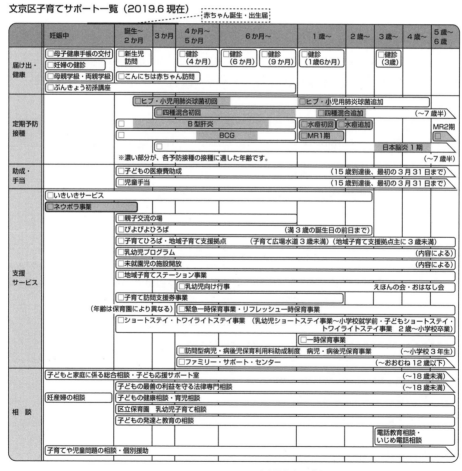

東京都文京区「文京区子育てガイド」2019 一部改変

図 10-2　文京区の取り組んでいる子育て支援

ていたり、担当課であっても担当者が代わっていたりして、なかなかスムーズに相談できない、また、必要な時に必要な支援が受けられない、担当課間や担当者間の連携がうまく機能していないことが課題の一つとして挙げられていました。

　妊娠から子育て期間を通しての様々な相談の窓口を一つにして、相談はその窓口で受け止められ、継続して支援をする仕組み（子育て世代包括支援センター）として、文京区では、文京区版ネウボラ事業を立ち上げました（図 10-2 の中の四角で囲った部分）。文京区版ネウボラ事業概要は次の図 10-3 の通りです。

　文京区の子育て世代支援包括支援センターには、地区ごとに担当の母子保健コーディネ

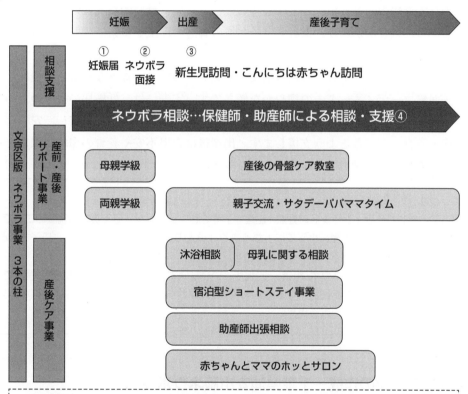

東京都文京区「文京区子育てガイド」2019 より

図 10-3　文京区版ネウボラ事業概要─妊娠期からの切れ目のない支援

ーターを置いています。母子保健コーディネーターは、法に基づいて、あるいは、子育てに関する相談に応じて、安心して子育てができるように、切れ目のない支援の施策を実践しています。また、母子保健コーディネーター（他市町村では、子育てケア・マネージャー、チャイルド・アドバイザー等と呼んだりしています）は、個々の相談内容に応じて、各種支援を組み合わせた支援プランを作成します。

　それぞれの担当地区の母子保健コーディネーターの役割を整理すると、「妊産婦や家族のニーズを踏まえた情報の提供・必要に応じて支援プランの作成」「複数のサービス、継続的な支援を必要とする場合の関係機関との連絡・調整」、「必要のある場合は定期的な見守りと支援」等を行うことです。

　母子保健コーディネーターは、一人ひとりの相談者の相談内容を把握し、区で取り組んでいる子育て支援の内容と担当課とつなぐこと、さらに、継続的な支援が必要な場合は、見守りながら、適宜かかわり、保護者と子どもの育ちの環境を整える手助けすることを通して親子関係が育っていくことを支えます。

　以上みてきたように、子育て世代包括支援センターの要は、様々な施策を有機的につなげる母子保健コーディネーターの細やかな働きです。実際には、妊娠届の提出のため関係課に来るすべての妊婦を対象に面接（図10-3中②ネウボラ面接）を実施し、安心して妊娠・出産・子育てができるよう支援します。出産後は育児不安や養育の環境に課題を抱えている親子を発見し、対応していくことになります。

ネウボラとは
福祉先進国と言われるフィンランドの妊娠・出産・子育てをワンストップで支援する制度のことです。この制度の核は、妊娠から出産、小学校に上がるまで「一人のスタッフが切れ目なく、母子を中心に父やきょうだいも支援し続ける」というところです。
ちなみにフィンランド語で、ネウボ：相談、ラ：場所という意味で、相談する場所を意味する言葉です。
（参照：内閣府子ども子育て新制度すくすくジャパン「妊娠から出産、子育てまでの切れ目ない支援の在り方について―日本版ネウボラ構想）

（2）支援プランの作成―千葉県浦安市版ネウボラ

　切れ目のない支援の重要な側面の一つに、必要に応じて個々の支援プランを作成することがあります。ここでは浦安市の取り組みをみていきたいと思います。広報うらやすの2016（平成28）年9月1日号では、浦安市に子どもネウボラオープンという特集を組んでいます[2]。

　それによると、「‥略‥『少子化対策基金』を創設し、子育てケアプランの作成や産後ケア事業、‥出会いから妊娠、出産、子育てにわたる切れ目のない支援を展開しています。子育て世帯に寄り添って『安心感』の醸成を図るとともに、円滑な支援の実現のため

『母子保健』と『子育て支援』の拠点を健康センターに集約した「こどもネウボラ」が開設します‥略」というように、相談の窓口を一本化したことを市民に告知しています。

「子育てケアプランの作成」を行い、子育てケアマネジャーと保健師が、妊娠中から、妊婦の心配事などの相談にのるとしています。子育てケアプランは、子育て世帯の孤立感や負担感を和らげ、子どもを産み育てやすい環境づくりの根幹となるものとしています。子育てケアプランは、妊婦と生まれてくる子どものライフステージに合わせて合計３回にわたり作成されます。作成の時期は図10-4のように紹介されています。

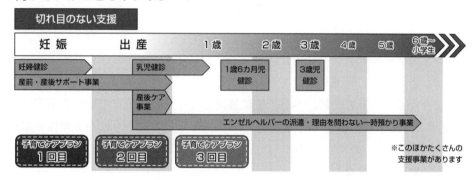

千葉県浦安市「広報うらやす」2016.9.1より

図10-4　子どもケアプラン作成の時期

千葉県浦安市「広報うらやす」2016.9.1より

図10-5　出産までのケアプラン作成例

　１回目は、妊娠３か月前後に、出産までの約半年間の子育てケアプランを作成します。
　ここでは、妊娠中の悩みや不安を受け止めることや、妊娠届出時に妊娠期の過ごし方をアドバイスしたりします。たとえば、里帰り出産をするのか、実家は近いのかなどのまわりの支援状況や、妊婦の意思を十分に確認したうえで、市の取り組みを有効に活用できるように、その人のための支援計画を作成します。
　２回目は、出産の前後に、子どもが１歳の誕生日を迎える頃までの約１年間の計画を立てることになります。その子どもと家族が住んでいる場所や家族構成、就労の有無などを

もとに、利用できる市の事業を紹介しながら立てることになります。2回目の作成時には、オリジナルマザーズバッグや肌着などの衣類を、また、市内協賛店で利用できる5000円相当のバウチャー券を贈呈します。

　3回目は、子どもとの生活を聞いたり、就労の有無などの意思を確認し合いながら、1歳の誕生日前後に2歳を迎える頃までの子育てプランを作成することになります。3回目の作成時に、市内協賛店で利用できる1万円相当のバウチャー券を贈呈するとしています。

　この子育てケアプランの利用者は「子どもと二人の時間が多く、子育てケアマネジャーさんにちょっとした相談やお話ができるだけで、気持ちが楽になりました。子どもの月齢があがっていっても途切れることなく定期的に相談ができたり、子育ての情報を得ることができるのでありがたいです」と感想を述べています。

　相談しやすく、一つの窓口で必要に応じて継続的にサポートが受けられることで、子どもと家族が、その生活に見通しが立てられることが様々なリスクに立ち向かう力になります。このようなかかわりの先に、本書で先に展開した「地域の子育て家庭と子育て支援」「保育を必要とする家族・家庭の支援」「障がいのある子どもとともにある家族・家庭の支援」「子どもの貧困とその家族・家庭への支援」「養育困難な家庭とその子どもへ支援」が実際に展開されることになります。

第3部

子ども家庭支援の
今後の課題

第11章

子育て支援の今後の課題
―支援する側から―

　本書では、子ども家庭支援を様々な視点で検討してきました。ここでは、もっとも身近な子育て支援施設として、子育て支援センターの実践から繰りだされる課題を整理します。

　そのために、最初に子育て支援が創設されてから現在に至るまでの経緯を概観します。そして、子育て支援制度の抱える課題をざっと整理します。さらに、制度のもとで具体的に子育て支援を実施する支援者に視点を当てて、支援者の抱える課題（専門性の向上に向けて）を理解することをねらいとします。

1. 子ども・子育て新制度下の子育て支援

　子どもと家族・家庭をめぐる社会的な課題として、子育て家庭の孤立、保育所待機児童問題などを挙げることができます。子ども・子育て新制度（以下新制度とする）は、子どもたちの健やかな育ちと子育てを社会全体で支えていくことを強調しています。そのために、多様な支援体制を強化（図11-1　子ども・子育て支援新制度の体系（平成28年4月）参照）し、利用者がニーズに合わせて必要な支援を選択できる体制を構築するなど、すべての家庭が安心して子育てができる社会の実現を目指しています。

　子育ち・子育てを社会で支えていくという考え方は、1994年のエンゼルプラン以降、一貫しているのですが、それと、大きく異なる点は、税源の裏付けとセットになっているところです。これまで高齢者が主な対象であった社会保障の枠組みの中に「子育て支援」が位置づけられたところです。

　新制度は、保育が必要な家庭だけでなく、全ての家庭を対象に地域の事情に応じた多様な子ども・子育て支援を充実させるため、地域子育て拠点事業、一時預かり事業、放課後児童健全育成事業、病児保育事業等の市町村が行う「地域子ども・子育て支援事業」を位置づけました（図11-1中の点線部分参照）。また、子どもや保護者が子育て支援事業を円滑に利用できるように、必要な情報提供等を行う「利用者支援事業」が新たに加わりました。

図11-1　子ども・子育て支援新制度の体系（平成28年4月）

　以下に、新制度全体ではなく、孤立化しやすい可能性が大きい「地域子育て支援拠点事業を中心に課題を整理していきます。

・・

2. 地域子育て支援拠点事業のこれまでと制度の変遷から紡ぎだされた課題

・・

　2013（平成 25）年、「子ども・子育て関連 3 法について」において子育てをめぐる現状と課題は、図 11-2[1)] のように整理されました。

　ここで、図 11-2 の点線の項目「子ども・子育て支援が質・量ともに不足」「子育ての孤立感と負担感の増加」という現状に対しての課題「地域の子ども・子育て支援の充実」に関連して、具体的にみていきます。

　最初に、地域子育て支援事業のこれまでの経緯のおおよそを表 11-1 にしました。

　地域子育て支援事業はその最初において、保育所のモデル事業として開始されました。それが、その 2 年後には、地域子育て支援センター事業と名称を変え、保育所以外でも「子育て支援センター」として実施されるようになりました。さらに、地域子育て支援センター事業は 2007（平成 19）年には地域子育て支援拠点事業として「ひろば型」「センター型」「児童館型」と 3 つのタイプに再編され、様々な場所で子育て支援事業が展開されるようになりました。そして、2012（平成 24）年に再々編されて「地域機能強化型」が

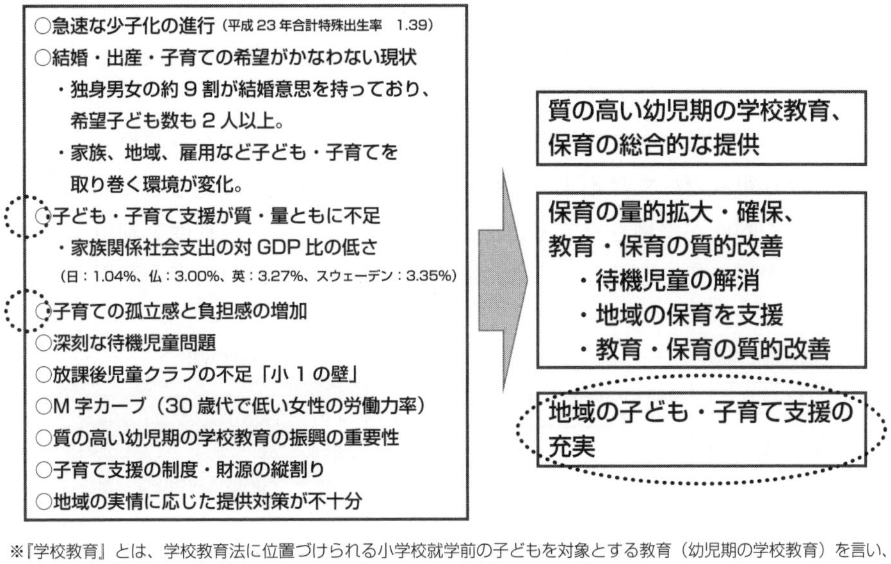

○急速な少子化の進行（平成 23 年合計特殊出生率　1.39）

○結婚・出産・子育ての希望がかなわない現状
　・独身男女の約 9 割が結婚意思を持っており、希望子ども数も 2 人以上。
　・家族、地域、雇用など子ども・子育てを取り巻く環境が変化。

○子ども・子育て支援が質・量ともに不足
　・家族関係社会支出の対 GDP 比の低さ
　　（日：1.04%、仏：3.00%、英：3.27%、スウェーデン：3.35%）

○子育ての孤立感と負担感の増加

○深刻な待機児童問題

○放課後児童クラブの不足「小 1 の壁」

○M 字カーブ（30 歳代で低い女性の労働力率）

○質の高い幼児期の学校教育の振興の重要性

○子育て支援の制度・財源の縦割り

○地域の実情に応じた提供対策が不十分

質の高い幼児期の学校教育、保育の総合的な提供

保育の量的拡大・確保、教育・保育の質的改善
　・待機児童の解消
　・地域の保育を支援
　・教育・保育の質的改善

地域の子ども・子育て支援の充実

※『学校教育』とは、学校教育法に位置づけられる小学校就学前の子どもを対象とする教育（幼児期の学校教育）を言い、『保育』とは児童福祉法に位置づけられる乳幼児を対象とした保育を言う。以下同じ。
内閣府・文部科学省・厚生労働省「子ども・子育て関連 3 法について」2013
＊図中の点線は筆者作成

図 11-2　子育てをめぐる現状と課題

表 11-1　地域子育て支援事業の経緯のあらまし

年	子育て支援事業の経緯	備考
1993（平成 5）	保育所地域子育てモデル事業創設	
1995（平成 7）	地域子育て支援センター事業に名称変更	
1999（平成 11）		児童福祉法の改正 保母から保育士へ名称変更
2001（平成 13）		児童福祉法の改正 保育士の業務に「保護者に対する保育の指導」が規定される
2002（平成 14）	つどいの広場事業創設	
2007（平成 19）	地域子育て支援拠点事業の創設 （地域子育てセンター事業と集いの広場事業に児童館の活用を図り、「ひろば型」「センター型」「児童館型」として再編）	
2008（平成 20）	⇩	保育所保育指針の改定 「保育所における地域の子育て支援の事業内容」が明示
2012（平成 24）	事業類型を新たに「一般型」「地域機能強化型」「連携型」に再編	
2014（平成 26）	事業類型を「一般型」「連携型」に再編し、利用者支援を事業として強化	

新設されました。2007 年から 2012 年への事業類型の変化のイメージは図 11-3[2] の通りです。新制度では、これまでのひろば型とセンター型を合わせて一般型に円滑に移行するようにし、さらに、一般型から地域機能強化型への移行を支援していくとしています。地域機能強化型の子育て支援事業とは、「利用者支援」と「地域支援」の機能が強化されたものです。そこにおける利用者支援機能とは「地域の子育て家庭に対して、子育て支援の情報の集約・提供等」を行うこと、地域支援機能とは「親子の育ちを支援する世代間交流やボランティア等との支援・協力等」を指すといいます。

　これまでの子育て・子育ち支援の取り組みの課題を制度の側面から整理しますと、これまでの支援の取り組みだけでは不十分ということです。新しく機能として加えられた利用者支援は、新しく制度が整備されても、それを利用する側にその制度を利用する上での情報や社会の資源が届いていないというところから、確実に支援の内容が利用者に届くよう

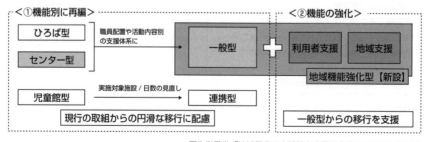

厚生労働省「地域子育て支援拠点事業の充実について」2013

図 11-3　2007 年から 2012 年への事業類型の変化のイメージ

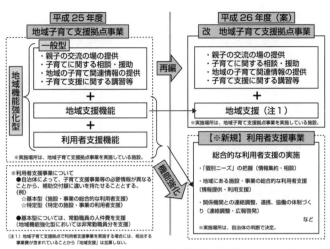

厚生労働省「利用者支援事業について」2014

図 11-4　地域子育て支援拠点事業の地域機能強化型と利用者支援事業の整理について

表 11-2　新制度下の地域子育て支援拠点事業の概要

	一般型	連携型
機能	常設の地域の子育て拠点を設け、地域の子育て支援機能の充実を図る取組を実施	児童館等の児童福祉施設等多様な子育て支援に関する施設に親子が集う場を設け、子育て支援のための取組を実施
実施主体	市町村（特別区を含む） （社会福祉法人、NPO法人、民間事業者等への委託等も可）	
基本事業	①子育て親子の交流の場の提供と交流の促進、②子育て等に関する相談・援助の実施 ③地域の子育て関連情報の提供、④子育て及び子育て支援に関する講習等の実施	
実施形態	①～④の事業を子育て親子が集い、打ち解けた雰囲気の中で語り合い、相互に交流を図る常設の場を設けて実施 ・地域の子育て拠点として地域の子育て支援活動展開を図るための取組（加算） 一時預かり事業や放課後児童クラブなど多様な子育て支援活動を拠点施設で一体的に実施し、関係機関等とネットワークを図り、よりきめ細かな支援を実施 ・出張ひろばの実施（加算） 常設の子育て支援施設を開設している主体が、週1～2回、1日5時間以上、親子が集う場を常設することが困難な地域に出向き、出張ひろばを開設 ・地域支援の取組の実施* ① 地域の多様な世代との連携を継続的に実施する取組 ② 地域の団体と協働して伝統文化や習慣・行事を実施し、親子の育ちを継続的に支援する取組 ③ 地域ボランティアの育成、町内会、子育てサークルとの協働による地域団体の活性化等地域の子育て資源の発掘・育成を継続的に行う取組 ④ 家庭に対して訪問支援等を行うことで地域とのつながりを継続的に持たせる取組 *利用者支援事業を併せて実施する場合は加算しない。	①～④の事業を児童館等の児童福祉施設等で従事する職員等のバックアップを受けて効率的かつ効果的に実施 ・地域の子育て力を高める取り組みの実施（加算） 拠点施設における中高生や大学生等ボランティアの日常的な受入・養成の実施
従事者	子育て支援に関して意欲があり、子育てに関する知識経験を有する者（2名以上）	子育て支援に関して意欲があり、子育てに関する知識経験を有する者（1名以上）に児童福祉施設等の職員が協力して実施
実施場所	保育所、公共施設の空きスペース、商店街空き店舗、民家、マンション・アパートの一室等を活用	児童館等の児童福祉施設等
開設日数等	週3～4回、週5回、週6～7日／1日5時間以上	週3～4回、週5～7日／1日3時間以上

厚生労働省「地域子育て支援拠点事業の概要①②」2014をもとに著者作成

に手助けすることを強化することにあります。そして、その点がこれからの子育て支援の課題ということになります。また、新しく加えられた地域支援は、これまでの子育て支援における取り組みの中でも地域を意識した取り組みを続けてきましたが、それだけでは十分ではなかったということを意味します。その後、「利用者支援機能」が「利用者支援事業」として機能強化されました（図11-4）。表11-2に新制度の地域子育て支援拠点事業の概要を示します[3]。

　地域子育て支援拠点事業は、次の4つの柱、①子育て親子の交流の場の提供と交流の促進、②子育て等に関する相談・援助の実施、③地域の子育て関連情報の提供、④子育て及び子育て支援に関する講習等の実施から成り立っています。

　NPO法人 子育てひろば全国連絡協議会が2017（平成29）年に行った調査から、これらについての実施状況をみてみます（表11-3参照）。

表11-3　地域子育て支援拠点事業の質的向上に向けた取り組みの状況

	子育て親子の交流の場の提供と交流の促進		子育て等に関する相談・援助の実施		地域の子育て関連情報の提供		子育て及び子育て支援に関する講習等の実施	
	度数	割合	度数	割合	度数	割合	度数	割合
まったく取り組んでいない	30	5.5	5	0.9	19	3.5	51	9.3
少し取り組んでいる	80	14.6	60	10.9	108	19.7	80	14.6
取り組んでいる	231	42.1	266	48.6	245	44.7	232	42.4
積極的に取り組んでいる	188	34.3	192	35.0	149	27.2	157	28.6
無回答	19	3.5	25	4.6	27	4.9	28	5.1
全体	548	100.0	548	100.0	548	100.0	548	100.0

地域子育て支援拠点の質的向上と発展に資する実践と多機能化に関する調査研究
平成29年度子ども・子育て支援推進調査研究事業
NPO法人 子育てひろば全国連絡協議会研究代表者 坂本純子

　基本4事業の質的向上に7割以上の拠点が「積極的に取り組んでいる」「取り組んでいる」と答え、多くの拠点が質の向上に前向きな姿勢にあることが理解できます。しかし、本書の第1章で概観した「家族・家庭の変化」の中で、高度経済成長とともに積極的に近隣との付き合いを絶ち家族・家庭のみの平和を追求したことが、様々な社会の要因とも絡み合って、第2部「支援を必要する子どもと家族・家庭」でみてきたように様々に支援を必要とする家族・家庭を出現させた要因のひとつと考えられます。支援を必要とする子どもと家族・家庭を主に対象とした子育て支援に取り組みながら、その環境が改善される兆しが見えにくいこと、さらに、すべての子どもと家族・家庭へと支援の範囲が広がっていくことになります。

　人と人のつながりが希薄化した環境の中で、家族の生き難さを抱えた生活を人の育つ環境として構築し直そうとしていることを、今回の制度改革にみることができます。家庭の中の人と人とのつながり、さらに、その家庭をある程度地域に開いて地域とかかわること

が、人（子ども、親、すべての人にとって）の育ちや豊かな生活に必要であるということでしょうか。

　しかし、そのための方策として、高度経済成長以前の地域社会を取り戻そうとすることは不可能ですし、また、それを多くの人たちは望んでもいないと思います。時代を見据えた新しい人と人のネットワークづくりがいわれて久しいのですが、この課題に応えるものとして、妊娠期から子育て期までの切れ目のない支援（他者のサポート）や個々の子どもの家族・家庭のニーズ状況やニーズに沿った個別の支援計画を作成するなど、きめ細やかな支援への取り組みが始まりました（第10章参照）。

　それは、2016（平成28）年の「児童福祉法の一部を改正する法律」において、母子保健法第22条の改正が行われ、妊娠期から子育て期に渡る切れ目のない支援を行う「子育て世代包括支援センター」の設置が規定されたことによります。包括支援センターの取り組みの内容は、以下の通りです。

①妊産婦及び乳幼児等の実情を把握すること
②妊娠・出産・子育てに関する各種の相談に応じ、必要な情報提供・助言・保健指導を行うこと
③支援プランを策定すること（保健師等が、妊娠・出産・産後・子育ての期間を通じて、必要に応じ、個別の妊産婦等を対象とした支援プランを策定すること。なお、支援プランの策定は、主として妊娠・出産・産後の期間において行われることが想定される）
④保健医療又は福祉の関係機関との連絡調整を行うこと
⑤母子保健事業（地域の実情に応じて、妊娠に関する普及啓発、妊娠の届出・母子健康手帳の交付、母親学級・両親学級、妊産婦健康診査、妊産婦訪問指導、低体重児の届出、新生児訪問指導、未熟児訪問指導、乳幼児健康診査、予防接種、産前・産後サポート事業、産後ケア事業等の母子保健事業を実施すること）
⑥子育て支援事業（地域の実情に応じて、乳児家庭全戸訪問事業、養育支援訪問事業、子育て短期支援事業、地域子育て支援拠点事業、一時預かり事業、病児保育事業、子育て援助活動支援事業（ファミリー・サポート・センター事業）等の子育て支援事業を実施すること）。

子育て世代包括支援センターの設置運営について（通知）
各都道府県知事・各保健所設置市市長・各特別区区長あて厚生労働省雇用均等・児童家庭局長通知（平成29年3月31日）
雇児発0331第5号

　以上の⑥に関する部分は、保育所等の保育者がかかわることになります。①〜⑤の内容と関連づけられて情報を共有しながら、保健師等と協働することになります。この取り組みは始まったばかりです（第10章参照）。これらを、すべての子どもと家族・家庭の最善の利益につなげていきたいものです。

3. これまでの子育て支援拠点事業にかかわった支援者の実践から紡ぎだされる課題

（1）保育所・保育所併設型の「子育て支援」からの課題

　ここでは、保育所が母体になり行われる、または併設されている子育て支援について考えてみます。この形の支援の特徴は、保育所生活が近くにある、あるいは保育所児とともに行動する経験内容にあります。

　子育てセンター実践研究会の「2007 子育て支援センター実践記録 No.10」[4]の報告事例から、「子育て支援センターが不安を抱える親子にとってどのような場であり、どのような役割を果たしてきているのか」を検討してみます。この年の実践事例の 28 編を表11-4-1 から 11-4-6 にあるような項目に分類します。

　事例では、子どもについての母親からの相談は、「ご飯を 5 粒しか食べない」「母乳ばかりで食事をしない」「食が細い・ご飯を食べない」「母乳なしでは眠れない」「夜中 1時頃まで遊びまわって寝ない」「テレビを観ている時間が長い」などの生活習慣に関することが多いと報告されています（表 11-4-1）。また、支援担当者は母親自身に関して、「親子ともに表情が硬い」「話しているときにも目を合わせない」「ひどく疲れた様子で子どもをぼんやりと見ている」など「暗い表情・硬い表情」が気になっていると報告しています（表 11-4-2）。さらに、「子どもに布団をかぶせて押さえつけてしまった」「どうしたらのびのびと遊んでくれるか」「祖母からまだおむつが取れないのかと責められる」「話すことに夢中になるが自分のことばかり話している」など、母親自身が「追いつめられている」ことを感じ取っています。

　報告された事例で見る限り、センターには子どものことというより、その多くは母親自身の理由によって通ってくることが理解できます（表 11-4-1、11-4-2 参照）。それが、支援センターに通いだすと親子の姿が変わっていきます（表 11-4-3、11-4-4 参照）。母親は「笑顔・明るい顔・穏やかな顔」になっていき、お喋りでリフレッシュし、親同士がつながっていきます。子どもも親元から離れて遊びだし、子ども同士もつながっていきます。

　子育て支援の場での支援担当者の在り方は、親子の様子を注意深く観察し、急がずゆっくりとした対応をすること（ありのままの姿を受け入れ、さりげなく支える）です（表11-4-5、11-4-6）。さりげなく支えるとは、たとえば弟とセンタースタッフが遊んだりして、母親が姉とじっくりとかかわれるように配慮するとか、子どもがセンターになじめな

表11-4-1　事例に見る子どもの姿

分類	内容	件数
子どもの状況	苛立つ行動をする	2
	センターに通うのを嫌がる	2
	親子関係の未成立	1
	生活習慣の乱れ	6
	母親から離れず遊べない	4
合計		15

表11-4-2　事例に見る母親の状況

分類	内容	件数
母親の状況	どうしてできないか悩む	2
	暗い表情・硬い表情	13
	子どもの行動を規制する	3
	子どもとの接し方が分からない	8
	子どもの発達への不安	10
	社会との接点がなく孤立	6
	追いつめられている	15
	夫の帰りが遅い・忙しい	2
	預ける不安	2
	涙	3
合計		64

表11-4-3　事例に見る子どもの変化

分類	内容	件数
子どもの変化	子ども同士がつながる	6
	笑顔・明るい顔・穏やかな顔	1
	親から離れて遊べる	10
	親子関係の成長	1
	生活習慣の成長	1
	他の子の遊びの姿から学ぶ	2
	遊びの質の向上	4
合計		25

表11-4-4　事例に見る母親の変化

分類	内容	件数
母親の変化・気づき	お喋りでリフレッシュ	6
	センターに通うのが楽しみ	3
	辛いことを言ってもいい	3
	みんな同じなんだ	5
	子どもがかわいくなる	3
	子どもと関わる・応える	2
	子どもの生長の見通しがつく	1
	自分も親として成長するもの	2
	笑顔・明るい顔・穏やかな顔	11
	心が軽くなる	3
	親子関係の成長	1
	親同士がつながる	9
	子育てはみんなでするもの	2
	仲間の中で子どもは育つ	2
	他の子の姿から学ぶ	4
	余裕を持って子どもを見る	4
合計		61

表11-4-5　事例に見る担当者の対応

分類	内容	件数
担当者の対応	ありのままの姿に寄り添う	7
	さりげなく支える	7
	一時保育等をすすめる	3
	園全体で連携	4
	関わり方のモデルとなる	3
	子どもの成長を伝える	2
	親子の関係性への感性	7
	他の子どもの姿から学ぶ	2
合計		35

表11-4-6　事例に見る担当者の気づき

分類	内容	件数
担当者の気づき	ありのままの姿に寄り添う	4
	子育てはみんなでするもの	1
	親子の関係性への感性	3
	話を聞く存在の大切さ	3
合計		11

子育てセンター実践研究会編『2007 子育て支援センター実践記録 No.10』2007, pp.68-72

いことを嘆く母には「少し早目に来てみましょうか」と声をかけるなどが挙げられています。ありのままの姿を受け入れるということには、母親の不満やつらい気持ちをしっかりと聞き、つらさに共感するなどが挙げられています。

　さらに、親子の変化には保育所という場所ならではのことが影響しているように思います。子育てセンター実践研究会の「2008 子育て支援センター実践記録 No.11」[5]を参照すると、圧倒的に園児の保育所生活が地域の親子に影響を及ぼしていることが理解できます。センターに集う子どもが保育所の子どもたちの行動に刺激されて動き出す姿、たとえば大きな子どもたちが手遊びをしているとやってみようとするなど、時にどんな母親の促しより、また支援担当者の配慮より効果的だと感じています。さらに、母親自身も保育所での子どもと保育者のやり取りから多くのことに気づいたり、学んだりしています。たとえば、保育者の子どもの動きを見守る姿（家では口をだしてしまうような場面で）や叱るときに子どもに考える時間を与える、遊びを大切にしてそれを楽しむ（泥んこ遊びを止めないで一緒に遊ぶ）、明らかに無理そうなことに挑戦している子どもと根気よく付き合う姿などから、子どもとの付き合い方のヒントや何を大切に育てているのかを感じ取っています。

　支援担当者の配慮はもちろんのこと、保育所という「子どもにとってその福祉を増進することにもっともふさわしい生活の場」に身をおいてみることが、家庭での親子の関係の在り方やその生活の在り方に対する気づきを多くもたらしているように思います。

　保育所が行う子育て支援、あるいは保育所に併設された子育て支援センターにおける子育て支援の担当者の専門性を考える視点を、新澤誠治は2006（平成18）年の子育て支援実践交流セミナーの基調講演[6]でまとめています。

　新澤は実践交流セミナーのそれまでの約10年間（2006年現在において）の実践を振り返り、①子育て支援がイベント化していないか、②現状に満足し、プログラムが硬直化していないか、③子育て支援とは何かを深く考える作業が不足していないか、④子育て支援をサービスとだけ考えていないか、⑤園の力だけで子育て支援を考えていないか、⑥子育て支援は親を指導することだけを考えていないか、と子育て支援センターの支援担当者としての専門性の質の向上を促しています。

　そして、保育所（と併設型の支援センター）の在り方として、①開かれた園になっているか（地域に親しまれ信頼される園になっているか、地域のニーズに敏感であるか）、②子どもの心が開かれているか（園は、園児にとって気持ちのよい居場所になっているか、保育者に子どもが自分の気持ちが素直に出せているか）、③親の心が開かれているか（親にとって気持ちのよい居場所になっているか、親が保育者になんでも話せるという気持ちになっているか）、④職員の心は開かれているか（職員同士なんでも話し合えるか、子育て支援に共通の認識をもっているか）、などの視点を挙げています。

　続けて、子育て支援担当者の資質と専門性を次のように挙げています。

○子どもと親を肯定的に見る

○地域の子育ての状況を知る、聴く、感じる

○温かさ、包容力、人が寄っていきたくなる人としてそこに居るか

(2) センター型（単独型）の「子育て支援」からの課題

　保育所以外での子育て支援は、東京都が始めた子ども家庭支援センターと厚生労働省が助成するつどいの広場事業（表11-1参照）があります。ここでは、ひろば機能を中心に据えた「江東区大島子ども家庭支援センターみずべ」（以下、「みずべ」）の実践[7] [8] [9] を例に、保育所以外での子育て支援における課題を検討します。

　「みずべ」は、人と人が触れ合う「ひろば」を重視し、ひろばに5つの機能をもたせています。ひろばでもっとも重視されるのが「遊び・ふれあい」機能であり、その機能に重なり合うように「学びあい」「育てあい」「わかちあい」「支えあい」の機能があります。

　表11-5に見るように、「遊び・ふれあいのひろば」は常設で親子が好きな時に好きな時間（開所時間は決まっていますが）だけそこにいて好きなように過ごすことができる場所としてあり、安心して過ごせる居場所と位置づけています。そこには様々な親子がいて、そして支援担当者やボランティアがさりげなくいます。この遊びのひろばを母体にして様々な企画があり、親子は必要に応じて企画に参加し、参加した親子にとっては学び合い、支え合い、育ち合う場として機能することになります。

表11-5　「みずべ」のプログラム（2006）

ひろば	活動名	開催日	内容
遊び・ふれあいの ひろば	・遊びの広場 ・スポットタイム	火〜土 10：00〜16：00	・プレイルームや和室・図書コーナーで自由に遊ぶ ・お話し会（第1，3水曜日）、ふれあい遊び（第1，3 　金曜日）
学びあいのひろば	・母親・父親講座 ・講習会	隔月1回程度 毎月2回程度（相互保育）	・産後のセルフケアなど具体的なテーマ ・講師はボランティア（あかちゃんマッサージなど）
育てあいのひろば	・誕生日会 ・健やか成長記録 ・三歳児のつどい	毎月最終土曜 毎月第2，3に計測 月1回の月曜	・誕生月の親子を参加した大勢の親子で祝う ・健康的な意味あいというより、子ども一人ひとりを見つ 　め親とふれあい、話しあえる場として重視 ・ひろばが休みの自主的な活動、3歳児の親子で運営
わかちあいのひろば	・みずべかわら版 ・情報交流コーナー ・情報誌づくり	月1回 随時 年4回程度	・月の予定、講座の報告・宣伝など ・リサイクルや地域の活動情報交流ボードの設置 ・母親の編集委員会による発行（かるがも通信）
支えあいのひろば	・触れ合い相談 ・電話相談 ・面接相談 ・専門相談 ・グループ相談	随時 月〜土9：00〜18：00 月〜土9：00〜17：00 月1回 月1回	・遊びのひろばにて随時 ・無理がなければなるべく来所することをすすめる ・必要があれば専門機関・関係機関と連携 ・発達相談、家族問題相談、心理相談 ・テーマは主に心の育ち、その他テーマを募集

子育てセンター実践研究会編『2006子育て支援センター実践記録No.9』2006，pp.110-113

このような取り組みの中から支援担当者が抱えている課題を挙げると、次のようになります。ひろばの重要な意味である「安心して過ごせる」ということに関して、「今のままの対応や環境でいいのか（開催日や時間帯、子どもの年齢層の幅が広く、提供する活動内容がこれでいいのかなど）」、さらに、「相談への対応として、子育てへのアドバイスの方法がこれでいいのか、相談において親の求めているものは何か」などです。「安心して過ごす」とか「親が求めるもの」などは、親自身の感覚であり要望であるので、親が満足しているのかどうかが気がかりであるとしています。また、子どもを見ていない親への対応、親同士のトラブルへの対応、仲間に入れない親への対応なども課題としています。

　保育所併設型においては、親と直接やり取りしなくても、保育所の保育者と子どものやり取りを見ながら親自身が気づいていくことが多くありましたが、センター型（単独型）では直接に親とやり取りすることがスタッフに求められることが多くあります。支援担当者は親子とのかかわりにおいて、ことの当事者であることが多くなるので、悩みが多くなるのではないかと思います。保育所併設型では、保育所の保育者と子どものやり取りを観ている親子をスタッフが多少距離をもってみる時間もあります。

　親子とことの当事者としてかかわりながら、時にそのかかわりを冷静に分析し、次の対応を考えるなど極めて専門的な対人援助技術が要求される現場においては、必ずしも専門的な資格を有していない人たちが支援担当者として配置されることからくる課題とも考えられますが、たとえば保育士等の専門職が配置されたとしても、程度の差があったとしても同じ課題を抱えることになります。

4.　ともに生きる──支援する側に視点を当てて

　これまでに見てきた子育て支援センター事業の基本的事業内容から、子育て支援の基本的な考え方を整理すると次のようになります。支援する側は「交流の場を提供すること、地域の子育てに関する情報資源に関する情報、子育ての知識や仕方を提供するが、それらの場や情報をどのように親自身が自らの生活に生かしていくのかは家庭や親子の問題」として捉えているように思います。この事業は、子育てする家庭の主体性を前提にしていると考えられます。

　子育て支援にかかわる担当者の割り切れない気持ちは、多かれ少なかれ、子育て・子育ちに困難を抱える親子にどのようにかかわればその困難が解消されるのかという方法から子育て支援を考えていたところにあるのではないかと思います。

　ここでは、子育て支援にかかわる今後の課題をともに生きるという視点から考えてみます。

（1）交流の場を提供することと交流の促進

　親子が出かけて行って安心してそこにいることのできる場所の提供ということを考えた時に、その場所が人を迎え入れる用意ができているかどうかが問われます。場所は必ずしも物理的な空間を指すとは限りませんが、それも重要と考えられます。

　物理的には、外と隔てられた適度の空間（広すぎず、狭すぎず。そこに集う人数が問題になります）が居心地のよさにつながります。そして、その空間は調度品によって整えられていることが大切です。何もない広い空間や雑然と無秩序に調度品や物が置かれた空間、整然と整えられ過ぎた空間、所狭しと物が置かれている空間は、人に落ち着かなさを感じさせます。空間を構成している調度品は高価なものでなくても、そこで迎え入れる支援担当者がそこに来る親子のために選び、そして手入れされ丁寧に扱われていることが見て取れることが大切です。さらに、その空間で活動しているという痕跡が感じられることが大切です。それは、そこにいる支援担当者の気持ち（温かく親子を迎え入れるという）が表現された空間となります。

　以上に見てきたように、物理的な空間は純粋に物だけの空間ではなく、そこで親子を迎え入れる支援担当者の心持ちが表現された空間、親子に対する温かさが込められた空間、人と物が結びついている空間となります。そのような空間は人が行きたくなるような雰囲気をつくりだすと考えられます。

　子育て支援センターとしての空間は、だいたいの場合、その最初は支援者に勤務地として与えられたものです。与えられた物的な環境はその最初において支援する私がつくりだしたものではないので、これまでにあるものをそのまま疑いもなく使い続けることを見直したいと思います。そこに集う親子に思いを寄せて、環境を再構成する視点をもちたいと思います。

　先にも書きましたが、場の提供は物理的な場の提供だけではなりません。その場にいる支援担当者である私が、どのようにそこにいるかという問題もあります。

　次に挙げるのは、支援センターに来る親子を迎え入れる気持ちを保ちながら積極的に何かを働きかけるわけではなく、そこにいるというかかわり方を心がけるという支援担当者の事例です。親子が来る前に、支援担当者は、親子への気持ちを環境に託して準備を整えています。以下は、支援センターに通い始めた母親の感想です。

　赤ちゃんとの生活は、世話をしているとはいえ、手を抜こうと思えばいくらでも抜くことができる単調な生活です。出産前は自分の好きなところへ好きなように行けていた生活が、気がついたら一日中一歩も外へ出ていな

い日も多くあり、世間から取り残された感がありました。実家に電話しても「みんな同じよ。それくらい…」と言われ、愚痴ることもできません。私はみんなが当たり前と思うことをただ話したい、このような自分と子どもの生活が順調なのかどうかを聞きたいだけなのに…。市からのお知らせで知った支援センターに出かけました。センターのスタッフのやさしい笑顔となんでもない会話（スーパーの特売日など）に励まされて、お稽古ごとに通うような気持ちで通い始めました。だんだんと子どもも慣れてきて、周囲の玩具やスタッフと一緒に遊び始めました。同じ年齢の子のお母さんと話をすることで、「みんな、同じなんだ」と安心しました。離乳食のことなどわからないことはスタッフや先輩ママに聞けるようになり、不安もなくなり少しずつ自信がついてきました。

　以上の母親の感想に見るように、子育て支援担当者が母親の不安を和らげようと積極的に言葉をかけたりしているわけではなく、慣れない母親を早くなんとかみんなの輪の中に入れようと働きかけるわけでもなく、また来ようと思えるようにさりげなく子どもと遊んだり、近所のお店の話という「たわいのない話」をして母親とつながっていきます。母親は支援センターに通ってくる回を重ねることで、自ら他の母親とつながり、子どもたちも支援担当者の仲立ちがあったり、玩具を仲立ちにしてつながりだします。母親は支援センターに持続して通うことで、そこでの居方を見つけていきます。子育て支援センターでの過ごし方が、特別に親子の日常から切り離されてあるのではなく、親子の生活の一部になっていきます。そこでの様々な経験が家庭での生活を変え、家庭での生活がセンターでの在り方を変えていくという場になっていきます。そこには親子の関心を引くイベントはありません。イベントは支援センターでの生活の必要感から出てくることになります。

　支援担当者の専門性は、親子の状況に合わせて伴奏し、必要に応じて、また求めに応じて、そこでの居方（ともに過ごす、ともにその時を生きる）をともに考えることといえそうです。

（2）子育て等に関する相談・援助の実施

　子育ての相談は、それとわかる形でなされるとは限りません。子育て支援における相談・援助は、親子や家庭での生活全体にかかわることが多く多面的です。それは生活が多様な側面や要素から成り立っていて、それらが複雑に絡まり合っていることもあり、時には相談している親自身さえ気づいていないこともあり、その複雑なものから相談の核心を探り当てることも支援担当者には要求されます。

　たとえば、「子どもの面倒を見てくれる人を探している」という相談には、その母親の多くの苦悩が隠されていることもあります。それを単純に受け止めて、ファミリーサポートを紹介しても母親の相談には応えたことにはならないこともあります。事実、支援センターでの事例を話してくれた支援担当者は、3か月の子どもを連れての最初の参加でいきなりその相談だったので、本題は別のところにあると感じながら話を聞いたといいます。

「どういう人を探しているのか」など母親の相談に沿いながら聞いていくと、涙を流して「赤ちゃんがおっぱいを飲まない。このままでは死んでしまうのではないか。私は母親として失格だ」と泣きくずれたといいます。

　支援担当者は、状況の判断（外見、動作、表情を観ること）が要求されます。相談は言葉通りではないこともありますので、たとえば「ミルクを飲まないので飲ませ方を教えてほしい」ということに対して、指導（こういう点に気をつけてみてという飲ませ方を伝えるなど）だけで済む場合と、それだけでは済まない複雑な問題があることを心に留めて、気持ちを柔軟にしておくことが必要になります。

　そして、どのように援助するのかということになりますが、急を要する場合と様子を見ながら対応する場合など、様々な援助の在り方を検討しなければなりません。ひとりでは難しいこともたくさんありますので、必ずケース会議に相談者の相談内容を上らせて、他の支援担当者の意見を聞き、対応を考えます。難しそうな場合は、他の専門機関と連携を取ります。支援センターで可能なことと難しいことの限界を考えておくことが必要です。支援センターで責任を取れることと取れないことの線引きをして、取れないことにはかかわらないということではなく、限界を超える場合はどのような形でその相談にかかわるのかを検討することが必要になります。

　最後になりましたが、支援センターにおいて、相談がないことが子育てに満足している家庭が多いかというと必ずしもそうではなく、支援センター内に、あるいは支援担当者に相談できない雰囲気があることもあります。

　支援担当者は、親子を観ることの必要性を書きましたが、一方で親子に観られる立場でもあります。親子は、受け入れられているか相談にのってくれるかなど、支援担当者の言葉や表情、態度などを意識的・無意識的に観ています。観られている自分自身を観ること（自らを振り返る）もセンター支援担当者の専門性のひとつといえます。

（3）地域の子育て関連情報の提供

　子育ては生活全体にかかわることが多く多面的であり、センターを訪れる親子のセンターに対するニーズも多様になります。また、悩みも様々です。このような家庭と子どもと家族のウェルビーイングを考えた時に、子育て支援センターの限界があることは前項でも取り上げました。この限界を超えて子育て支援に貢献しようとする時に、地域の社会資源についての知識とネットワークについて理解しておくことが重要になります。これまで支援担当者の専門性を子育て支援センターの役割に合わせて見てきましたが、ここで子育て支援担当者に求められる役割を、地域子育て支援拠点事業における活動の指標「ガイドラ

イン」[10] から引用すると次のようになります。

① （親子を）温かく迎え入れる
② （親子の）身近な相談相手になること
③ （支援者は）利用者同士をつなぐ
④ （支援者は）利用者と地域をつなぐ
⑤ （支援者が）積極的に地域に出向く

　以上に引用した子育て支援担当者の役割から、子育て支援は支援センターで完結するのではないということがわかります。支援担当者としての役割の②を考えた時に、どうしても支援センターがある地域の子育てに関する社会資源を理解しておくことが必要になります。またその資源がどのようなネットワークで機能するのかの仕組みも理解する必要があります。

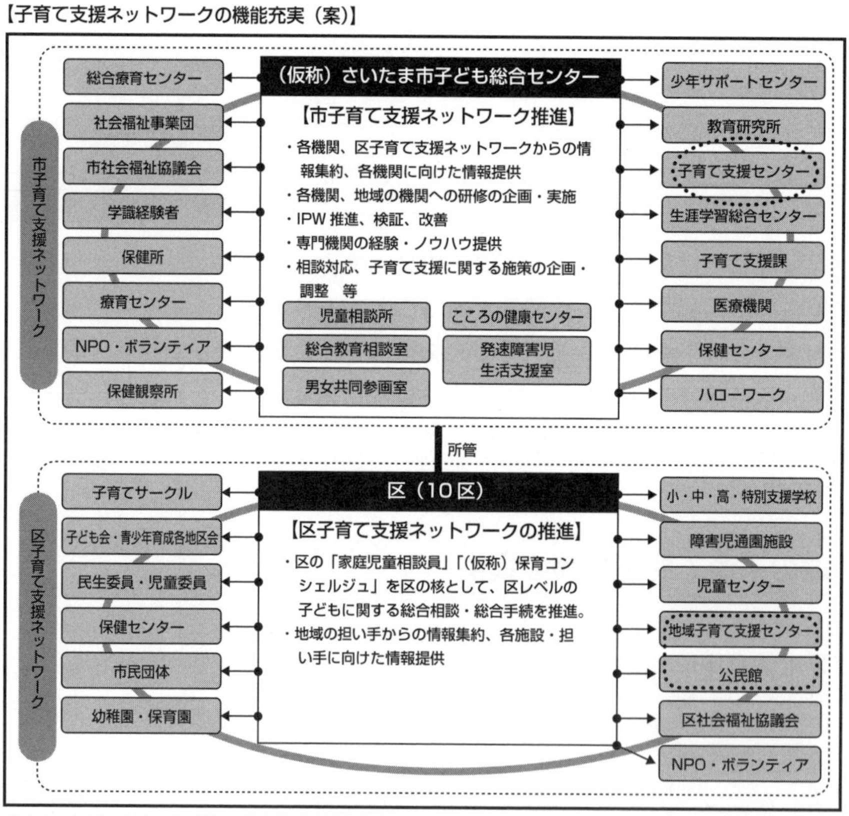

【子育て支援ネットワークの機能充実（案）】

※本ネットワークは、「子ども・若者育成支援推進法」に基づく『地域における子ども・若者育成支援ネットワーク（地域協議会）』と一体化したものとなる。

（仮称）さいたま市子ども総合センター基本計画
＊図中の太い点線は筆者作成

図 11-5　子育てに関する社会資源とネットワーク

そのイメージをつかむために、例として埼玉県の（仮称）さいたま市子ども総合センター基本計画[11]から図11-5を引用しました（その後、2018（平成30）年に「子ども家庭総合センター」としてスタートしています）。

自らの勤務する子育て支援センターのある市町村に、家庭での子育てを支える場所がどれくらいの種類と数があるのかを理解することが重要です。

たとえば、引用したさいたま市は、支援のネットワークが市単位と、その下部地域である区単位（10の区）に分かれて組織されています。そして、図11-5のように子育て支援センターは市や区の子育てにかかわる一つの資源として位置づけられていることが理解できます。子育てを支える場所としての子育て支援センターは、他の子育てにかかわる専門機関とどのように連携するのかということを熟知することも支援担当者に要求される専門性のひとつです。専門機関間の連携は、現在も十分とはいえない状況にあることから、今後の大きな課題になっていきます。

(4) 子育ておよび子育て支援に関する講習等の実施

センターに通う親の中には、過去に子どもと付き合ったことがなく、子どもを産んで初めて子どもと付き合うことを経験する親も多くいます。どう育てていいのかわからない（なんで泣いているのかわからない、お風呂の入れ方、ミルクの飲ませ方、子どもと遊ぶってどういう風に？？）」と、誰にも相談できないでセンターに来たりします。子育てに関する知識は、親がもっとも知りたいことの一つであり、多くの親はそれを理解することで自信を得ることが多いともいわれています。この親の要求にストレートに応えようとするのが様々な講習会の開催です。しかし、子育てに関する知識を伝授すればいいかというと、そうもいかないようです。講義をするように子育ての知識を伝えるだけでは、なかなかそれは親には伝わりません。講習会の方法をあれこれ工夫して開催することが必要になります。たとえば、離乳食に関することは親の大いに関心のあるところで、それを伝えるために、離乳食を作って食べてみるなどの実技を伴わせ、離乳の必要性なども合わせて伝えたりします。

子育て講習会を計画する支援担当者は、子育てに関する知識を幅広くもっている必要があり、その専門的な知識を豊富にもっていることも専門性の一つです。それらの知識をどのように伝えるかを考えながら、自ら講師になってみたり、外の専門家を呼んだりします。

子育て・子育ちに関する専門的知識は、講習会のためにだけ必要なわけではありません。子育て支援センターが、交流の場の提供と交流の促進を第一に挙げているのはこの節の最初で述べました。その場に来ている親子にとって安心できる場所であったり、相談できる場所であったりということが支援センターの大きな役割であることも述べました。その役割を支えるのは、センターに来ている親子のその背景まで含めて理解するように努

め、必要に応じて支援することにあります。支援担当者の親子や子ども同士、親同士の理解においては、親子の置かれている状況や子どもの発達過程を踏まえての理解になります。そこには子どもや人に対する深い知識や洞察が必要になります。人に対する理解を深めることと、その理解にもとづいてどのように対応するのかに関する専門性を磨く努力が必要になります。

　以上、（1）から（4）と子育て支援センターに要求される役割に沿って、支援担当者に要求される専門性を見てきました。いかに多くのことが要求されているか理解できたかと思います。支援担当者は子育て経験だけでは到底その役割を遂行することが困難であり、保育・子育てに関する専門的知識と技術、判断が要求される対人援助職であることを自覚することが重要です。

第12章

これまでに展開した
子ども家庭支援の整理と今後の課題

　本章はこれまでに展開してきた子育て・子育ち支援に通底する
考え方を整理します。そして、そこから考えられる当面の課題を
整理します。

　各章で述べたことを再度まとめて示しますので、本章を読みな
がら、それぞれの箇所でもとの章を読み返して、各章の理解を深
めていきましょう。

　子育て支援をめぐる課題は、本書の折々に整理しましたが、こ
こでは子育て・子育ち支援の大枠を決める制度をもとにそれを実
践する人に焦点を当てて、これまでに記述しきれなかったところ
を書き込みます。

　子どもと家族・家庭のよき理解者となり、その実践を支える子
育て支援者一人ひとりの考えをより確かなものにする上で、参考
になればと思います。

1. 本書が依拠する子育て・子育ち観

　当たり前のことですが、人は身体をもって「ここの今」という具体的な場所と時間の中を生きています。子どもは、脈々と続く時空の中にその生を受けます。その子どもの生活の時空は、たいていの場合、家族・家庭です。子どもは生まれる場所も時間も自らで選ぶことができないばかりか、生まれたその家族・家庭のもつ文化や行動様式、価値観などが子どもが育つ上で望ましくないものだったとしても、それを土壌にして生活を始めます。

　現在、子どもの育つ場所としての家族・家庭はその機能が弱体化してきているといわれています（本書でも支援を必要とする家族、その実際について述べた章で確認してきました）。子どもが育つ場所における子育ての機能が弱体化することは、子どもの育ちにとってその土壌が痩せているということです。

　本書は子どもの育つこととその場所は切り離すことができないという視点から、「子どもと家族・家庭」を一つのことばとして捉えます。したがって、子どもの育つ場所である家族・家庭を支援することが、子どもの育ちを保障することにつながると考えています。

　一方で、子育てを支援することが「家族や家庭から子育ての責任を奪う」と主張する言説に出会うことがありますが、もし、そういう事態があるとしたら、その支援の専門性の質が問われることになります。

(1) 子どもの生活を支えることの絶対性

　本書第3章で、子どもの発達（＝生活）の特性を確認しました。そこでは、子どもは他者に受け入れられることを前提に生まれてくると考えられました。さらに、周囲のことがわかってから生活を開始するのではなく、わからないままに、その上、自発的・主体的に周囲とかかわることを通して発達するということでした。

　大人は、この二つのことを踏まえて子どもとの生活を考えることになります。しかし、そのことが自然に、当たり前にできるほど世の中の条件が整っているわけではありません。それは、これまでに本書が取り上げてきた「支援を必要とする家族・家庭」の事例を見ても、そもそも保育士養成の科目に「子ども家庭支援論」という科目を設けなければならないということを考えてもわかると思います。どのように社会が変化したとしても、そして、子どもの育ちの環境が悪化したとしても、大人は子どもの生活を守る必要があります。それは、子どもは「人の未来」だからです。今を生きる人が、かつての大人の未来だったように、時代をつないでいくことが今を生きる大人の役目だからです。大人は、その役割を果たすように子どもたちを迎え入れ（受け入れ）、生活に必要なものを用意し、子ども自らでその周囲にかかわって自らの世界を広げていくことを子どもに約束することに

なります。世の中に絶対という言葉はないともいわれますが、大人と子ども（世話を、養護と教育を必要としている段階）の関係に関しては、「子どもが子どもの生活をする」ことを保障し、子どもに約束し、それは絶対に守らなければならないと考えます（以下に、国連・子どもの権利委員会「一般的意見7号：乳幼児期における子どもの権利の実施」(2005)[1] から関連部分を抜粋して載せますので参照してください）。

✐memo

子どもの権利委員会：子どもの権利条約第43条にもとづき、「この条約において約束された義務の実現を達成することにつき、締約国によってなされた進歩を審査するために」（条約第43条1項）設置された機関である。

「一般的意見」(General Comments)：「条約のさらなる実施を促進し、かつ締約国による報告義務の履行を援助するために」（子どもの権利委員会暫定手続規則73条）作成される文書である。2005年には子どもの権利委員会が**一般的意見7号**として「**乳幼児期における子どもの権利の実施**」を採択している。構成は以下の通り。さらに、目次からⅡとⅢの関連部分を抜粋する。

Ⅰ. はじめに　Ⅱ. 一般的意見の目的　Ⅲ. 人権と乳幼児　Ⅲ.（番号ママ）乳幼児期における一般原則と権利　Ⅳ. 親の責任と締約国の援助　Ⅴ. 乳幼児期のための包括的政策およびプログラム（とくに、権利を侵害されやすい立場に置かれた子どもを対象とするもの）　Ⅵ. 特別な保護を必要とする乳幼児　Ⅶ. 乳幼児期のための能力構築

Ⅱ.　一般的意見の目的

2. この一般的意見の目的は次のとおりである。

(a) あらゆる乳幼児の人権に関する理解を強化するとともに、乳幼児に対して自国が負っている義務について締約国の注意を促すこと。

(b) 諸権利の実現に影響を及ぼす乳幼児期の具体的特徴についてコメントすること。

(c) 乳幼児が、その人生の出発点から、特別な利益、能力および脆弱性を有する社会的主体であり、かつ、権利の行使においては保護、指導および支援が必要であるという認識を奨励すること。

(d) 条約の実施にあたって考慮に入れられなければならない乳幼児期の多様性（乳幼児が置かれた状況、その経験の質およびその発達を形成する諸影響に関わる多様性を含む）に対して注意を促すこと。

(e) 子どもに対する文化的期待および取扱いにはさまざまな違いがあることを示すこと。これには地方的慣習および慣行も含まれ、それらは尊重されるべきであるが、子どもの権利に背反する場合にはこのかぎりでない。

(f) 乳幼児が、貧困、差別、家族の崩壊、ならびに、権利侵害およびウェルビーイングの阻害につながるその他の複合的困難状況に対して脆弱であることを強調すること。

(g) 乳幼児期における権利にとくに焦点を当てた包括的な政策、法律、プログラム、実践、専門的訓練および調査研究の策定および促進を通じて、**すべての乳幼児の権利の実現に貢献すること。**

Ⅲ. 人権と乳幼児

6. 乳幼児期の特質　乳幼児期は、子どもの権利を実現するうえできわめて重要な時期である。この期間中には次のようなことが生ずる。

(a) 乳幼児は、身体および神経系の成熟、可動性、コミュニケーション・スキルおよび知的能力の増加、ならびに、関心および能力の急速な転換という面で、人間のライフスパンのなかでもっとも急速な成長と変化の時期を経験する。

(b) 乳幼児は、親またはその他の養育者と強力な情緒的愛着関係を形成し、その親またはその他の養育者からの、乳幼児の個別性および成長しつつある能力を尊重するような方法による養育、ケア、指導および保護を求め、かつ必要とする。

(c) 乳幼児は、同年代の子どもならびに年下および年上の子どもと、自分なりの重要な関係を確立する。乳幼児は、これらの関係を通じて、ともに行なう活動についての交渉および調整を行ない、紛争を解決し、合意を守り、かつ他者に対する責任を受け入れることを学ぶ。

(d) 乳幼児は、自分の活動および他者（子どもおよびおとな）との交流から漸進的に学びながら、自らが住む世界の物理的、社会的および文化的諸側面を積極的に理解していく。

(e) 乳幼児期の最初の数年間は、乳幼児の身体的および精神的健康、情緒的安定、文化的および個人的アイデンティティならびに諸能力の発達の基盤である。

(f) 乳幼児の成長発達経験は、その個人的特質によっても、そのジェンダー、生活条件、家族のあり方、ケアの組織形態および教育制度によっても、さまざまに異なる。

(g) 乳幼児の成長発達経験は、乳幼児のニーズおよび適切な取扱いのあり方についての、また家族およびコミュニティにおける乳幼児の積極的な役割についての文化的考え方によって、強力に形作られる。

(2) ともに暮らす：共存

　本節の1項では、子どもが子どもの生活をするということを「子どもの視点」から述べてきました。人はみな、具体的な場所や時間の中を生きています。子どもが生まれ落ちて最初に生活する場所はたいていの場合、家庭であり、ともに暮らすのは家族です。ここでは、子どもの生活に配慮する大人（親）の側から考えをまとめてみます。

　子どもを主体的存在（他と入れ替えることができない固有で独自の存在）として尊重して、なおかつ、その主体的行為が社会に理解され受け入れられるように方向づけすることが大人に要求される役割でした。

　さて、大人は主体としての子どもの前にどのような存在として現れるのでしょうか。子どもとともに暮らす大人が主体として子どもの前に立ち現れなければ、子どもは主体としての在りようを充実させていくことができないのは当然のことです。

　生まれたばかりのヒトの主体性は、生理的欲求に突き動かされる無方向で、その行動の意味も獲得していない状態の主体性（行動主）です。これが生まれたばかりのヒトの主体

性であり、その時期はその主体性が尊重されるということです。子どもを育てる人は、この状態を受け止めながら、この世界（社会）で生きていく上での作法や考え方などを身につけてほしいと願いながら、子どもとかかわります。先に整理した、子どもの発達特性を考慮してかかわります。かかわりは教育の視点だけではなく、養護の視点も重要になります。子どもの内的な状態（情動に突き動かされている）に共鳴し、あるいは心を寄せて、大いに手を貸すことが要求されます。ここでのやり取りは、対等な主体同士の大人とのやり取りとは異なります。養護（相手を思いやりながら）の側面を強くしながら、相手のわからなさ（なんで泣いているのかさえ、わからないこともありますが）もその子の固有の世界を尊重し、お互いの生き方に折り合い（大人の思いと子どもの思いのどちらかに偏るのではなく、お互いにとってよい地点を見つけだす）をつけながら緩やかに方向づけをしていくというかかわりです。大人も生身ですから、いつでも穏やかに子どもの気持ちを思いやってということは難しい時もあります。

　完璧な子育てや保育をしようとする大人、あるいは、子どもの欲求や生活の在りように無頓着な大人のいずれもが、子どもの主体性の育ちにとってマイナスといわれています。子どものことを気遣いながら程よく付き合う大人、あるいは、子どもが主体的に、そしてその主体性を豊かにしていくことを願いながら子どもとの生活をつくり上げていく主体的な大人が、子どもにとってのよきパートナーといえそうです。

2. 子育て・子育ち観から子どもが育つ場を考える

　子どもの育つ場は、必ずしも物理的な空間だけを指すわけではありません。その場で展開する人間関係もすぐれて子どもの育つ場であると考えることができます。ここでは、家族・家庭を中心に、同心円的に広がっていく環境についての考え方を整理します。

　図12-1[2] に従って環境を見ていくと、「ここの今（家庭・保育所）」―「身近な地域（具体的な世界）」―「身体の及ばない地域（抽象的な世界）」―「意識の外の世界」というように空間的な広がりを見ることができます。図中の点線は具体的な世界から抽象的な世界へ変わる接面（実際の生活では、どこからどこまでが具体的で、どこから抽象的ということはなかなかわかりにくいのですが、理論的にはある）があります。

　さらに、この環境の広がりに時間軸を入れると、「ここの今」を境にこれまでを過去、これからを未来ということになりますが、この時間の流れにも具体的な世界と抽象的な世界の接面があります。日々の中で生き生きと思い描けること（実感の伴う出来事）も、時間とともに抽象的になりかけていることがあるということです。それは、過去のことだけではなく、未来についても実感がもてることがあるということで、「ここの今」は純粋にその時間、その場所を指すわけではなく、子どもが身体でもって動ける範囲と生き生きと

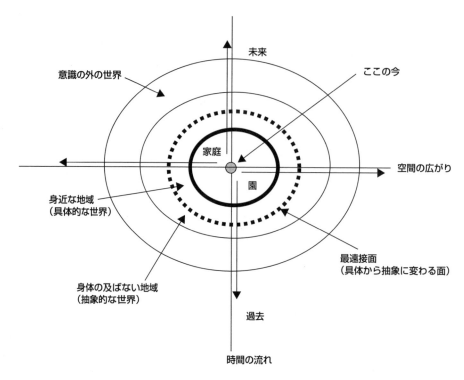

意識の外の世界

未来

ここの今

家庭

空間の広がり

園

身近な地域
（具体的な世界）

最遠接面
（具体から抽象に変わる面）

身体の及ばない地域
（抽象的な世界）

過去

時間の流れ

阿部和子・前原寛・久富陽子『新保育内容総論―保育の構造と実践の探究』萌文書林, 2010. p.31

図 12-1　子どもの育つ環境

想像力を働かせることが可能な世界を指します。

　したがって、子どもが育つ場所は、図 12-1 の点線の内側の具体的な世界です。しかし、その具体的な生きる場は、子どもと家族が意識するとかしないなどの次元を超えて間接的に影響をうけます。第 3 章の図 3-1 でいうと、イメージや幻想、及び制度や規範などです。

（1）家族・家庭についての本質的なものと変化するもの

　現在、個々の家族が営んでいるそれぞれの家庭は、その家族が家族になった時からつくり上げられたものばかりではありません。本書の第 1 章で概観した核家族を中心に見ても、私たちの経験していない明治時代にその姿を現していました。そして、大正時代を経て、高度経済成長期に一般的になりました。そして、現在、家族形態は多様になり、核家族は数ある家族形態の一つになりました。家族は時代の影響を受けて、その形態や機能の現れ方を変えるということが理解できます。

　しかし、家族の機能そのものは縮小されてはいますが、変わらずにあるといえます。家族は「閉じた人同士の関係を維持する集団」であること、その集団の生活を成り立たせる

経済的な活動があること、その集団内の子どもを育てること（養護と教育）、生理的欲求を満たすこと（安心して眠る場所がある）を通して形成される、その集団の文化（生活様式）があるなど具体的な姿は異なっていても、ここに挙げた家族の機能は変わらずにあると思います。

　本書は、第一義的には、子どもの育つ場を保障するのは家庭の責任であるということに立脚しています。しかし、子どもが育つ場所という視点から家族・家庭の本質的な機能が危機に瀕しているとしたら、その子どもの育つ場の条件が整うように支援を考えるということを重視します。子どもの育つ場所としての機能の具体的な姿（時代の影響を受けて変化する部分）は柔軟に考えるということです。その際に、前節で確認した子育て・子育ち観が前提になることはいうまでもありません。支援の中の親子の主体性、支援する側の主体性が尊重されることになります。

　本書の第9章「養育困難家庭への支援の実際」において、「SOS子どもの村」の従来の施設入所を超えた実践や、施設退所後の子どもたちのケアをする「日向ぼっこ」の実践を紹介しました。また、本書では取り上げていませんが、ひとり親家庭の親子らが一軒の家をシェアして暮らすとか、子どものホスピス（病気の子どもと一緒に保護者が暮らす）など、子どもの育つ場の在り方のバリエーションもあります。それらは先に述べた家族・家庭の機能、つまり子どもの育つ場の本質的な機能が追及される実践と考えられます。これらの実践は、子どもの育つ場を考える上で示唆に富むものです。その機能を、いわゆる家族、そして今を生きる大人が担っていくことになります。

(2) 家族・家庭を支える

　ここでは、今、まさに子どもとその生活を営んでいる家族・家庭を中心に、支援を必要としている家族・家庭を支援する上での考え方や方法について整理していきます。

　第4章「子ども家庭支援の意義と役割」で示した図4-1を思いだしてください。家族・家庭は人の集まりであり、その人たちが暮らす場所ですから、いくら親密な関係の間柄でも日常生活上の小さな行き違いなどの問題は、どの家庭にも多かれ少なかれあります。その行き違いが、行き違ったままに重なったり大きくなって不安が恒常的になり、息苦しさを感じたり、家族間では解決が難しくなったりすることがあります（第4章で具体的な事例を挙げました）。家族間だけでその不安や問題が解消できない時に、外からの支援が必要になります。そして、現状では支援を必要としている家族・家庭が多くなってきているように思います。

① 支援を支える考え方―親になることを支援する

　第3章で展開したように、親はその最初から親ではありません。親は目の前に子どもが到来して、親としての生活がスタートすることになります。その生活の最初において、これまでとは一変する子どもとの生活は戸惑いの連続と考えられます。その昔は近所に子育

ての先輩がいて様々なアドバイスをもらえましたが、現在では親の親でさえ1人か2人し
か育てていません。また、子育てのあれこれを様々に聞かれても答えられない人もいると
いいます。

　以上の意味から、多くの家族・家庭は子どもが生まれたその時から、子育ての支援を必
要としているといえそうです。

　支援する人は、子どもの出生に伴う生活の混乱状態を受け止め理解し、親が混乱状態を
一つひとつ整理することに付き添い、これまでの夫婦2人の生活とは違う子どものいる3
人の生活へと意識やその生活様式を切り替えることを手伝うことになります。手伝うとい
うことは、親の主体性と支援する人の主体性が出会うということですから、時間のかかる
ことです。

　支援するということは、子育ての仕方を教えてあげることでも、困っていることを肩代
わりしてあげることでも、気安い慰めをいうことでもないということです。親が家庭に起
きる問題を家族間で解消できる力を身につけ、子どもを育てることに関するある程度の自
信（困った時に、あるいは立ち行かなくなった時に、他所に相談するということも含め
て）をもてるようになることを見守るということになります。親がある程度安定して子ど
もの傍らにいることが、子どもの育ちの環境の基本となるからです。

　第5章「地域の子育て家庭と子育て支援の実際」で取り上げた事例の支援者の在りよう
をじっくりと考えてみると、そのことが理解できます。

② 家庭生活の日常を支える

　親になる人の生き方の選択肢として、今や共働きは一般的になっています。保育を必要
とする家庭の生活を支える保育所などの保育機関（以下、保育所）は、子どもを預かるだ
けでも家族・家庭支援であるということを自覚する必要があります。保育所は、いうまで
もなく、すべての子どもに開かれています。そして、保育所は「入所する子どもの最善の
利益を考慮し、その福祉を積極的に増進することに最もふさわしい生活の場でなければな
らない（保育所保育指針総則、保育所の役割)」[3]と規定されています。健常といわれる子
どもの保育を基本にして、それにつけ足すような形で障がいのある子どもの保育を考えた
りすることはできないということです。また、保育所の保育時間は8時間を標準にして、
それからはみだす部分の保育を時間外などと呼んだりしないで、子どもが保育所にいる時
間はすべてが保育時間であり、生活時間と考え、保育の内容を組み立てることです。

　第6章「保育を必要とする家族・家庭とその支援の実際」で見たように、様々な家庭の
事情や子ども自身が生き難さの課題を抱えて入所してきたりします。保育所ではその子ど
もと家族・家庭の抱える課題を、保育所でできるところから取り組んで、やがては子ども
と家族・家庭をも視野に入れた支援へと発展させていくことになります。第6章の事例は
それを教えてくれます。

3. 子育て・子育ち支援の当面の課題

　子育て支援ということがいわれだしてから、おおよそ20年の月日が流れました（第2章「支援を必要とする家族・家庭の背景と子育て施策」参照）。この20年間に、子育てをめぐる施策が次から次へと繰りだされました。それらの施策は少子化対策として始められましたが、子ども・子育てビジョン〔2010（平成22）年〕において「社会全体で子育てを支え、個々人の希望がかなう社会の実現」を基本理念とする子育て支援の方向性が示されました。この基本理念に沿って、子ども・子育て関連3法（「子ども・子育て支援法」「就学前の子どもに関する教育、保育等の総合的な提供の推進に関する法律の一部を改正する法律」「子ども・子育て支援法及び就学前の子どもに関する教育、保育等の総合的な提供の推進に関する法律の一部を改正する法律の施行に伴う関係法律の整備等に関する法律」）が2015（平成27）年4月より本格的にスタートしました。

　法的枠組みができ上がれば、それで子育て支援、子どもの育ちが保障される上で十分ということはできません。その法律にどのような内実をもたせるかは、その法律をどのように子どもの生活や育ちに生きるようにしていくかについては、今後、その取り組みに具体的にかかわり、実践する人々にかかっているといえます。

（1）「成熟した大人」になることを意識する

　本書では、たびたび「大人」という言葉を使ってきました。それは、年月を重ねたら大人になるという意味で使ってきていません。簡単にいうと「成熟した大人」であり、成熟した大人とは「大人が大人の役割をする」という意味合いで使用しました。

　家族・家庭の中にあって「大人が大人の役割」をするとはどういうことでしょうか。これまでに本書で展開してきているところから、「見返りを求めないで子どもの存在の世話をする」ということができます。見返りを求めないということは、ギブ＆テイクの関係ではなく、そこに一緒にいること・一緒に何かをすること・その子が喜んで自らの足で立とうとするそのことを支援することを基本とするかかわりです。子どもの存在の世話をするということは、ひとりでは生きられない子どもが、子どもとして生きることを支えるためのあれこれをすることです。たとえば、生まれたばかりの赤ちゃんの排泄の世話を「気持ち悪いね。早くきれいになろうね」と思いを込めて、また、夜中にお腹が空いたといって泣く子どもにも「ひもじいね。ミルクすぐに用意するからね」と、その不快さに共感してミルクを用意するなどです。

　しかし、子どもとともに暮らす人も、生身を生きています。子育てに疲れを感じることもあります。朝から晩まで子どもの泣き声に追われていると、時に疎ましく思ったりする

こともあると思います。

　また、大人自身も「自分らしく生きること」に対する欲求をもっています。いつでも子どものためだけに生きることができません。子育てにおいて、完璧に大人の役割をこなすことはできません。子育て中に何度も葛藤を起こします。

　子どもからの呼びかけに応えることと、自らの自分らしく在りたい内側の声を聴くことの狭間で自らの声を優先させることが多くなると、子どもが子どもの生活をすることが疎外されます。このままの状態では、大人として成熟する過程を歩むことができません。

　葛藤状態の中で、そこを超えていくのは第3章で取り上げた「のぞみちゃんのお母さん」の事例でいうと、「母親が、熱をだして苦しんでいる子どもの気持ちに思いを寄せることができたこと」と、「子どもが私を待っている（頼りにされている）、今、子どもの欲求に応えられるのは私しかいない」ということに気づいた時でした。のぞみちゃんのお母さんは、大人として成熟の道を一歩踏みだすことができました。

　成熟した大人になることが、「自分らしく生きること」を否定することになるのでしょうか。「親らしくしなさい」と外側からいわれて親らしく振る舞うとしたら、それは自らの気持ちとは異なるので苦痛ですが、相手（子ども）の存在を喜びとして、その子とともにいたいという気持ちからの行動だとしたら、それを選択したという意味で「自分らしく生きる」ことになるのだと思います。つまり、主体としての私の内面の質の変容がもたらされたということであり、子どもから大人への質的な転換が起きるのだと思います。

　これまで、親の視点で成熟した大人になるとはどのようなことかを考えてきました。子育て支援をするということは、親の「自分らしく生きたい」という欲求が、子育て支援を受けている過程で、自己中心的なそれから、子どもとの生活を前提にして、その関係の中で自分らしくありたいと考えることへと質的な転換を起こすということでした。したがって、本書の考える子育て支援を支える考え方は、親の「自分らしく生きたい」の内実に質的な転換が起きるようにサポートするということです。外側からいわれてではなく、自らが気づいて変容することが重要です。

　このことは、親だけにいえることではなく、支援者自身にもいえることです。支援の現場では、様々な葛藤を経験することになります。その葛藤をルールや常識だけで解決して自らを振り返らないとするならば、支援者は成熟した大人になれません。

　ただし、繰り返しになりますが、完璧ではありません。葛藤を抱えながら、揺れ動きながら「成熟した大人」になろうとすることが優れて子育ての環境になりますし、子育て支援の環境です。

(2) 子育て支援の方向──異質が共存するということ

　前項においては、子どもと直接にかかわる大人の在り方について述べました。子どもの育つ環境は、大人との関係から考えるだけでは難しいことがあります。それは図12-1の

子どもの育つ環境の広がりを示したことから考えれば理解できると思います。

　家族・家庭の在り方や、保育（早ければ早いほどいいという早期教育）や保育所（子どもを遊ばせておくだけでいいとか）に対する社会のイメージや幻想、あるいは意識もあります。子どもの育ちに対する保育所保育の実践、子育て支援の実践やその考え方などについて、社会に事実を伝えていくことが重要になってくると思います。

　ここでは、本書の第7章で取り上げた障がいのある子どもと家族・家庭を例に考えてみます。我が子に障がいがあると知らされた時の親の意識は、社会の障がいに対するイメージや意識そのものだと思います。その社会の意識をもつ親を専門家が支えます。そして、その子との生活を通して、可愛い寝顔にホッとしたりします。しかし、家庭の外に出るときは、知らず知らずのうちに自らの内なる社会の目で行動してしまい、その社会の目をきょうだいが取り込んでいくことになります（第7章 事例7-8、7-11）。しかし、それから親は社会の目（つまり、障がいに対する意識や偏見）と決別するかのように、障がいがある生き方を受け入れていくことになります。

　障がいのある子どものいる家族・家庭は、家族や家庭だけで努力をすれば済む問題でしょうか。障がいのある子どもとの生活に対する大変さ（肉体的にも労力がいるとか、生活のリズムが異なるなど）に共感する力をもった人が多くなることが重要であると思います。そして、社会の障がいに対する理解が進み、現在、「社会的弱者」といわれている子どもや大人が弱いままで生きることが受け入れられたら、その社会は成熟した社会ということができると思います。

　一人ひとりの違い（主体性）を尊重し、お互いがお互いを思いやる共感する力をもち、共同的に生きる社会、異質が共存する社会であるならば、その環境で生活するそのことが子どもの育ちを支援することにつながります。そして、子育てを支援することにつながると思います。

　現状からして、ほど遠い社会のような話です。しかし、遠い遠い彼方にある社会だとしても、希望はもち続けたいものです。

引用・参考文献

〈引用文献〉
はしがき
1) 国連・子どもの権利委員会「総括所見：日本（第4～5回）」2019

第1章
1) 山極寿一『家族進化論』東京大学出版会，2012，pp.193-198
2) 川添登「家庭生活の二〇世紀」日本生活学会編著『家庭生活の一〇〇年』ドメス出版，2003，p.14
3) 大門正克ほか『近代社会を生きる』吉川弘文館，2003，pp.225-226
4) 広田照幸『日本人のしつけは衰退したか―「教育する家族」のゆくえ』講談社，1999，pp.25-28
5) 前掲3)，pp.131-132
6) 小林登美枝『平塚らいてう』清水書院，1983，pp.160-167
7) 前掲3)，pp.118-119
8) 天野正子『現代「生活者」論―つながる力を育てる社会へ』有志舎，2012，p.170
9) 同上，p.171
10) 有地亨『家族は変わったか』有斐閣，1993，p.33
11) 岩村暢子『〈現代家族〉の誕生―幻想系家族論の死』勁草書房，2005，p.73-74
12) 前掲10)，pp.68-77
13) 落合恵美子『21世紀家族へ―家族の戦後体制の見かた・超えかた』有斐閣，1994，p.103
14) 本田由紀「「教育ママ」の存立事情」辻本雅史監修，小山静子編著『論集現代日本の教育史4 子ども・家族と教育』日本図書センター，2013，p.463
15) 前掲14)，p.464

第2章
1) 落合恵美子『21世紀家族へ―家族の戦後体制の見かた・超えかた』有斐閣，1994，pp.149-150
2) 内閣府「国民生活に関する世論調査・1967年版」
3) 厚生労働省「子ども虐待による死亡事例等の検証結果等について（第15次報告）」2019
4) 子どもの虹情報研修センター「児童虐待に関する報告書」2003～2011
5) 厚生労働省「平成28年国民生活基礎調査の概況」2017
6) 内閣府「平成26年版子ども・若者白書」2014
7) 内閣府「平成27年版少子化社会対策白書」2015
8) 厚生労働省「平成30年（2018）人口動態統計月報年計（概数）の概況」2019
9) 総務省統計局HP 統計TodayNo.9「人口減少社会『元年』はいつか？」http://www.stat.go.jp/info/today/009.html（アクセス：2015.8.10）
10) 内閣府「平成25年版少子化社会対策白書」2013
11) 内閣府「平成26年版少子化社会対策白書」2014
12) 前掲7)
13) 文部省，厚生省，労働省，建設省「今後の子育て支援のための施策の基本的方向について」

1994

14）厚生労働省少子化対策推進関係閣僚会議「少子化対策推進基本方針」1999

15）厚生労働省「重点的に推進すべき少子化対策の具体的実施計画について」1999

16）内閣府「少子化社会対策大綱」2004

17）厚生労働省「子ども・子育て応援プランの概要」2004

18）内閣府「平成 21 年版少子化社会対策白書」2009

19）内閣府「仕事と生活の調和（ワーク・ライフ・バランス）に関する意識調査」2008

20）前掲 10）

21）内閣府・文部科学省・厚生労働省「子ども・子育て関連 3 法について」2013

第 3 章

1）J. ボウルビィ／黒田実郎ほか訳『母子関係の理論 I ―愛着行動』岩崎学術出版社，1976，
pp.437-443

2）同上，pp.314-316

3）数井みゆき・遠藤利彦『アタッチメント―生涯にわたる絆』ミネルヴァ書房，2005，
pp.80-89

4）藤田英典「家族の現在―変貌する家族，〈家族〉への憧れ」蓮實重彦ほか『東京大学公開
講座 66 家族』東京大学出版会，1998，pp.32-39

5）同上，p.39

6）木戸功『概念としての家族―家族社会学のニッチと構築主義』新泉社，2010，p.158

7）阿部和子『21 世紀保育ブックス 8 乳幼児期の「心の教育」を考える』フレーベル館，
2001，pp.12-13，pp29-30，pp.39-40，pp.46-47，pp.57-58，p.81

8）廣瀬清人ほか「マズローの基本的欲求の階層図への原典からの新解釈」『聖路加看護大学
紀要（35）』聖路加看護大学，2009，pp.28-36

第 4 章

1）厚生省「厚生白書（昭和 46 年版）」

2）牧野カツコ「乳幼児を持つ母親の生活と『育児不安』」『家庭教育研究所紀要』3，小平
記念会家庭教育研究所，1982，pp.36-56

3）岩田 美香「『育児不安』研究の限界―現代の育児構造と母親の位置」『教育福祉研究 3』
北海道大学教育学部計画研究室，1997，pp.27-34

4）岩田 美香「育児困難の構造と類型」『教育福祉研究 5』北海道大学教育学部計画研究室，
1999，pp.25-34

5）櫻谷眞理子「今日の子育て不安・子育て支援を考える―乳幼児を養育中の母親への育児
意識調査を通じて」『立命館人間科学研究第 7 号』立命館大学，2004，pp.75-86

6）渡邉茉奈美「『育児不安』の再検討」『東京大学大学院教育学研究科紀要』第 51 巻，東
京大学大学院教育学研究科，2011，pp.191-202

7）井田歩美「わが国における『母親の育児困難感』の概念分析― Rodgers の概念分析を用
いて」ヒューマンケア研究学会誌，第 4 巻第 2 号，2013，pp.23-30

8）岩手県「資料編 育児不安の 4 つのタイプ」『児童虐待防止ハンドブック』2002

9）寺田恭子「親子の主体性育成を目的とする子育て支援に関する一考察―『親と子の関係
性』に着目して」『プール学院大学研究紀要 52』プール学院大学，2012，p.163

10）阿部和子『保育者のための家族援助論』萌文書林，2003，p.115

第5章

1）内閣府「平成 26 年版少子化社会対策白書」2014

2）厚生労働省「地域子育て支援拠点事業とは（概要）」2014

3）社会福祉法人雲柱社 神愛保育園への依頼原稿をもとに執筆

4）神愛保育園子育てひろば「『人として』知り合うことから見えてくる支援」子育てセンター
実践研究会『2010 子育てセンター実践記録』2010, p.52-53

5）神愛保育園子育てひろば「『保育と支援の交わるとき』体験保育を通じて」子育てセンター
実践研究会『2008 子育てセンター実践記録』2008, pp.6-7

6）神愛保育園子育てひろば「保育園の特徴を生かした子育て支援とは」子育てセンター実
践研究会『2005 子育てセンター実践記録』2005, pp.72-73

7）社会福祉法人雲柱社 HP http://fukushi.unchusha.com/unchusha-kagawa.html（アクセ
ス：2015.8.10）

8）木更津社会館保育園「木更津らしさの子育て支援をみつけたい」子育てセンター実践研
究編『2004 子育て支援センター実践記録』2004, pp.82-83

9）木更津社会館保育園「木更津らしさの子育て支援をみつけたい」子育てセンター実践研
究編『2005 子育て支援センター実践記録』2005, pp.20-21

10）木更津社会館保育園「木更津らしさの子育て支援をみつけたい」子育てセンター実践研
究編『2008 子育て支援センター実践記録』2008, pp.50-51

11）社会福祉法人木更津大正会 木更津社会館保育園 HP http://shakaikann.jimdo.com/（ア
クセス：2015.8.10）

12）宮崎栄樹「親たちに掃除・片付けをさせる地域子育て支援センター『ゆりかもめ』」『保
育の実践と研究 Vol.18, No.4』スペース新社保育研究室，2014, pp.1-13

13）前掲8）

14）前掲9）

第6章

1）社会福祉法人徹信会 後藤保育所（山中久美子）への依頼原稿をもとに執筆

2）社会福祉法人四季の会 どろんこ保育園 HP http://doronko-hoikuen.com/message.html
（アクセス：2015.8.12）

3）社会福祉法人四季の会 どろんこ保育園・第2どろんこ保育園「保育観察記録 両園長イ
ンタビュー記録未発表」2013

4）社会福祉法人四季の会 どろんこ保育園・第2どろんこ保育園「保育のしおり（保護者用）
平成 24 年度版」2012

5）熊谷綾乃「夜間保育園を卒園して1」全国夜間保育園連盟監修，櫻井慶一編『夜間保育
と子どもたち—30 年のあゆみ』北大路書房，2014, pp.85-87

6）社会福祉法人四季の会 どろんこ保育園・第2どろんこ夜間保育園園内資料，2014.4.1

7）内閣府 子ども・子育て本部 HP「認定こども園概要」2015 http://www.youho.go.jp/
gaiyo.html（アクセス：2015.8.12）

8）内閣府『子ども・子育て支援新制度 なるほど BOOK（平成 26 年9月改訂版）』2014

9）学校法人松山学園松山認定こども園 星岡への依頼原稿をもとに執筆

10）内閣府・文部科学省・厚生労働省「子ども・子育て関連3法について」2013

11）阿部和子「日英保育拡充戦略に見る民力活用と質の担保—家庭的保育の位置づけと養成、
外部評価」科学研究費補助金研究成果報告，2007, pp.154-155

12）足立区認定家庭福祉員 保育ママ 家庭内保育 HP http://hoiku-mama.com/（アクセス：
2015.9.24）

13) 足立区 HP「家庭的保育（保育ママ）」http://www.city.adachi.tokyo.jp/kodomo-shisetsu/k-kyoiku/kosodate/hoikujo-mama-shigoto.html（アクセス：2015.9.24）

14) 前掲11)

第7章

1) 橋本真規ほか「障がい児を育てる親の発達とソーシャルサポートの関連」『東京学芸大学紀要 総合教育科学系』58，東京学芸大学，2007，p.291

2) 牛尾禮子「重症心身障害児を持つ母親の人間的成長過程についての研究」『小児保健研究』57（1），社団法人日本小児保健協会，1998，pp.63-70

3) 中田洋二郎ほか「親の障害認識の過程―専門機関と発達障害児の親との関わりについて」『小児の精神と神経』35（4），日本小児医事出社社，1995

4) S. オルシャンスキー／松本武子訳「絶えざる悲しみ―精神薄弱児を持つことへの反応」ヤングハズバンド編『家庭福祉』家政教育社，1968

5) 前掲1)，p.292

6) 向井宏「死を願うほど娘は強くなっていく」野辺明子ほか『障害をもつ子を産むということ―19人の体験』中央法規出版，1999，pp.26-28

7) 片倉優希「『当たり前』の関わり合いを求めて」野辺明子ほか『障がいをもつ子が育つということ―10家族の体験』中央法規出版，2008，pp.29-30

8) 小林明子「進んで求めた地域とのつながり」野辺明子ほか『障がいをもつ子が育つということ―10家族の体験』中央法規出版，2008，pp.84-87

9) 片倉優希「心の中にある『差別観』を確認していく日々」野辺明子ほか『障がいをもつ子を産むということ―19人の体験』中央法規出版，1999，p.63

10) 厚生労働省「今後の障害児支援の在り方について（報告書）～「発達支援」が必要な子どもの支援はどうあるべきか～」2014

11) 社会福祉法人コスモス いづみ保育園への依頼原稿をもとに執筆

第8章

1) 内閣府「子どもの貧困対策の推進に関する法律」2014

2) NHK スペシャル『ワーキングプア～働いても働いても豊かになれない～』2006.7.23 放映

3) 岩田正美『現代の貧困―ワーキングプア/ホームレス/生活保護』筑摩書房，2007，pp.16-17

4) 厚生労働省「平成30年国民生活基礎調査の概況」2019

5) 厚生労働省「平成28年国民生活基礎調査の概況」2017，p.15

6) 国民生活基礎調査（貧困率）よくあるご質問 http://www.mhlw.go.jp/toukei/list/dl/20-21a-01.pdf（アクセス：2015.8.13）

7) 独立行政法人労働政策研究・研修機構「子どものいる世帯の生活状況および保護者の就業に関する調査」2012

8) 内閣府「平成24年度版食育白書」2014，pp.19-24

9) 厚生労働省子ども家庭局家庭福祉課「平成28年度 全国ひとり親世帯等調査結果の概要」2017

10) 前掲4)

11) 同上

12) NHK あさイチ『知って欲しい！シングルファーザー』2014.7.28 放映

13) 特定非営利活動法人全国父子家庭支援連絡会 facebook https://www.facebook.com/

zenfushiren（アクセス：2015.8.13）
14）厚生労働省子ども家庭局家庭福祉課「ひとり親家庭等の支援について」2019
15）同上
16）同上
17）同上

第9章

1）厚生労働省「児童相談所運営指針」2007, p.173
2）厚生労働省全国児童相談所一覧（平成31年4月1日現在）
https://www.mhlw.go.jp/bunya/kodomo/dv30/zisouichiran.html（アクセス：2020.3.11）
3）前掲1），p.1
4）和歌山乳児院医院長林龍太郎「乳児院における被虐待児『Aちゃん』への援助」『乳児保育』No.138，全国乳児福祉協議会，1999, pp.6-7
5）厚生労働省「児童虐待を行った保護者に対する援助ガイドライン」2008
6）厚生労働省雇用均等・児童家庭局「児童養護施設入所児童等調査の概要（平成30年2月1日現在）」2020
7）菱田理「養護施設でのケアと治療」『そだちの科学—特集子ども虐待へのケアと支援』no.2，日本評論社，2004, pp.85-87
8）坂本雅子「子どもの村の実践」『そだちの科学—特集子ども臨床トピックス』no.22，日本評論社，2014, pp.2-9
9）金子龍太郎・中島賢介『新たな家庭—SOS子どもの村』明石書店，2010
10）伊藤直利「児童養護施設の養育環境と援助過程」『こころの科学—特別企画 児童福祉施設』137，日本評論社，2008, p.31
11）前掲8）
12）特定非営利活動法人SOS子どもの村JAPAN HP http://www.sosjapan.org/（アクセス：2015.8.13）
13）金子龍太郎ほか「国際児童福祉組織 SOS 子どもの村の導入をめざして（2）：世界での新たな展開と日本での導入経過」『龍谷大学国際社会文化研究所紀要』10，龍谷大学国際社会文化研究所，2008, p.65
14）庄司順一「社会的援助を必要とする子どもの自立支援」高橋重宏監修，児童福祉法制定60周年記念全国子ども家庭福祉会議実行委員会編『日本の子ども家庭福祉』明石書店，2007, pp.232-237
15）市川太郎講演「社会的養護と児童養護施設—児童養護の当事者参加推進団体『日向ぼっこ』の活動を通して」2007
16）特定非営利活動法人社会的養護の当事者参加推進団体 日向ぼっこHP http://hinatabokko2006.com/（アクセス：2015.8.13）
17）市川太郎「児童養護施設に求められること—当事者参加視点からの現状と課題及び展望」『こころの科学—特別企画 児童福祉施設』137，日本評論社，2008, pp.61-63
18）特定非営利活動法人社会的養護の当事者参加推進団体 日向ぼっこ『日向ぼっこのあゆみ その1』2012
19）特定非営利活動法人社会的養護の当事者参加推進団体 日向ぼっこインタビュー，2015.4.7
20）社会保障審議会児童部会児童虐待等要保護事例の検証に関する委員会「子ども虐待による死亡事例等の検証結果等について（第15次報告）の概要」2019
21）厚生労働省「要保護児童対策地域協議会設置・運営指針」2007